Für Hans
von Claus

4. 10. 97

Knaus
K

Wilhelm Keitel · Dominik Neuner

Gioachino Rossini

Albrecht Knaus

Der Albrecht Knaus Verlag
ist ein Unternehmen der Verlagsgruppe Bertelsmann

1. Auflage

Gesetzt aus Korpus Bembo
Satz: Filmsatz Schröter GmbH, München
Schutzumschlag von Klaus Renner unter Verwendung eines Gemäldes von Eugen Felix (1837–1906)
Abbildungen: Reto Müller
Printed in Austria · Wiener Verlag
ISBN 3-8135-0364-X

Inhalt

Anhang

«Meine Biographien sind voll von
Unsinnigkeiten und mehr
oder weniger üblen Erfindungen.»

Vorwort

Rossini – das ist Operette für Fortgeschrittene. Rossini – das ist italienische Lebensart mit Pauken und Trompeten. Rossini – das ist ein zu fett gewordener Unterhaltungskünstler.

Rossini – das ist entweder ein gewaltiger Irrtum der Musikgeschichte oder ein Phänomen, das die Kategorien der Musikästheten damals wie heute zu sprengen drohte.

An keinem anderen Komponisten schieden sich die kunstbeflissenen Geister so sehr wie an dem zu seiner Zeit berühmtesten Italiener. Berlioz erzürnte sein «melodischer Zynismus», während Meyerbeer «die neuen Aspekte eines unsterblichen Genies» bewunderte; in Schumanns Ohren war er «der trefflichste Decorationsmaler» und für Wagner «der ungemein geschickte Verfertiger künstlicher Blumen»; Hegel wiederum empfand die Musik als «höchst gefühlvoll, geistreich und eindringend für Gemüt und Herz», und ein Berufskollege meinte nach der Lektüre von Wagners «Nibelungen»: «Ich, Schopenhauer, bleibe Mozart und Rossini treu!»

Wer war nun aber dieser Rossini, den die einen als Reaktionär verschrien und die anderen als Neuerer und Vollender der italienischen Oper verehrten?

Die vorliegende Biographie gibt darüber Auskunft, indem sie dem Künstler und Menschen Rossini zu den Stationen seines Lebens nachfolgt.

Dabei gilt das besondere Augenmerk den sozialen, politischen und kulturellen Bedingungen jener Zeit der Revolutionen und nationaler Selbstfindung in einem neugeordneten Europa.

Wo immer sich Rossini auch aufhielt – sei es Italien, Deutschland, England oder Frankreich, überall standen die politischen Zeichen auf nationalen Widerstand, auf Restauration und Reaktion. Die Revolutionskriege hatten die Revolutionsideale überrannt, welche nun die Romantik im Asyl der Verinnerlichung wieder gesundzupflegen trachtete. Heillos aber blieben die gesellschaftlichen Widersprüche, denen sich auch die Künstler ausgesetzt sahen.

Das Bild des fetten Bonvivants, dem die Kunst und die Welt soviel wert sind wie Cannelloni und Tournedos, fällt bei näherer Betrachtung aus dem Rahmen der Vorurteile und enthüllt einen von Krankheit und Depressionen ausgezehrten Menschen, der vorzugsweise Brotstücke in Milchkaffee tunkt.

Dem melodiebegabten Faulenzer steht ein Rossini gegenüber, der in neunzehn Jahren neununddreißig Opern komponierte, in denen er sich vor allem auch als Rhythmiker hervortat und den minimalistischen Strukturen im Zeitmaß großangelegter dynamischer Steigerungen nachspürte.

Sein scheinbar unbekümmerter Witz erweist sich als ironischer Kommentar auf die Kleingeistigkeit, die sich im nationalen Größenwahn seiner Zeit gern romantisch-überheblich gerierte; und sein Lächeln galt der Lächerlichkeit idealistischen Gebarens, das doch stets der trivialen Wirklichkeit verhaftet blieb.

In seiner Musik, wozu auch die späten Klavierstücke gehören, greift der «Reaktionär» Rossini über seine Zeit hinaus dem Theater des Absurden vor. Eng verbunden mit der Tradition der italienischen Commedia dell'arte, führte er in der Erbfolge Paisiellos, Piccinis und Cimarosas die komische Oper zur höchsten Potenz.

Mit den gleichen musikalischen Mitteln erneuerte er aber auch die Opera seria von Grund auf und bestimmte unter anderem mit der Oper «Wilhelm Tell» den Typus der großen französischen Oper entscheidend mit. Die ersten musikdramatischen Werke Wagners und Meyerbeers tragen noch deutlich Rossinische Züge, und Verdis Stil ist schon in Teilen von «Mosè» vorweggenommen.

Rossini, der auf dem Gipfel seines Ruhms zu komponieren aufhörte und sich den scheinbar profaneren Dingen des Lebens zuwandte, war offenbar nicht nur mit der Gabe des Komponierens, sondern auch mit der noch viel selteneren der Selbsteinschätzung begnadet. Wenn ihn Beethoven ermahnte, noch viele «Barbiere» zu schreiben, und Wagner ihn dafür tadelte, daß er seine Ansätze zur «Musik der Zukunft» nicht weiterverfolgte, befand er: «Wenn ich noch etwas besser machen kann, so ist es, zu schweigen!»

Umgeben von hochmusikalischen Analytikern, hatte es der «Bonvivant» der Musik, dem ein gewitzter musikalischer Einfall über die große geschlossene Form ging, schwer; und wo er eine solche anstrebte, mußte die Theorie bald vor der Inspiration kapitulieren. Der Komplexität und dem strukturellen Wandel, den die Musik auf dem Weg in die Romantik vollzog, zeigte sich der Meister der Stimmen und der musikalischen Aperçus irgendwann nicht mehr gewachsen. Die künstlerische Empfindung der Romantiker war dem lustvollen Gemüt des Italieners fremd: «... und es wird nach mir noch schlimmer werden. Der Kopf wird über das Herz siegen: die Wissenschaft die Kunst zugrunde richten, und unter dem Übermaß von Noten wird, was man instrumental nennt, das Grab der Stimmen und des Gefühls werden. Möge es nicht dazu kommen!!!»

Entgegen der weitverbreiteten Gewohnheit, den Vornamen Rossinis mit «cc» zu schreiben, haben wir uns in diesem Buch an die Originalunterschrift Rossinis gehalten. Wir schreiben daher Gioachino Rossini. (Anm. d. Autoren)

ANFÄNGE UND AUFBRUCH

Pesaro, Bologna 1792–1805

*«Sechs schreckliche Sonaten –
das Ganze komponiert
und kopiert in drei Tagen . . .»*

In der Morgendämmerung des 17. Juni 1798 weckten patriotische Trompetenklänge die Bürger des adriatischen Küstenstädtchens Pesaro aus dem Schlaf.

Ein großes Fest stand den republikanisch gesinnten Pesaresi an diesem Tag bevor – galt es doch, den Bündnis-Vertrag zwischen den zisalpinen Republiken Mittel- und Norditaliens und den französischen zu feiern. Die Französische Revolution hatte in vielen Städten Italiens für Unruhe gesorgt, und auch in Pesaro wuchs der Unmut gegen den feudalistischen Kirchenstaat, der den Bauern, Handwerkern und Bürgern der Stadt manchen Anlaß zur Klage gegen seine «meineidigen» Beamten gab. So folgten sie nur mit Widerwillen dem Befehl des Papstes, Soldaten gegen Napoleon aufzubieten, als dieser in Italien gegen österreichische und kirchenstaatliche Doktrinen zu Felde zog.

Am 5. Februar des Jahres 1797 waren die Franzosen auch in Pesaro einmarschiert. Von Widerstand konnte keine Rede sein. Statt dessen begleitete heimliche Bewunderung die bajonettbewehrten Blauröcke auf dem Marsch durch die Gassen der kleinen Küstenstadt. Das waren nun also Bonapartes Streiter, die, dem revolutionären Schlachtruf folgend, «die Welt von diesen Schurken befreien» sollten, «die die Völker schon so lange unterdrükken»[1]. Selbst kirchliche Vertreter kamen nicht umhin, dem General Victor und seinem Oberbefehlshaber Napoleon Bonaparte ihren Respekt zu erweisen, und sie mußten tatenlos mit ansehen, wie auf der Piazza di San Ubaldo die Statue des Papstes Urban VIII.[2] vom Sockel gerissen wurde. Die Pesaresi sahen die päpstliche Herrschaft schon gestürzt und setzten ihre ganze Hoffnung auf eine neue demokratische Stadtverwaltung.

In seinem Übereifer tat ein Mitglied des «Bataillon di Pesaresi» seine Gesinnung mit einem Türschild kund, das «die Wohnung des Bürgers Vivazza, eines wahren Republikaners», schmückte. Hinter diesem Namen verbarg sich kein anderer als der Stadttrompeter Giuseppe Antonio Rossini, geboren am 10. März 1758 in Lugo. «Vivazza» nannte man ihn seiner außergewöhnlichen Lebhaftigkeit, um nicht zu sagen seines ungezügelten Temperaments wegen, das ihm in Ferrara schon einige Tage Gefängnis eingebracht hatte. Damals, 1790, spielte er kurzzeitig als Trompeter in der Militärkapelle der dortigen Garnison, nachdem er ein Jahr zuvor während der Karnevalssaison im Orchester des Teatro del Sole in Pesaro Horn geblasen hatte. Um seinen Lebensunterhalt zu sichern, hatte er sich beim Rat Pesaros um die Stelle des Stadttrompeters beworben, dem es oblag, öffentliche Verlautbarungen mit Fanfarenklängen anzukündigen und festlichen Anlässen das musikalische Ambiente zu verleihen. Dieses Amt hatte bis dahin ein gewisser Luigi Ricci inne, dem Giuseppe die Stelle nun abkaufen und zu diesem Zweck nach Pesaro reisen wollte. Doch der Garnisonskommandant in Ferrara ließ seinen Trompeter nicht gehen, worauf dieser den weiteren Dienst verweigerte und dafür kurzerhand eingesperrt wurde.

Nachdem er freigekommen war und der Magistrat Pesaros seinen bisherigen Stadttrompeter wegen der erpresserischen Geschäfte mit Rossini entlassen hatte, durfte dieser fortan für den guten Ton bei den amtlichen Zeremonien sorgen.

Was Giuseppe Rossini in den folgenden Jahren seines Amtes Pflicht war, das geriet ihm am Morgen dieses 17. Juni zur Lust. Der «wahre Republikaner» scheuchte seine Landsleute mit einer Hymne aus den Betten, als deren Erfinder sich der Hitzkopf «Vivazza» nur allzu gern selbst ausgab, obwohl der Text wohl von einem Gesinnungsgenossen stammte, der sich vorsichtshalber als Autor bedeckt hielt.

«Auf, ihr Patrioten, zerbrecht die Ketten der Tyrannen! Auf, Pesaresi, beeilt euch, unsere Leiden zu rächen!» [3]

Um den Worten die Tat folgen zu lassen, hatte man auch in Pesaro eine Revolutionsarmee auf die Beine gestellt, die nach der Musik einer Militärkapelle ihren Idealen entgegenmarschierte.

Allein dem Triangelspieler der «Banda» mußte es schwerfallen, Schritt zu halten – war er doch gerade sechs Jahre alt. Sein Name: Gioacchino Rossini, Sohn des Trompeters Giuseppe Rossini und dessen Frau Anna, geborene Guidarini. Gioacchino oder Gioachino, wie er sich später selbst buchstabierte, war am 29. Februar des Schaltjahres 1792 in Pesaro zur Welt gekommen.

Damals bewohnte der vierunddreißigjährige «Vivazza» mit seiner fünfzehn Jahre jüngeren Frau zwei bescheidene Zimmer an der Via del Duomo. Um einen ansehnlicheren Hausstand zu gründen, fehlte es an Geld und Zeit. Anna, die älteste Tochter eines Bäckers, war bereits im vierten Monat schwanger, als Giuseppe sie am 26. September 1791 vor den Altar der alten Kathedrale in Pesaro führte. Der Musiker hatte die außerordentlich attraktive Putzmacherin im Haus ihrer Eltern an der Via del Fallo kennengelernt, wohin er nach seinem Ferrara-Debakel gezogen war.

Als nun die Geburt seines Sohnes bevorstand, so wird erzählt, konnte der aufgeregte Vater im Nebenzimmer die Wehlaute seiner Frau kaum mehr ertragen und zertrümmerte bei jedem Schrei einen der dort aufgereihten Gipsapostel. Er soll seinen Spazierstock gerade gegen den heiligen Giacchomo erhoben haben, als nebenan das Krähen des Neugeborenen laut wurde – worauf der Vater mit einem Seufzer des Dankes an den verschonten Heiligen den Stock sinken ließ und seinen Sohn Gioachino noch am selben Tag zur Taufe trug.

Da die junge Mutter Anna mit einer außerordentlich schönen Singstimme gesegnet war, erwogen die Eltern bald, ihr Glück als reisende Opernkünstler an den umliegenden Theatern zu machen. Eine erste Gelegenheit bot sich im Mai des ereignisträchtigen Jahres 1798, als der Vater Giuseppe für eine Aufführungsreihe nach Iesi gerufen wurde. Während er im Orchester Horn blies, begeisterte Anna in der Hauptrolle der Oper «La Capricciosa corretta» das Publikum, das zum erstenmal eine Frau auf der Bühne erlebte. Bislang hatte der Kirchenstaat den Sängerinnen solche Auftritte untersagt, doch nach der französischen Besetzung konnte «frau» auch hier den Schritt auf die Bretter, die

die Welt bedeuteten, wagen. Obwohl Anna Rossini niemals eine musikalische Grundausbildung genossen hatte und folglich auch keine Noten lesen konnte – ein Mangel, den sie mit so manchen Sängerkollegen teilte –, verhalfen ihr ein ausgezeichnetes Gedächtnis und eine «von der Natur aus ausdrucksvolle Stimme... voll Anmut, so süß wie ihre Erscheinung»[4], zu weiteren Engagements.

Es dauerte nur wenige Monate, bis sich das Ehepaar Rossini im Zentrum der italienischen Theaterwelt, in Bologna, hören lassen konnte. Seitdem hier bereits hundertfünfzig Jahre zuvor die Stadt und ihre Aristokratie den Bedürfnissen der Bürgerschaft nach öffentlichen Theatern entgegengekommen waren und ein Theater nach dem anderen aus dem Nährboden einer jahrhundertealten Theatertradition schoß, strebten Musiker, Schauspieler, Sänger und Komponisten dem kulturellen und wirtschaftlichen Mittelpunkt Italiens zu. Gewiß, auch die Kunststätten Florenz und Venedig blühten weiter im Glanz aristokratischer Hochkultur, doch Bologna war dank seiner geographischen Lage Dreh- und Angelpunkt des Musik- und Theatergeschehens, das sich auch auf den Provinzbühnen der unmittelbaren Umgebung abspielte. Hier bot sich nicht nur den Künstlern ein ebenso attraktives wie lukratives Betätigungsfeld – auch die musik- und theaterinteressierten Bürger sowie die zahlreichen Studenten und nicht zuletzt die Impresari der benachbarten Städte informierten sich über den aktuellen Stand des nationalen Musiklebens. Zum Prestige der Stadt trug neben den kirchlichen Musikinstitutionen und Konservatorien vor allem die berühmte «Accademia Filarmonica» bei, in die drei Jahrzehnte zuvor schon der vierzehnjährige Mozart Aufnahme gefunden hatte.

Doch die politischen Wirren machten den Rossinis einen Strich durch die Rechnung. Die Österreicher sahen ihre Felle in Italien davonschwimmen und rüsteten zum Krieg gegen die französischen Besatzer. Dabei bedienten sie sich der russischen Armee, deren General Suworow 1799 die Revolutionstruppen in Norditalien besiegte und die päpstliche Herrschaft wiederherstellte.

Im Zuge der Säuberungsaktionen ging es auch dem Frankreichsympathisanten Rossini an den Kragen. Man verhaftete ihn in Bologna und brachte ihn von einem Gefängnis zum anderen, bis er schließlich in Pesaro vor Gericht gestellt wurde.

Während der zehnmonatigen Haftzeit ihres Mannes bestritt Anna Rossini den Lebensunterhalt der Familie allein weiter als begehrte Sängerin am Teatro Concordia in Iesi.

Doch als Frankreich am 14. Juli siegreich aus der Schlacht gegen die Österreicher bei Marengo hervorging, waren die Gefängnistage des Giuseppe Rossini gezählt. «Die Italiener haben recht», schwärmte später der französische Italienreisende Stendhal von diesem Befreiungsschlag: «Marengo hat die Zivilisation ihres Landes um ein Jahrhundert vorwärtsgebracht, wie eine andere Schlacht, Waterloo, sie für ein Jahrhundert aufgehalten hat. Ein Fürst in Bologna, der an die Befreiung Italiens durch Joachim Murat glaubte, hob in 24 Stunden ein Regiment von 1500 Husaren aus, stellte eine Summe von 200000 Francs bereit, rüstete die Soldaten innerhalb von drei Tagen aus und rückte am vierten Tage an der Spitze seiner Truppe aus.» Der neuerliche Einmarsch französischer Truppen in Pesaro brachte auch den politischen Häftlingen im Juli 1800 wieder die Freiheit – und der Familie Rossini ein freudiges Wiedersehen.

Für den achtjährigen Gioachino hielt dieses Glück jedoch nicht lange an, denn da sein Vater das Amt des Stadttrompeters nun endgültig verloren hatte, machten sich die Eltern zum Broterwerb gleich wieder auf zu den verschiedensten Stätten ihrer Kunst. Und erneut wurde das Kind in die Obhut seiner Großmutter Lucia Guidarini gegeben, die mit dem äußerst lebhaften Bengel ihre liebe Mühe hatte. Auch die Lehrer der Grundschule konnten das ungestüme Temperament des Jungen kaum bändigen. Seine Verlassenheit und das dadurch stark beeinträchtigte Selbstwertgefühl motivierten ihn wenig für elementare Grammatik und Schönschreibkunst. Deshalb ist es nicht verwunderlich, daß das Kind eines «Häftlings» und einer Sängerin, welcher der Ruf einer «lockeren Person» nachging, sich mit gewagten Streichen Ansehen zu verschaffen suchte. Zur Strafe mußte er bei einem Schmied den Blasebalg bedienen; schließlich gab man ihn einem Schweineschlächter in Bologna zur Pflege.

Seine weitere Schulausbildung vollzog sich dort unter der Aufsicht von drei Geistlichen. Der Cembalist des Teatro Comunale, Giuseppe Prinetti, brachte ihm das Spiel auf dem Spinett bei. «Er war ein merkwürdiger Kerl», erinnerte sich Rossini später in einem Gespräch mit dem Komponisten Hiller. «Er fabrizierte etwas Likör, gab einige Musikstunden und schlug sich so durch. Nie hat er ein Bett besessen – er schlief stehend. Nachts hüllte er sich in seinen Mantel, lehnte sich an irgendeinen Winkel einer Arkade und schlief so. Die Nachtwächter kannten ihn und störten ihn nicht. Er kam dann in aller Frühe zu mir, holte mich aus dem Bett, was mir gar nicht behagte, und ließ mich spielen. Zuweilen hatte er nicht hinreichend geruht und schlief, während ich mich am Spinett abarbeitete, nochmals stehend ein. Ich nutzte das und kroch in meine Federn zurück. Wenn er mich dann nach seinem Erwachen dort wieder aufsuchte, beruhigte er sich bei meiner Versicherung, daß ich während seines Schlafens mein Stück ohne Fehler durchgespielt hatte. Seine Methode war gerade nicht die modernste; so zum Beispiel ließ er mich die Tonleiter mit dem Daumen und dem Zeigefinger spielen.»[5]

Als die Mutter Anna Rossini im Frühjahr 1802 für eine Opernproduktion nach Triest eingeladen wurde, begaben sich auch Vater und Sohn dorthin, um Zeugen eines handfesten Theaterskandals zu werden. Mit einem wüsten Pfeifkonzert rächten sich die Anhänger der ersten Sängerin, Giuseppina Grassini, an der neuen Primadonna dafür, daß diese mit der Hauptrolle betraut worden war. In ihrer Not ließ sich Anna Rossini ohnmächtig zu Boden sinken. «Noch ehe die Bühnenarbeiter ihr zur Hilfe eilen konnten, ließ ihr Sohn, der mit seinem Vater in den Seitenkulissen stand, dessen Hand los und lief auf die Bühne, um seine Mutter aufzuheben. Während die Bühnenarbeiter sie dann in die Kulissen trugen, warf der Sohn verächtliche Blicke ins Publikum, aber die Vorstellung ging dann ohne weiteren Zwischenfall weiter.»[6]

Zum erstenmal sah sich der zehnjährige Rossini mit einer dermaßen aufgebrachten Menge konfrontiert und verspürte wohl eine bange Ahnung, daß man sich vor nichts so sehr in acht zu nehmen hat wie vor einem ignoranten Publikum.

Die Familie zog kurz darauf nach Lugo in ein Haus aus dem Besitz der Rossinis um, wo sie fast zwei Jahre wohnen blieb. Die Aufmerksamkeit der Eltern galt nun vor allen Dingen ihrem widerspenstigen Sohn, der in Anbetracht seines mangelnden Lerneifers zu wenig Hoffnung Anlaß gab. Auf dem Gebiet der Musik zeitigten die Bemühungen des Vaters immerhin einigen Erfolg, und so setzte er auf die sängerische wie instrumentale Begabung des Sohnes, indem er ihn im Hornspiel unterrichtete und ihn mit dem Kanonikus Giuseppe Malerbi bekannt machte. Malerbi, der in Lugo eine namhafte «Scuola Cantorum» leitete, gehörte einer der angesehensten Aristokratenfamilien der Stadt an und bewohnte in unmittelbarer Nachbarschaft der Rossinis einen Palazzo, zu dessen Inventar ein vorzügliches Cembalo und eine beachtliche Notenbibliothek gehörten. Malerbi verstand es, den jungen Rossini, der «täglich auf diesem barbarischen Instrument übte»,[7] vor allem für Haydn und Mozart zu interessieren, und gab ihm Gesangsunterricht.

Die Fortschritte, die Rossini im Hause Malerbi machte, trugen bereits nach wenigen Monaten Früchte. Während er sich mit seinen Eltern anläßlich der Opernsaison in Ravenna aufhielt, wollte es das Schicksal, daß einem Sänger der Oper «I due Gemelli» von Valentino Fioravanti die Stimme versagte, worauf die Rossinis dem Impresario Ersatz in Gestalt ihres Sohnes anboten. Dieser ging auf das Angebot ein, und statt des Basses von Signore Petronio Marchesi erklang nun auf der Bühne der durchdringende Sopran Gioachino Rossinis.

Mochte der Junge bis dahin auch nur Flausen im Kopf gehabt haben, so wurden nun daraus nach und nach Melodien. Es drängte den Zwölfjährigen, seine musikalischen Ideen, bei denen unverkennbar Haydn und Mozart Pate standen, zu Papier zu bringen, wozu sich im Haus von Agostino Triossi, bei dem die Familie während ihres Ravenna-Aufenthalts wohnte, Gelegenheit bot. Triossi spielte Kontrabaß, was den angehenden Komponisten, der selbst schon leidlich mit Geige und Bratsche umgehen konnte, zu einer Folge von Streichersonaten anregte, die Rossini später als «sechs schreckliche Sonaten» bezeichnete: «Das Ganze komponiert und kopiert in drei Tagen und aufgeführt von Triossi, Kontrabaß, Morri, seinem Vetter, erste Violine, dessen Bruder, Cello, die wie Hunde spielten, und ich selbst als zweite Geige, die bei Gott am wenigsten sich wie ein Hund benahm.»

Diese Beurteilung ist gewiß nicht allzu ernst zu nehmen – gestattete der Meister doch, daß fünf dieser Sonaten als Streichquartette 1825 in Mailand und kurz darauf in London, Paris, Mainz und Leipzig im Druck erschienen. 1828/29 kündigten die Verleger Troupenas in Paris und Schott in Mainz eine Bearbeitung von vier dieser Stücke als «Quatre grand Quatuors concertantes pour Flute, Violon, Alto et Violoncelle» an.

Erst 1954 allerdings erschien die Urfassung im Druck. So lange führte dieser Genieblitz des jungen Rossini ein Dornröschendasein. Es finden sich hierzu nur wenige Parallelen in der Musikgeschichte. Wo der junge Mozart beispielsweise über viele Jahre hinweg und in unzähligen «Klavierversuchen» langsam seine eigene Sprache entwickelt, da legt der zwölfjährige Rossini, als «Entree» sozusagen, ein Werk von handwerklicher Souveränität und individueller Musiksprache vor. Zwar läßt die Besetzung, den instrumentalen Möglichkeiten im Hause Triossi angepaßt, auch schon den Praktiker erahnen, der sich fast allen Umständen gewachsen zeigt. Doch steht dieser Anpassung eine unerwartete Freiheit im Umgang mit den musikalischen Konventionen seiner Zeit gegenüber. Rossini hat seinen Haydn und seinen Mozart studiert und erweist ihnen vor allem in den Finalsätzen der zweiten, dritten und vierten Sonate seine Reverenz. Aber zwischen den angelernten Floskeln taucht immer wieder Rossini auf, der sein musikalisches Terrain absteckt. Ein Terrain, das er zwar im Laufe seiner Komponistentätigkeit weiterentwickelt und ausdehnt, das er aber nie mehr ganz verläßt.

Gioachinos Sinn für Instrumentationseffekte läßt den sonst so ungeliebten Kontrabaß zum gleichberechtigten Partner von Violinen und Violoncello werden, der, etwa im Finale der C-Dur-Sonate, beinahe wie ein Basso buffo auftritt. An manchen Stellen, wie im Finale der vierten Sonate, ahnt man auch schon den Meister, der mit seinen berühmten Crescendi die ganze musikalische Welt in Aufruhr versetzen wird.

Doch vorerst bricht die Familie Rossini 1804 mit Pferd und Wagen nach Bologna auf und begibt sich damit gleichsam auf den Weg der freien Marktwirtschaft des 19. Jahrhunderts.

Die Oper als Markt

Das Theater, insbesondere die Oper, hatte sich in Italien seit dem 18. Jahrhundert zu einem Industriezweig entwickelt, der gerade im Zeichen der Rezession zum Korrelativ für marktwirtschaftliche Entwicklungen wurde.

Hatten bislang die absolutistischen Höfe die Theater als Vehikel ihrer Repräsentationslust benutzt und sich dafür vor Ort das entsprechende Sänger-, Tänzer- und Musikerpersonal gehalten, so sprengten bereits im 17. Jahrhundert wirtschaftlicher arbeitende Wandertruppen das System solch kostspieliger Selbstbespiegelung. Die Produktionskosten rechneten sich neu durch die bislang unübliche Mehrfachverwertung einer Aufführung, die als Gesamtpaket von Text, Musik, Dekoration und Ensemble von Hof zu Hof beziehungsweise Opernhaus zu Opernhaus herumgereicht wurde. Hier waren Opernspezialisten am Werk, die ihre Truppe nach Maßgabe der jeweiligen Produktion zusammenstellten und damit den freien Markt für Sänger, Orchestermusiker und Bühnenbildner erschlossen.

Die Aristokratie, die ursprünglich nur als Gast des absolutistischen Herrschers zu dessen Hofveranstaltungen geladen war, erkannte bald die Chance, mittels der Oper ihre eigene Herrlichkeit der Öffentlichkeit vorzuführen. Mit Unterstützung des Adels entstanden überall im Lande Opernhäuser, die zum einen dem Amüsement und der Selbstdarstellung der Aristokratie und des gehobenen Bürgertums dienten; zum anderen erwies sich die Oper für viele Patrizierfamilien als lohnendes Investitionsobjekt. Um die Gewinne zu sichern, empfahl es sich, die Theater einem breiteren Publikum zu öffnen, und da Konkurrenz bekanntlich das Geschäft belebt, setzten die einen mehr auf Exklusivität, während die anderen mit Niedrigpreisen das bürgerliche Publikum in die Vorstellungen lockten. Familien wie etwa die der Grimani taktierten gleich auf beiden Gleisen. Dem Teatro Giovanni Paulo in Venedig, um 1640 als Prestigeobjekt eröffnet, stellte man fünfzehn Jahre später das «San Samuele» als publikumsträchtiges Komödienhaus zur Seite. Mit einem weiteren Theater reagierte man auf die Konkurrenz, die im Teatro San Moisè mit halbem Eintrittspreis das Publikum abzuwerben drohte, und mietete sich schließlich sogar beim Pächter des konkurrierenden Opernhauses «San Luca» ein, um dieses dem wirtschaftlichen Gefüge des gesamten familiären Opernbetriebs einzugliedern.

Seit der Mitte des 17. Jahrhunderts wurden in Italien die Operntheater nach unternehmerischen Gesichtspunkten geleitet, wobei man das Bedürfnis des Publikums nach großartigem Operngepränge nicht nur finanziell, sondern auch ideologisch ausbeutete. Im Gegensatz zum Komödientheater verbrämte die Oper antike mythologische Stoffe zur moralischen Erhöhung der jeweiligen Herrscherfigur und untermauerte auf diese Weise das vorherrschende politische System.

Mit wachsendem bürgerlichen Selbstverständnis in den großen Städten verschafften sich bald auch neue Kreise Zugriff auf das Prestigeobjekt Oper. Aus Mitgliedern lokaler Musikvereinigungen und Bürgerkonsortien entwickelten sich Theatergemeinschaften und Institutionen, die den Operntheatern neue Organisations- und Finanzierungsstrukturen bescherten. Das finanzielle Risiko einer Opernproduktion verteilte sich auf eine Vielzahl von Förderern, die nur in den seltensten Fällen darauf hoffen konnten, daß ihnen die vorgesteckten Beträge über Eintrittsgelder und Logenvermietung zurückfließen würden. Dennoch entwickelte sich das Akademie- und Gesellschaftstheater zu jener typischen Organisationsform des 18. Jahrhunderts, auf der auch die städtischen Theater des 19. Jahrhunderts basierten.

Bis dahin produzierten die Gönner und Gesellschafter fast ausschließlich zu ihrem eigenen Vergnügen, die Veranstalter waren sozusagen ihr eigenes Publikum. Mit der Installation des Impresarios als Theaterdirektor, dem fortan Verwaltung und künstlerische Leitung des öffentlichen Theaters anvertraut waren, setzte sich ein neues Opernvertriebssystem durch, von dem auch kleinere Häuser in den Provinzen profitierten. Für sie organisierte der Impresario eigene Opernspielzeiten, die sich meist zur Karnevalssaison über mehrere Wochen, wenn nicht gar Monate hinzogen. Um die Ausgaben in Grenzen zu halten, kalkulierte er mit der Mehrfachverwertung von Produktionen, die ihm als Eigentümer der Opernpartitur zusätzliche Einkünfte sicherten, während dem Veranstalter ein großer Teil der Produktionskosten erspart blieb.

Den größten Kostenanteil machten allerdings nach wie vor die Sänger aus, deren Gagenforderungen manchen Theaterunternehmer in den Ruin trieben. Aber da das Publikum vor allen Dingen an den Stimmen exzellenter Künstler interessiert war, mußte sich der Theaterunternehmer dieser Lobby beugen, wollte er sich nicht der Gefahr aussetzen, Publikum und Sänger an die Konkurrenz zu verlieren. Über Gage, Reise- und Aufenthaltsspesen hinaus hatte der Impresario den Akteuren auf der Bühne meist auch in künstlerischen Belangen entgegenzukommen.

Die permanenten Diskussionen darüber, ob die Musik dem Text zu gehorchen habe oder ob «das Wort der Musik würdigste Dienerin» (Mozart) sei, wurde hinfällig angesichts der Zugeständnisse, die Textautor und Komponist zuallererst an die Primadonna oder an den «Primo Uomo» zu machen hatten. Rezitative mußten geändert, ganze Szenen umgestellt, erweitert oder völlig gestrichen werden. Dem Verlangen des Virtuosen, seine stimmlichen Fertigkeiten zur Geltung bringen zu können, entsprachen die Autoren mit neu hinzugeschriebenen Arien, die oft wegen des Zeitdrucks anderen Werken des Komponisten entliehen waren.

Natürlich litt der dramatische Zusammenhang darunter erheblich, was für die italienische Oper bis weit ins 19. Jahrhundert hinein allerdings belanglos war, um nicht zu sagen: «Pastete». Das «Pasticcio», für das man die verschiedensten Musikstücke eines Komponisten zu einem neuen Opernteig zusammenrührte, gehörte zur Routinearbeit von Kopisten und Theaterleitern, denen der Komponist die Partitur verkauft und damit seine Rechte abgetreten hatte.

Der wachsenden Zahl von Theaterhäusern stand ein verhältnismäßig geringes Potential an brauchbaren Opernsängern gegenüber, die sich – wie im Falle Anna Rossini – oft so verausgabten, daß sie ihre Stimme im Industriebetrieb Oper schnell ruinierten.

Am Anfang der Oper stand die Höllenmaschine, die den Sänger Orpheus – so geschehen 1607 in Mantua – in die Unterwelt beförderte. Sängerische Virtuosität und akrobatisches Stehvermögen waren gefragt – eine Qualität, die Sänger und Sängerin des 19. Jahrhunderts in der «Bühnenmaschinerie», die Theaterdirektoren und Agenten oft auf halsbrecherische Weise in Gang hielten, stets aufs neue zu beweisen hatten.

Doch der Beruf des Opernsängers sollte noch lange einer der lukrativsten bleiben, und so ist es nicht verwunderlich, daß die Eltern Rossinis für ihren stimmbegabten Sohn eine diesbezügliche Karriere vorsahen.

AUSBILDUNG UND AUSBRUCH

Bologna 1805–1810

«Wenn Sie sich erlauben, sich über eine erstklassige Künstlerin lustig zu machen, werde ich Sie ins Gefängnis werfen lassen.»

In Bologna, dem italienischen Mekka der Musik, fand die Familie wohl erst einmal Unterschlupf bei Verwandten, bis eine Wohnung an der Via Maggiore bezogen werden konnte.

Gioacchino wurde zur weiteren musikalischen Ausbildung dem Pater Angelo Tesei anvertraut, der sich um seine Stimme kümmerte und ihn in Harmonielehre, Solfeggio und auch am Cembalo unterrichtete. Der junge Rossini machte rasche Fortschritte und konnte schon bald als Sänger in den Kirchen von Bologna und 1805 auf der Bühne des Teatro del Corso als Adolfo in der Oper «Camilla» von Ferdinando Paër zum Lebensunterhalt seiner Eltern beitragen.

Noch im selben Jahr folgten Engagements an den Theatern von Forlì, Lugo, Ferrara, Ravenna und Sinigaglia, wo er die Sänger bei ihren Rezitativen auf dem Cembalo zu begleiten hatte – eine Aufgabe, die angesichts der Eigenwilligkeit mancher Opernsänger eine Menge Improvisationsvermögen voraussetzte. Rossini berichtete später von einem Ereignis, das sich in Sinigaglia zutrug, wo er mit der ebenso jungen wie unmusikalischen Adelaide Carpano aneinandergeriet: «Eines Tages war die Kadenz, die sie am Ende einer Arie sang, in der Harmonie unglaublich verwegen. Ich versuchte ihr zu erklären, daß sie sich doch ein wenig an die Harmonie im Orchester anpassen müsse, und sie sah wirklich die Richtigkeit meines Standpunktes einigermaßen ein. Aber bei der nächsten Aufführung ließ sie wieder ihrer Eingebung die Zügel schießen und produzierte eine solche Kadenz, daß ich nicht umhin konnte zu lachen. Das Publikum im Parkett fing auch an, laut zu lachen, und die Donna war wütend. Sie beschwerte sich bei ihrem Gönner, einem sehr reichen und angesehenen Venezianer, der große Grundstücke in Sinigaglia hatte und von der Stadt zum Leiter des Theaters bestellt war. Sie beklagte sich über mein schlechtes Benehmen und behauptete, daß ich das Publikum zum Lachen gebracht hatte. Ich wurde zu dem strengen Herrn bestellt, der mich wütend anschrie: ‹Wenn Sie sich erlauben, sich über eine erstklassige Künstlerin lustig zu machen, werde ich Sie ins Gefängnis werfen lassen.› Er hätte es tun können, aber ich ließ mich nicht einschüchtern, und so nahm die Angelegenheit einen anderen Verlauf. Ich machte ihm mein Harmonie-Problem klar, überzeugte ihn von meiner Unschuld, und er fand mich sehr sympathisch, statt mich einsperren zu lassen. Schließlich sagte er mir, daß ich zu ihm kommen sollte, sobald ich es so weit gebracht habe, daß ich eine Oper komponieren kann, und er würde mich eine schreiben lassen.»[8]

Rossini ahnte, was auf ihn zukommen würde, und doch geboten es die momentane Situation und die Bedürftigkeit seiner Eltern, auf das Kapital zu setzen, das am gewinnträchtigsten schien: seine Stimme.

Als Rossini im April 1806 Schüler des «Liceo Musicale» wurde, war er vierzehn Jahre alt und verfügte immer noch über einen wohlklingenden Sopran. Diesen zu erhalten hätte Kastration bedeutet: ein operativer Eingriff, den man auch für Gioachino in Erwägung gezogen hatte, so wie ihn der Tradition des 17. Jahrhunderts – des Zeitalters der «Castrati» – gemäß mancher vielversprechende Sopran oder Altus über sich ergehen lassen mußte. Noch immer waren die Kastraten eine sehr begehrte und entsprechend gut honorierte Spezies der italienischen Oper. Wenn auch mittlerweile – selbst im Kirchenstaat – Frauen auf der Bühne gern gesehen waren, so hörte man in der Rolle des Liebhabers und Helden doch noch lieber die ungebrochene, hohe Männerstimme. Den Tenören waren vorzugsweise die Väter und Bösewichte, den Bässen die Alten und Weisen vorbehalten.

Ob nun ein Mann oder eine Frau den Helden mimte – die weibliche Hosenrolle war in der Funktion des «Secondo Uomo» genauso üblich –, spielte insofern keine Rolle, als zuallererst der Stimmcharakter der Kennzeichnung der dramatischen Person diente. Rossini war stets ein Verehrer der Kastraten und lobte ihre «Ausdauer der Respiration», die er auf ihre «gründlichen Studien» und ihre «körperliche Konstitution» zurückführte.

Noch mehr jedoch zog es ihn schon mit vierzehn Jahren zum weiblichen Geschlecht – was ihn wiederum veranlaßte, das seine unangetastet zu lassen.

Seine Aufmerksamkeit aber galt nun vor allem dem Musikstudium am Liceo, wo er im ersten Jahr Cellounterricht bekam und in den folgenden vier Jahren bei Padre Mattei Kontrapunkt studierte. Mit ihm zusammen erwarb auch ein anderer das Rüstzeug zum Komponisten: Gaetano Donizetti. Galt dieser als Musterschüler, so mußte sich Rossini von seinem gestrengen Lehrmeister als «Schande seiner Schule»[9] titulieren lassen.

Dieser Tadel bezog sich gewiß nicht auf sein musikalisches Können, sondern vielmehr auf die Eigenwilligkeiten, die sich der «Accademico Filarmonico»[10] während seines Studiums leistete. Die üblichen Solfeggio- und Kontrapunktübungen lähmten seine überbordende Phantasie; Rossini wollte Opern schreiben! Dabei war ihm auch sein außerordentlich gutes Gedächtnis von Nutzen. Was er bei den vielfältigen Opernveranstaltungen in Bologna zu Gehör bekam, behielt und analysierte er im Kopf, dem Reservoir seiner musikalischen Einfälle. Er war gerade dreizehn Jahre alt, als er in Begleitung einer jungen «Gönnerin» der Aufführung einer Oper von Marcos Antonio da Ascenção, genannt Portogallo, beiwohnte. Auf der Bühne stand der hervorragende Tenor Domenico Mombelli mitsamt Frau und zweien seiner Töchter. Eine Arie hatte es der «Gönnerin» nun besonders angetan, was Rossini bewog, von Mombelli eine Abschrift des Musikstücks zu erbitten. Als der berühmte Tenor sich weigerte, hörte sich der abgewiesene Bittsteller die Aufführung ein zweites Mal an und legte dem verblüfften Mombelli kurz darauf einen selbstverfaßten Klavierauszug der Oper vor. Freilich, «es war ja keine Partitur wie die von Figaros Hochzeit»[11], und die Niederschrift war gewiß sehr fehlerhaft, doch kam dadurch immerhin die Bekanntschaft mit Mombelli zustande, dessen Frau dem jungen Talent ihre eigenen literarischen Ergüsse zur Vertonung anvertraute.

So kam Rossini zu seiner ersten Oper «Demetrio e Polibio» (Demetrio und Polibio), die er unter Beistand Mombellis vor seiner Aufnahme ins Liceo Musicale fertigstellte und – begründeterweise – der Schublade anvertraute.

Der junge Musikstudent erregte mit seinen Schöpfungen auch in den Jahren seines Liceo-Aufenthalts mehr Befremden als Bewunderung. Zur Verleihung eines schulinternen Kompositionspreises schrieb er 1808 eine Kantate «Il Pianto d'Armonia sulla morte di Orfeo», die zwar an einigen Stellen im Manuskript Korrekturen von Padre Mattei aufweist («e uso di scrivere cosi» – «normalerweise schreibt man so»), die aber vor allem in der virtuosen Behandlung des Violoncellos eigene Wege beschreitet. Auch der «Sinfonia per orchestra» aus demselben Jahr bescheinigte die Presse einen völlig neuen Stil und lobte ihren Wohlklang. Was die einen für Nachlässigkeit oder gar Unvermögen hielten, werteten die anderen als die Originalität eines «Neutöners». Und als Rossini mit achtzehn Jahren das Liceo vorzeitig verließ, verstand man das einerseits als Befreiungsakt des Genies, andererseits als Rausschmiß des Lernunwilligen. Rossini selbst brachte die Widersprüche bezüglich seines Abgangs später mit der ihm eigenen Liebenswürdigkeit ins Lot: «Als ich Kontrapunkt und Fuge fertig studiert hatte, fragte ich Mattei, was ich danach tun solle. Er antwortete: ‹Gregorianischer Gesang und Kanon.› ‹Wieviel Zeit würde ich dafür benötigen?› ‹Ungefähr zwei Jahre.› Das konnte ich mir aber nicht leisten, und ich erklärte das dem guten Padre, der mir volles Verständnis entgegenbrachte und mir auch später stets freundlich gesinnt blieb. Seither hat es mir oft leidgetan, daß ich nicht länger bei ihm gearbeitet habe.»[12]

ERSTE ERFOLGE

Venedig 1810–1815

«Ich glaubte, daß die Venezianer mich für verrückt halten würden, nachdem sie meine Oper gehört haben; nun stellt sich heraus, daß sie noch verrückter sind als ich.»

Hatte der nunmehr achtzehnjährige «Maestro al Cembalo» bereits als Generalbaßspieler und Rezitativbegleiter im Theater jene Lorbeeren eingeheimst, die man ihm im Liceo Musicale verwehrte, so durfte er bald auch seine Begabung als Opernkomponist unter Beweis stellen: Rossini erhielt seine erste «Scrittura», den Auftrag zu einer einaktigen Oper für das Teatro San Moisè in Venedig.

Man schrieb das Jahr 1810. Die napoleonische Herrschaft hatte den Italienern eine Inflation beschert, die sich in diesem Jahr ihrem Höhepunkt näherte. Die erlahmende Kaufkraft bekamen die Theater und ihre Prinzipale im besonderen Maße zu spüren: Die Produktionskosten wuchsen, und die Besucher reagierten mit Pfeifkonzerten auf die Anhebung der Eintritts- und Mietpreise der Logen. Was interessierte es sie, daß die Künstlergagen stetig stiegen und die Umrüstung der Bühnen von Kerzenlicht auf Öllampen beachtliche Geldsummen verschlang.

In solcher Zeit erinnerte sich der Impresario Marchese Cavalli nur zu gern an den ebenso kecken wie sachkundigen Cembalisten, der damals in Sinigaglia das Publikum zum Lachen gebracht hatte. Den gleichen Effekt sollte Rossini nun mit der Komposition von «La Cambiale di matrimonio» (Der Heiratswechsel), einer «Farsa» des Textdichters Gaetano Rossi, in Venedig bewirken. Ein Debütant war billig und leicht mit einem einmaligen Kompositionshonorar abzufinden – Tantiemen legte erst das Autorenrecht von 1840 fest.

Allerdings bedurfte es der Intervention des Sängers Giovanni Morandi, eines Freundes der Eltern Rossinis, daß der Vertrag zustande kam. Morandis Frau Rosa sang die Hauptpartie, während ihr Mann vor allem damit beschäftigt war, seinem Protegé über die Hürden zu helfen, die ihm manche Sänger in den Weg stellten.

Als am 3. November 1810 der Vorhang des Teatro San Moisè über «La Cambiale di matrimonio» niederging, waren die Würfel für Rossini gefallen. Sie kündigten nicht nur die Neuentdekkung eines Komponisten an, sondern auch eine Wiederbelebung der komischen Oper in Italien.

«Rossinis Originalität als Meister des Spiels der musikalischen Farce bestand hauptsächlich aus der nüchternen Abwesenheit jeder Sentimentalität, mit der er beim Auswählen aus einem Libretto die Teile des Inhalts benutzte, die unsinnig, absurd und lächerlich waren, und diese dann auf musikalische Art entlarvte. Man hatte bisher nichts gehört, das dem Elan, dem vorwärtstreibenden, rhythmischen und melodischen Ansturm von ‹La Cambiale di matrimonio› ähnelte. Hier wie auch in seinen späteren Opern ergriff er jede Möglichkeit kunterbunter Verwicklungen und rascher musikalischer Beschreibungen. Im Vergleich mit einigen seiner Vorgänger, wie dem Mozart von ‹Le nozze di Figaro› und ‹Cosi fan tutte›, dem Cimarosa von ‹Il Matrimonio segreto› oder dem Pergolesi von ‹La Serva padrona›, scheint Rossini weniger an den vollkommenen menschlichen Qualitäten seiner Hauptfiguren interessiert, was den Bereich ihres Wesens und ihrer Gefühle anlangt. Seine Aufmerksamkeit war auf ihre Wirksamkeit gerichtet, Lachen zu provozieren. Ein Resultat davon war, daß schon 1810 einsichtige Bewunderer des älteren, sanfteren, menschlicheren Stils der Opera buffa ihn lärmend und laut fanden, eine radikale Bedrohung der geschätzten Elemente der alten, galanten Kunst.»[13]

Die Oper – ernst und heiter

Nein, «lärmend und laut» sind die Italiener nie gewesen. Der exzessive Bänkelsang eines François Villon war ebensowenig nach dem Geschmack ihrer «galanten Kunst» wie die als teutonisch empfundenen Klanggebilde des Deutschen Richard Wagner. Erwies es sich in Europa stets als die Aufgabe der lateinischen Kulturnation, Maß und Ordnung, Gleichgewicht und Sinn für schöpferische Form in den Künsten zu lebendiger Wechselwirkung zu bringen, so war es den Italienern im besonderen gegeben, der Wort-Ton-Verbindung, dem Gesang, Stimmschönheit und lebendig gestaltende Ausdruckskraft, dem instrumentalen Ton leuchtende Fülle und sinnliche Durchschlagskraft zu verleihen. Die italienische Musik ist dem Gesamtphänomen der europäischen Musik gegenüber stets etwas wie ein weiser «Moderator» gewesen, hat technische und expressive Exzesse sinnvoll zurückgebogen, den Boden einer gewissen Allgemeinverständlichkeit der Tonsprache nie bewußt verlassen und den Elementen des echten volkstümlichen Ausdrucks immer einen Einfluß auf die Kunstformen der Musik gestattet. Von ihr geht ein ständiger Zug zur natürlichen Humanität aus, deren Antriebe sich oft unmittelbar aus den geistigen Gründen des eigentlichen Humanismus ableiten lassen.

So ist Italien aus der europäischen Musik nicht mehr wegzudenken; die italienischen Kunstausdrücke und Vortragsvorschriften spielen für die Musik die gleiche Rolle wie die französische Sprache für die Diplomatie. Wie arm wäre die europäische Tonkunst, wenn es keinen Gregorianischen Choral, keinen Palestrina-Stil, keine Oper auf der Linie von Monteverdi bis Verdi, keine Triosonate und kein Concerto grosso im Sinne Corellis, keine Opera buffa nach dem Vorbild Pergolesis und kein italienisches Volkslied gäbe!

Schon Ende des 16. Jahrhunderts und im Zusammenhang mit der «homophonen» Tendenz des Lautenliedes und der florentinischen «Canti carnevale», den harmonischen Kühnheiten des Gregorianischen Chorals, den szenischen Fest- und Trauerkantaten der mittelalterlichen Höfe («Sacra azione», «Sacra rappresentazione») bereitete Italien der europäischen Musik – ja, man kann sagen: der Welt – ein neues christliches Geschenk vor: die Geburt der «Oper». Das Gesamtkunstwerk im wahrsten Sinn des Wortes entstand aus der Zusammenfassung von Schauspiel, Bühnenarchitektur, Tanz, Gebärde, Vokal- und Instrumentalmusik, Solo- und Ensembletonkunst – eine großartige Fortsetzung des antiken Chordramas.

Nur Italien, das seinerseits zu «Graecia major», zum griechischen Gesamtreich, gehörte, konnte diese Fortsetzung, die zugleich eine fundamentale Neuschöpfung ist, hervorbringen. Die technisch-stilistische Grundlage war der reine Sologesang mit sparsamer instrumentaler Akkordbegleitung – dem «Generalbaß». Er ist das kompositorisch-geistige Bindeglied der Musik zwischen 1600 und 1750. Seine Bedeutung würdigte Johann Sebastian Bach mit den Worten: «Der Generalbaß ist das vollkommenste Fundament der Music, welcher mit beiden Händen gespielt wird, der Gestalt, daß die linke Hand die vorgeschriebenen Noten spielt, die rechte aber Con- und Dissonanzen dazugreift, damit dieses eine wohlklingende Harmonie gebe zur Ehre Gottes und lässiger Ergötzung des Gemüths und soll wie alle Music, als auch des Generalbasses Fines und Endursache anders nicht als nur zu Gottes Ehre und Recreation des Gemüthes sein.»

Als Diener des Wortes und damit der dramatischen Wahrheit war der Generalbaß zunächst eine Art unendlicher, rezitativischer Melodie, bis dann das typisch italienische melodische Temperament das eigentliche sprachgesangliche Rezitativ als «Secco» oder «Accompagnato» von der rein musikalischen Formgesetzen gehorchenden Arie trennte und gleichzeitig zu einem einheitlichen Ganzen verschmolz. Drumherum gruppierten sich instrumentale Vor- und Zwischenspiele – aus denen die italienische Ouvertüre, die «Sinfonia», hervorging – solistische und chorische Ensemblestücke, instrumental begleitete Tänze und Aufzüge. In dieser Form wurde die italienische Oper zum kulturellen Exportschlager Italiens.

Neben der italienischen Oper, die um 1700 in der neapolitanischen Schule unter Führung von Antonio Scarlatti einen musikalisch-künstlerischen Höhepunkt erreichte, kam es in Deutschland, Frankreich und England zu eigenen Stilrichtungen. Heinrich Schütz komponierte 1627 nach italienischem Vorbild die erste – leider verlorengegangene – deutsche Oper «Dafne». Etwas später entwickelten die Franzosen, ausgehend vom «Ballet de Cour», ihre Bühnenkultur, in der venezianische Elemente mit französischer Redekunst kombiniert waren. Ihr großer Schöpfer war Lully, dessen Werke die «Tragédie lyrique» begründeten. In England bereitete Purcell mit Bühnenmusiken zu Shakespeare-Dramen und seiner Oper «Dido und Äneas» den Boden für eine eigenständige Opernpflege.

In allen Ländern wurde die Opera seria zu einem Prunkstück barocker Kultur und Geisteshaltung. Heroisches Pathos und affektgeladene virtuose Gesangspraxis in den Arien bestimmten ihren Charakter.

Was ist aus diesem Kind der italienischen Renaissance geworden, das einst an Fürstenhöfen, aber auch auf Plätzen und in öffentlichen Lokalen nichts weiter gesucht hatte, als das Theatererlebnis durch Musik und Gesang zu verstärken?!

Der volkstümliche Ton, den jeder verstand, war aus dem Musiktheater verschwunden, und die Oper wurde in dem Maße gesellschaftlich irrelevant und «unvolkstümlich», wie sie ihre Auftrag- und Geldgeber zu elitär repräsentativen Zwecken umfunktioniert hatten und sich eines immer kostspieliger werdenden Apparats bedienten. Sie war nicht mehr die von ihren Erfindern in der Renaissance erdachte «neue Kunst», die den Menschen agierend in den Mittelpunkt gestellt hatte, sondern entartete als feudales Repräsentationsinstrument mehr und mehr zur Künstlichkeit. Infolgedessen traten bereits im 18. Jahrhundert die ersten Kritiker jener «Unnatur der Oper» auf, welche sie wieder auf das zurückzuführen suchten, was sie ursprünglich hatte sein wollen: musikalisches Volkstheater! So entwickelten sich jeweils nationale Spielrichtungen für die ärmeren Klassen: Buffo-, Ballett- und Spielopern. Realistische und «natürliche» Szenen hielten wieder Einzug auf den Opernbühnen, mit ihnen der Sechsachteltakt und die Volksmusik.

Neapolitanische und venezianische Volksweisen klangen in der Opera buffa wieder an und charakterisierten die Aktualität dieser Spiele von Liebe, Geld und Eifersucht. Es waren die bekannten menschlichen Schwächen, die hier mit mancherlei Verkleidungen, Mißverständnissen und Verwechslungen – nicht zu vergessen die Trink- und Unglücksszenen – verspottet wurden. Die Commedia dell'arte delegierte ihre Prototypen auf die Bretter des Musiktheaters und ließ sie mit viel Witz und schauspielerischem Einsatz gegen die Schablonenhelden der Opera seria ansingen. Sogar der berühmte Komödienschreiber Carlo Goldoni wurde für die Opera buffa gewonnen, die er Mitte des 18. Jahrhunderts in Venedig mit etlichen Texten belieferte. Sein bevorzugter Komponist hieß Baldassare Galuppi, zu dessen Spezialitäten eine rhythmische Formensprache gehörte, mit der er szenische Situationen kurz und dramatisch erläuterte und mittels überraschender Unterbrechungen jene Verkürzungen im logischen Ablauf einer Situation herbeiführte – was nach alter Dramaturgenweisheit bekanntlich den Witz ausmacht.

Galuppis Opern wurden viel im Ausland gespielt: in Deutschland, England, Frankreich und selbst in Rußland, wo seit 1730 auch die italienische Musik heimisch geworden war.

Gerngesehene Gäste in Petersburg waren Domenico Cimarosa, dessen «feiner und gebildeter Geist»[14] der italienischen Spieloper kräftigere Farben verlieh, und Giovanni Paisiello, den Rossini später mit den Attributen «gräßlich, ungebildet und über alle Maßen unbedeutend»[15] charakterisierte. Ein Fehlurteil, bedenkt man, daß Paisiello den eigentlichen Buffo-Stil mit ebenso kecken wie neuen Formelementen prägte. Sein melodischer Erfindungsreichtum schlug sich nicht nur in komisch-wilden Intervallsprüngen und chromatischen «Frechheiten» nieder, sondern vor allem in den Schlußensembles, die er in bislang nie gehörter Weise zu ebenso dramatischen wie komischen Höhen steigerte.

Daß am Ende einer komischen Oper alle Figuren des Stückes meist zwecks Verkündigung der Moral noch einmal zum großen Finale zusammenkommen, war schon in der Commedia dell'arte üblich und wurde von Nicola Piccini musikalisch ausgebaut.

Sind wir beim Verfolgen der Spuren der Opera buffa auch achtlos an zahlreichen Komponisten jener Zeit vorbeigegangen, so dürfen wir doch den Wegbereiter Giovanni Battista Pergolesi nicht übersehen. Mit «La Serva padrona» begründete der Wahlneapolitaner die italienische Opera buffa, die freilich ihren Vorläufer in den komischen Solo- und Chorgesängen der Komödien und den Intermezzi des 15. Jahrhunderts hatte, wenn man nicht gar bis zu den Satyrspielen der Antike zurückgreifen will. Seine 1739 entstandene Lustspieloper wurde als Intermezzo während der beiden Pausen einer dreiaktigen Festoper in Neapel gegeben und erntete einen solchen Erfolg, daß sie sich auch im Ausland bald als eigenständiges Stück durchsetzte.

Die ganz der neapolitanischen Volksmusik verpflichteten Melodien charakterisieren die Personen und den Witz ihrer dramatischen Situationen in kurz gegliederten Themen. Damit unterstreicht die Musik, die nicht mehr als zwei Sänger und ein Streichorchester mit begleitendem Cembalo bemüht, den von Antonio Frederico geschriebenen Text. Die Arien und Duette treiben die Handlung neben den Rezitativen in einem Maße voran, wie es die Oper bis dahin nicht gekannt hatte.

Überhaupt verdankt die europäische Musik des 18. Jahrhunderts ihre stilistische Entwicklung entscheidend der Opera buffa. Der heitere Theaterstil und die formalen Neuerungen drangen nicht nur in die Instrumentalsinfonien und Kammermusiken ein, nein, auch die Kirche öffnete ihre schwer zugänglichen Pforten den neuen Klängen, so daß bereits 1765 Stücke aus Galuppis komischen Opern in den Gotteshäusern Roms zu hören waren – mit geistlichen Texten versehen, versteht sich!

Mittels dieser Musik brach sich ein neuer Themenkomplex Bahn in die Kreise einer Gesellschaft, die den sittlich-moralischen Anspruch der Commedia bislang weit von sich gewiesen und diese als Gaukelei niedrigerer Instinkte abgetan hatte. Daß die Stützen der Gesellschaft, als welche sich die Aristokraten verstanden, nicht an sich rütteln ließen, versteht sich ebenso wie die Wachsamkeit, die man auf die (materielle) «Grunderhaltung» des Stammbaums verwendete. Ehen unter nicht standesgleichen Personen waren verboten. Und aus ebendiesem Sachverhalt bestand nun die dramatische Hauptnahrung der Opera-buffa-Dichter.

In Pergolesis «Serva padrona» macht sich – wie der Titel sagt – die Magd zur Herrin, indem sie die Eifersucht ihres alten, aber reichen Herrn so lange schürt, bis dieser ihr aus Angst, sie zu verlieren, die Hand zur Ehe – und damit den Schlüssel zum Kassenschrank – reicht.

Die Raffinesse des geringeren Standes siegt über die Verblendung, um nicht zu sagen Dummheit des Geldadels.

Mit dem Mittel der Verstellung erschwindelt sich die Dienerin Lesbina in «Il filosofo di campagna» die Hochzeit mit einem reichen Bauern, indem sie sich als die von ihm angebetete Herrin des Hauses ausgibt. Diese kann indessen ungestört von den Liebesbeteuerungen des Bauern ihrer Liebe zu einem Edelmann frönen.

Die Emanzipation der Empfindung von Standeszwängen verweist auf das «bürgerliche Rührstück» des späten 18. Jahrhunderts, das in Piccinis Oper «La buona figlia» bereits angelegt ist: Ein Adliger nimmt gegen die Widerstände seiner Gesellschaft eine arme Waise zur Frau, die sich allerdings zum «Lieto fine», dem damals unumgänglichen guten Schluß, selbst als Tochter aus vornehmem Haus entpuppt.

Zur gleichen Zeit führt Paisiello mit seinem «Barbier von Sevilla» die Ehepläne des geizigen Vormundes von Rosina ad absurdum, indem dieser dem Mündel über die dummen Köpfe der Intriganten und Speichellecker hinweg einen wahrhaftigen Grafen serviert.

Bei Cimarosa wiederum verkauft ein reicher Kaufmann die ältere seiner zwei Töchter einem Grafen, der zwar die jüngere begehrt, aber nicht zum Ziel kommt, weil diese mit einem einfachen Buchhalter «Die heimliche Ehe» schon vollzogen hat. Also greift man gezwungenermaßen auf die andere zurück – Hauptsache, die Mitgift stimmt.

Auf «Il matrimonio segreto» von Giovanni Bertati und Domenico Cimarosa folgte auf dem Weg zahlreicher Buffo-Ehen achtzehn Jahre später «Der Heiratswechsel» von Gaetano Rossi, in Musik gesetzt von Gioachino Rossini.

Wie schon in den «Sonate a quattro» zeigt sich auch in den ersten Opern Rossinis seine eigene unverwechselbare Tonsprache. Rhythmische Vitalität, eingehende Melodik und eine Vorliebe für solistisch eingesetzte Bläser, wie das Horn in der Ouvertüre zu «La Cambiale di matrimonio» oder die Holzbläser in «Demetrio e Polibio», kennzeichnen eine kompositorische Fertigkeit und eine «Leichtigkeit des Pinsels, wie man sie selbst bei Mozart nicht findet»[16].

In Venedig, wo 1637 das erste öffentliche Opernhaus der Welt in Betrieb genommen worden war, ging nun 1810 ein neuer Stern am Opernhimmel auf. Seine Geburtsstätte war das unscheinbare Teatro San Moisè, eingezwängt in eine der schmalen Gassen, die hinter dem Markusplatz zum Canal Grande hinunterführen. Am Südende der Calle del Teatro San Moisè verkündet eine Inschrift: «An dieser Stelle, wo das Teatro San Moisè früher stand, unternahm das Genie von Gioachino Rossini, damals 18 Jahre alt, freudig den Flug zu unsterblichem Ruhm am 3. 11. 1810, als seine Oper ‹La Cambiale di matrimonio› aufgeführt wurde.»

Im Jahre 1646 hatte das San Moisè mit der Oper «L'Ariana» von Claudio Monteverdi seine Pforten geöffnet. Der Kapellmeister am Markusdom hatte schon dem Madrigal und der Motette neue Ausdruckskraft verliehen und die Oper des 17. Jahrhunderts unter Einsatz von Posaunen und tremolierenden Streichern reformiert und ihr neben dramatischen Effekten auch in den Rezitativen zu spannungsgeladener Deklamation verholfen.

Aber an Monteverdi erinnerte sich kaum noch jemand der damaligen Besucher. Die Auseinandersetzung mit der Musik der Vorfahren, wie sie etwa in England von den Gesellschaften zur Pflege der Renaissance- und Barockmusik kultiviert wurde, war dem italienischen Publikum fremd. Das italienische Opernrepertoire reichte nicht weiter als vierzig Jahre zurück, bis zu einem Zeitpunkt, an dem man gerade noch bei Mozart fündig wurde.

Die traditionelle Musikpflege beschränkte sich auf die alten Volksweisen, welche die Gondolieri auf dem Canal Grande zum besten gaben, wozu – glaubt man dem Italienreisenden Goethe – durchaus auch Verse von Tasso und Ariosto gehörten. Doch der damalige Opernbesucher war versessen auf Neues. Rossini gab es ihm – und den Spatzen auf den Dächern Venedigs.

Stolz auf seinen Erfolg und voller Hoffnung auf weitere Aufträge, kehrte der Achtzehnjährige im Dezember 1810 nach Bologna zurück; in den Taschen vierzig Scudi – «eine Summe, wie ich sie noch nie auf einmal gesehen hatte»[17] – und den Kopf voller Melodien, die ihn zum Komponieren drängten. Seine Ungeduld und sein oft ungezügeltes Temperament bekamen auch bald die Chorsänger des Teatro del Corso zu spüren, mit denen er bei der Einstudierung einer Oper von Domenico Puccini so heftig in Streit geriet, daß er in Polizeigewahrsam genommen werden mußte.

Seine Empfindlichkeit beruhte gewiß auch auf der Tatsache, daß er am «Corso» nun wieder Cembalodienste leisten mußte, nachdem seiner zweiten Oper «L'Equivoco stravagante» (Der wunderliche Irrtum) in Bologna die erhoffte Anerkennung versagt geblieben war. Zu unbedacht hatte er sich auf ein denkbar schlechtes Libretto von Gaetano Gasparri gestürzt, um dem Angebot des «Corso»-Impresarios zu entsprechen und auch in Bologna sein Können unter Beweis zu stellen. Hier lebten seine Eltern, die es zu versorgen galt, und hier bot sich ihm die Gelegenheit, als Kapellmeister mit Kompositionsverpflichtung eine feste Arbeitsstelle zu erlangen, ohne die auch ein erfolgreicher Komponist nicht auskam.

Gewiß, die Zeichen der Zeit versprachen dem Opernkomponisten des 19. Jahrhunderts zunehmend gesellschaftliches Ansehen. Mußten die Komponisten zu Zeiten Monteverdis, Marazzolis und Peris sich ihre Sporen im allgemeinen erst einmal in kirchlichen Institutionen verdienen, bevor sie sich der musikdramatischen Kunst zuwenden konnten, so konzentrierten die Musiker dieses Jahrhunderts ihre schöpferische Kraft schon in jungen Jahren auf die Oper. Doch das ökonomische Fundament hierfür konnte nur eine Anstellung als Kapellmeister, Kirchenmusiker oder Lehrer an einem staatlichen Konservatorium, einer Akademie oder städtischen Musikschule gewährleisten.

Rossini hatte das Glück, 1811 als Cembalist und Korrepetitor der «Accademia dei Concordi» in Bologna unter Vertrag genommen zu werden und «Die Jahreszeiten» des von ihm so hochgeschätzten Haydn einzustudieren. Doch trotz aller gebotenen Sicherheit hielt es den «Maestro al cembalo» nicht länger auf dem Klavierstuhl. Sein Reichtum an musikalischen Einfällen sollte ihm genügen, um den Opernmarkt auf eine Weise zu erobern, die ein festes Arbeitsverhältnis erübrigen würde.

Wieder war es das Teatro San Moisè in Venedig, auf das er neue Hoffnung setzte: «Man gab dort kurze komische Opern für vier, fünf Personen ohne Chor, ohne Dekorationswechsel, die in kürzester Zeit einstudiert werden konnten und dem Unternehmer wenig Kosten verursachten. Man kam daher leicht dazu, aufgeführt zu werden und sich einige Erfahrung zu verschaffen.»[18] Im Dezember 1811 reiste Rossini nach Venedig ab, und schon im Januar des folgenden Jahres konnte er mit «L'Inganno felice» (Glückliche Begegnung) einen Erfolg verbuchen, der ihn in den folgenden Monaten zu einer Produktivität sondergleichen antrieb.

Auch am Theater von Ferrara war man auf den talentierten Nachwuchskomponisten aus Pesaro aufmerksam geworden und verpflichtete ihn zur Vertonung eines recht dürftigen Librettos von Francesco Aventi. Rossini benötigte gerade zwei Monate, um daraus eine Opera seria in zwei Akten zu fabrizieren: «Ciro in Babilonia» (Cyrus in Babylonien).

Die Geschichte des persischen Königs Cyrus, der seine Frau aus der Gewalt des Babylonierkönigs Balthasar befreit, wurde im März 1812 uraufgeführt. Es war Fastenzeit, doch da weder das Publikum auf die Oper noch der Impresario auf die Einnahmen verzichten wollte, kündigte man das Werk kurzerhand als «Dramma con cori» beziehungsweise «Oratorio» an und umging so das Opernverbot der Geistlichkeit.

Den wenig dramatischen Situationen und banalen Texten konnten allerdings auch die originellen Melodien des Komponisten nicht beikommen, und Rossini mußte sich selbst eingestehen, daß er mit seinem ersten großen musikdramatischen Versuch gescheitert war. Um dieser Einsicht Ausdruck zu verleihen, erschien er kurz darauf in Bologna zu einem Picknick mit einem «Schiff von Marzipan, dessen Wimpel den Namen ‹Ciro› trug; der Mastbaum war zerbrochen, das Segel durchlöchert, und es lag auf der Seite in einem Meere süßen Rahms schwimmend. Die lustige Gesellschaft verzehrte lachend mein gescheitertes Fahrzeug.»[19]

Der Mißerfolg konnte Rossini nicht viel anhaben, war er doch bereits vor diesem Fiasko mit dem neuen Impresario des San Moisè, Cera, bezüglich einer weiteren «Farsa» handelseinig geworden. So ertönte schon am 9. Mai eine der kunstvollsten und heitersten Ouvertüren, die Venedig je gehört hatte: das Vorspiel zu «La Scala di seta» (Die seidene Leiter). Formal noch den Grundzügen der Sonatenform ohne Durchführung entsprechend – langsame Einleitung, Exposition mit zwei Themengruppen und Reprise –, wirbelt Rossini in einem mitreißenden Schwung mit virtuosen Streichern und Holzbläsern durch die Partitur.

Auch im weiteren Verlauf erhält die «Scala» überaus reizvolle Nuancen, etwa eine Arie mit obligatem Englischhorn und eine mit zwei Pikkoloflöten und verfremdetem Streicherklang, in dem die Töne su ponticello colla bacchetta dell'arco erzeugt werden. Aber es sind nicht nur klangliche Wirkungen im Sinne eines Ohrenkitzels, mit denen Rossini seine Hörer fasziniert, sondern oft auch witzige Kommentare zu Bühnensituationen. Das langsame Ermüden und endliche Einschlafen des Dieners Germano stellt er lautmalerisch durch sanfte Streicherfiguren dar oder läßt im ersten Finale, wo gerade vom heiligen Eheschwur die Rede ist, die beiden Hörner mit einem Fanfarenmotiv im Fortissimo hereinplatzen, um das den Italienern geläufige Zeichen des «Cornuto» akustisch zu versinnbildlichen: So schnell wird jeder Ehemann zum Gehörnten.

Der Uraufführung war nicht gerade ein überwältigender Erfolg beschieden. Jedoch stand nicht der Komponist im Mittelpunkt der Kritik, sondern sein Librettist Giuseppe Maria Foppa. Der sonst so beliebte Textautor hatte sich eines bereits von Pierre Gaveaux vertonten Librettos bedient und dieses mit farblosen Texten aufbereitet, die für das San Moisè genügen sollten.

Ein sehr glückliches Paar scheinen der Komponist Rossini und der Textdichter Foppa also nicht gewesen zu sein. Die drei Opernbüchlein – daher der Name «Libretto» –, die der Experte für Grundstücksschätzungen und spätere Gerichtsschreiber in Venedig dem zwei Jahre jüngeren Komponisten zur Vertonung überließ, zählten wahrlich nicht zu seinen besten. Mit der ebenfalls erfolglosen Opera seria «Sigismondo» (Sigismund) endete 1814 die Zusammenarbeit der beiden Opernschaffenden – wenn man überhaupt von Zusammenarbeit reden darf.

Die Oper als Text – Librettisten

Der wichtigste Partner für den Librettisten dieser Zeit war der Impresario des jeweiligen Theaters – als Auftraggeber oder Käufer seiner Texte, welche er dann nach eigenem Gutdünken an den Komponisten seiner Wahl weiterreichte. Die direkte künstlerische Auseinandersetzung mit dem Musiker reduzierte sich mehr und mehr auf die Anpassung an kompositorische oder gesangstechnische Notwendigkeiten. Die kongeniale Werkschöpfung, wie sie noch ein Vierteljahrhundert zuvor von Da Ponte und Mozart praktiziert worden war, wurde immer seltener, und wo letzterer es für das beste hielt, «wenn ein guter Komponist, der das Theater versteht und selbst etwas anzugeben imstande ist und ein guter Poet als ein wahrer Phönix zusammenkommen»[20], da machten sich die Komponisten des 19. Jahrhunderts ihre Dichterkollegen immer dienstbarer.

Mit der musikalischen Erneuerung der Oper und dem verstärkt individualistischen Kunstanspruch ihrer Komponisten konnten die Librettisten nur noch schwer mithalten. Was im 18. Jahrhundert noch gemeinsames Kunstwerk war, hieß schließlich bei Wagner «Gesamtkunstwerk»: Der Komponist war sein eigener Textdichter.

So alt wie die Oper selbst ist auch die Diskussion um den Stellenwert des Librettisten und um die Qualität seines Beitrags. Ein Opernlibretto läßt sich nicht mit den gleichen literarischen Maßstäben beurteilen wie ein Gedicht oder Theaterstück, da sich seine Qualität erst im Kontext mit der Musik erweist, für die es bestimmt ist.

Konnten die bedeutenden Literaten Italiens die Oper anfänglich noch für ein abartiges Phänomen höfischer Vergnügungssucht halten, so hatten sie sich bald mit der Tatsache abzufinden, daß von ihr eine Faszination ausging, die den zur Musik und gestenreichen Deklamation neigenden Italiener in ihren Bann schlagen mußte. Und als sich das Phantom der Oper mit der Fratze des Reaktionärs auch noch in der Öffentlichkeit zeigte, sah sich die dem klassischen Rationalismus verpflichtete Literatur aufs höchste kompromittiert.

Die Päpste der italienischen Dichtkunst, unter ihnen Gravina, Muratori, Teraposchi und Crescimbeni, rüsteten auf ihrer Burg, der «Arcadia», zum Kampf gegen die Oper und für die Rückeroberung der italienischen Literatur aus den barocken Sprachsümpfen, in denen geistige Moral und Nationalbewußtsein mit zu versinken drohten.

Doch der Siegeszug der Oper ließ sich nicht aufhalten; ihre Lobby in Kirchenstaat und aristokratischen Kreisen war zu mächtig und die gewinnversprechende Marktlücke auch für gelehrte Schreiber zu verführerisch. Die Oper kam ohne Dichter nicht aus, und so besannen sich im 18. Jahrhundert auch einige der im Literaturzirkel der «Arcadia» Verschworenen auf ihre Chance, als Librettisten zu reüssieren. Die Erfolgreichsten unter ihnen waren Apostolo Zeno und Pietro Metastasio.

Um sie nicht gleich als Verräter an der italienischen Literatur zu brandmarken, sei ihnen die Taktik des Trojanischen Pferdes zugestanden, mittels deren sie tatsächlich eine neue Librettokultur in die sprachlich verelendete Oper einschleusten. Daß sie sich damit aber auch in neue Abhängigkeiten, zumal in die der Musik, begeben hatten, gab erwartungsgemäß zu vielerlei Klagen Anlaß: «Daran hat die Musik viel Schuld, die die besten Szenen durch mangelnde Intelligenz der Komponisten schwächt; und viel Schuld haben auch die Sänger, die die Szenen, da sie sie nicht verstehen, nicht einmal darstellen können ...»[21]

Den Namen Metastasio führten die Stückeschreiber nicht nur in Italien über Generationen hinweg mit ebensoviel Bewunderung wie Neid im Munde. Als Hahn im Korb der italienischen Aristokratie und gutbezahlter Hofdichter am kaiserlichen Hof in Wien genoß der Sohn eines Kaufmanns ein Ansehen, dessen sich keiner nach ihm mehr rühmen durfte.

Doch auch sein hoher sozialer Status machte ihm die Erfüllung seiner künstlerischen Pflicht der Öffentlichkeit gegenüber nicht leichter: «Die Partien des Werkes, die, um bei den Zuschauern Anklang zu haben, der Augen und Ohren bedürfen, finden immer eine größere Zustimmung als die anderen, deren Verdienst nur mit Intelligenz und Vernunft ermessen werden kann. Alle sehen, alle hören, aber nicht alle verstehen, und nicht alle denken nach. Es ist wahr, wenn beides zusammentrifft, daß auch der ungebildete Zuschauer, ohne zu verstehen, ein großes Vergnügen empfindet; aber es ist andererseits auch wahr, daß die Schwierigkeit und die Seltenheit einer solchen Übereinstimmung die öffentlichen gewinnorientierten Theater dazu verpflichtet, mehr auf ihre Künstler zu vertrauen, über die alle Richter sind.»[22]

Der ganz den Idealen des Rationalismus verpflichtete Metastasio mußte vor der sinnlichen Kraft der Oper kapitulieren und sie der wenig idealistisch gesinnten kommerziellen Verwertung überlassen.

Das literarische Wort mußte das Primat an die Musik abgeben, damit die goldenen Kehlen der Sänger den gewünschten Gewinn ausschütten konnten. Rossini, der sein Publikum kannte, meinte später lakonisch: «Wenn der Zauber der Töne den Hörer wirklich mit Feuer erfaßt hat, wird das Wort gewiß immer den kürzeren ziehen. Wenn aber die Musik nicht packt, was soll es dann? Es ist dann unnötig, wenn es nicht überflüssig oder sogar störend wird.»[23]

Wagner, der Rossini als «Reaktionär» und Verfasser «amüsanter Gaukeleien» schmähte, behauptete sogar, dieser habe die Sänger aufgefordert: «Macht mit den Worten, zu was ihr Lust habt, vergeßt aber vor allem nur nicht, für lustige Läufe und melodische Entrechats euch tüchtig applaudieren zu lassen!»

Der Prestigeverlust des Librettisten im 19. Jahrhundert ging einher mit einem sozialen und intellektuellen Niedergang. Ein so geschickter Verseschmied wie Felice Romani, der Rossini die Vorlage für «Il Turco in Italia» (Der Türke in Italien) lieferte und am Wiener Hof die Nachfolge Metastasios antreten sollte, fand sein mehr als bescheidenes Auskommen schließlich als Zeitungsredakteur. Nicht viel besser erging es Jacopo Ferretti, dem Autor von «La Cenerentola» (Aschenputtel), der sich mit Hochzeitsgedichten und der Anstellung in einer römischen Tabakmanufaktur über Wasser hielt. Mit Rossinis aufsehenerregendem Debüt in Venedig und den Erfolgsopern «Tancredi» (Tancredi) und «Semiramide» (Semiramis) ist der Name Gaetano Rossi verknüpft. Während der Komponist von Opernhaus zu Opernhaus gereicht wurde und immer höhere Gagen bezog, wußte sich der Librettist vor lauter Schulden nicht mehr zu helfen: «Elend, dreimal elend ist der Künstler, der fatalerweise Bedarf an Aufträgen hat.»[24]

Konnte Metastasio seine sechs Bücher noch als eigenständige Werke verlegen und Gewinn daraus erzielen, so gingen nun im 19. Jahrhundert mit dem Erwerb eines Librettos alle Rechte auf den Theaterunternehmer über, der diese, mit dem damit verbundenen Risiko, oft an den Komponisten weitergab. Somit blieb dem Librettisten in der Regel nichts anderes übrig, als sich einem erfolgversprechenden Komponisten untertänigst an die Fersen zu heften und seinen Spuren zu folgen – bis hin zur Selbstaufgabe.

Metastasio empfahl dem Komponisten Hasse noch, wie er mit dieser oder jener Szene musikalisch umgehen sollte; Rossi dagegen versprach Meyerbeer: «Ich werde ... mir ein Bild von meiner Aufgabe und ein Handlungsgerüst machen, das ich Euch dann gleich unterbreiten werde, damit Ihr die passenden Anmerkungen und Streichungen macht, der Disposition zustimmt und das Ganze genehmigt.»[25]

Es war mittlerweile also üblich, daß der Komponist oder der Theaterunternehmer dem Textdichter das Sujet vorgab. Dieser hatte eine Rohfassung vorzulegen, die auch die Zensur zu sehen bekam, worauf der Komponist bei Genehmigung des Exposés dem Librettisten seine musikalischen Ideen übermittelte, die dieser bei der Niederschrift der Rezitative, Arien und Chöre zu berücksichtigen hatte.

Daß die Opern Rossinis sich meistens durch wenig brillante Texte auszeichnen, liegt darin begründet, daß ihn die sprachliche Qualität bei der Buffooper nur insofern interessierte, als sie seinen musikalischen Einfällen gehorchte. Diese zielten nicht selten sogar auf die Verfremdung der textlichen Vorlage ab und übersteigerten sie ins Absurd-Groteske. Außerdem war Rossini mit seinen Kompositionsaufträgen meist so in Eile, daß für die normalerweise erforderliche Auseinandersetzung mit dem Librettisten gar keine Zeit mehr verblieb. «Ich habe in Italien nie ein fertiges Textbuch gehabt, wenn ich zu schreiben anfing; – ich komponierte die Introduktionen, ehe noch die folgende Nummer gedichtet war. Und wie oft hatte ich nicht zu Dichtern Leute, die zwar nicht übel schrieben, aber keine Idee hatten von den Erfordernissen des Musikers – ich mußte mit ihnen arbeiten, statt daß sie es für mich taten.»[26] Wer hier wem zuzuarbeiten hatte, schien für Rossini klar zu sein, und die Verachtung, die aus diesen Zeilen spricht – wenn Hiller denn wahrheitsgetreu zitiert –, läßt ahnen, wie es um das Selbstwertgefühl der Textdichter zu Rossinis Zeiten bestellt gewesen sein muß.

Es ist verständlich, daß die Gedemütigten jede Gelegenheit nutzten, um ihr ramponiertes Prestige aufzupolieren. Gian Battista Giusti, für dessen Schauspiel «Edipo Coloneo» (Ödipus in Colonos) Rossini eine Schauspielmusik schrieb, ließ dessen Namen schlichtweg aus, als es um die Verlegung des Werkes ging, und sprach lediglich von einem «berühmten Kapellmeister», der seine «Chöre in Musik gesetzt hat und dafür großzügig entlohnt wurde»[27].

Rossi machte dagegen seinen Anteil am Ruhm des Komponisten geltend, wenn er 1840 in seinen Memoiren schrieb: «Dieser Rossini, jetzt mit dem gebührenden Titel eines Cavaliere ausgezeichnet, der im musikalischen Handwerk hoch herausragt, wofür ihm Bewunderung und das Vergnügen aller Theater Europas gilt, hatte in seinen Anfängen für das Teatro San Moisè eine wenig erfolgreiche Farsa geschrieben, die sich, wenn ich mich recht erinnere, ‹La Cambiale di matrimonio› nannte. Beauftragt, im darauffolgenden Jahr für dasselbe Theater zu schreiben, komponierte er eine Farsa ‹L'Inganno felice›, an deren rauschenden Erfolg man sich noch heute erinnert, einen Erfolg, der ihn in der Folge zu der herausragenden Stellung brachte, in der er heute glänzt und die niemals vergehen wird. Da er mit den von mir verfaßten Worten zu so hohem Ruhm aufgestiegen ist, bin ich stolz darauf, irgendwie zu diesem Ergebnis beigetragen zu haben, das heute und auch morgen eine glanzvolle Epoche des Operntheaters darstellt.»[28]

Die «glanzvolle Epoche» begann an einem ebenso ruhmreichen Theater: der Scala in Mailand. Wer sich zu diesem führenden Haus der italienischen Oper Zutritt verschafft hatte, brauchte sich um sein weiteres Fortkommen nicht mehr zu sorgen. Die Scala war die «Leiter» zum Erfolg, und Rossini sprang mit der Vehemenz des Sechsachteltaktes in ihre Sprossen. Das zweiaktige heitere Melodram «La Pietra del paragone» (Die Liebesprobe) riß bei seiner Premiere am 26. September 1812 das Publikum zu Beifallsstürmen hin. Mit der «Liebesprobe», auf die der Graf Astrubal seine Angebetete Clarice unter Vorspiegelung falscher Tatsachen stellt, worauf diese ebenfalls in Verkleidung die gräfliche Zuneigung prüft, bestand Rossini die Liebesprobe mit dem italienischen Publikum. Das Stück, zu dem Luigi Romanelli die Vorlage lieferte, wurde schon in der ersten Spielzeit dreiundfünfzigmal gegeben und verhalf dem vierundzwanzigjährigen «Maestro di Cappella», wie er sich fortan nennen durfte, zu einem

Ansehen, das bislang nur der bereits verstorbene Cimarosa und die schon greisen Komponisten Paisiello und Spontini genossen. Die großen Meister der Opera buffa hatten einen würdigen Nachfolger gefunden, der ihr Genre mit neuen musikalischen Mitteln ins 19. Jahrhundert hinüberrettete. Schon die Ouvertüre zu «La Pietra del paragone» zeigt die Kunst Rossinis, einfachen, wenn auch originellen Melodien mit rhythmischem Verve lebhafte Gestalt zu verleihen.

Weitere Aufgaben für die Mailänder Oper standen in Aussicht, und aus Venedig trafen gleich drei «Scritture» ein, darunter auch ein Angebot des renommierten Teatro La Fenice. Doch der Impresario Cera war eifersüchtig darauf bedacht, sein bestes Pferd im Stall «San Moisè» unter Vertrag zu behalten, und beauftragte Rossini sofort mit den musikalischen Ausführungen der heiteren Farce «Il Signor Bruschino» (Herr Bruschino). Foppa, der seinerseits auf ein weiteres Ruhmesblatt in seinem schütteren Lorbeerkranz hoffte, unterbreitete dem Maestro wiederum ein sehr mittelmäßiges Libretto im Stil der possenhaften Commedia. Wieder ist es der Vormund eines jungen Mädchens, der dieses an einen gewissen Signor Bruschino verkuppeln will, obwohl Sofias Liebe Florville gehört. Dieser gibt sich vor Sofias Vormund selbst als Bruschino aus und erschwindelt einen Ehevertrag, dem nach einiger Verwirrung sogar der unversehens aufgetauchte Vater des wahren Bruschino zwecks Wahrung seiner eigenen Interessen zustimmt.

Die turbulente Komödie verschaffte dem Komponisten immerhin genügend Gelegenheit zu «musikalischen» Experimenten. Auf einen einmütigen Publikumserfolg war Rossini an diesem Theater nicht mehr angewiesen, denn sein Ruhm schien gesichert, und die Folgeverträge waren schon unterzeichnet. Also nutzte er die Chance, seinen frechen Ideen freien Lauf zu lassen, und handelte sich prompt den Vorwurf ein, sich an der Eifersucht Ceras und dem schlechten Text dadurch gerächt zu haben, indem er absichtlich einen Mißerfolg produziert hätte.

Gewiß, das Publikum der Erstaufführung war teils amüsiert,

teils erbost über so unübliche Effekte wie das rhythmische Anschlagen der Notenpulte mit dem Geigenbogen oder das Verkehren scheinbar heiterer wie empfindsamer Situationen ins musikalische Gegenteil. Aber gerade dadurch – und das war für den späteren Zuschauer durchaus nachvollziehbar – steigerte Rossini die Fragwürdigkeit der konstruierten Geschichte ins Bizarr-Absurde und vermied es, die Personen, die man im Sinn des realistischen Theaters ohnehin nicht ernst nehmen konnte, mitleiderregend zu skizzieren. Statt dessen verwandelte er die Charaktere und ihre situativen Vorgänge in grotesk-lächerliche Grundhaltungen, wie er sie dem alltäglichen, gesellschaftlichen Leben abgeschaut hatte.

Die Oper und das Absurde

Damit zog der Musiker Rossini für die Oper die Konsequenz aus der übersteigerten Darstellung des Menschlichen, wie es der Minos der Antike im Theater, die Commedia dell'arte auf der Sprechbühne und die Clownerie im Zirkus schon vorgegeben hatten. Auf die Identifikation mit den handelnden Figuren kommt es dabei nicht an – im Gegenteil: Je fragwürdiger die Handlungsmotive werden, je unglaublicher und rätselhafter ihr Verhalten ist, desto komischer wirken sie. So tragisch oder furchterregend eine Situation auch sein mag, ihre Entlarvung als Konvention des Theaters bringt den Zuschauer auf Distanz zu den Bühnenhelden und damit zum Lachen über deren Mißgeschick. Obwohl – oder gerade weil – die Figuren auf der Bühne aus dem aktuellen Leben gegriffen und bis zur Groteske überzogen sind, kann sich der Zuschauer dieser aus den Fugen geratenen Welt, die natürlich seine eigene meint, unbeschwert nähern – und sich darin lachend erkennen.

Was in der Commedia dell'arte als überzogen und komisch empfunden wurde, mußte in der Opera buffa zu einem eigenartigen Dilemma führen, welches im Phänomen der Musik begründet lag. Sie allein vermochte das begrifflich Unbestimmbare, das Sinnliche zu erregen und war Formgesetzen verpflichtet, die den Konflikt auf der Bühne, die Disharmonie, in Schönklang verpackt zu transportieren hatten. Musik kann zwar originell, burlesk, sogar witzig sein, aber niemals komisch! Sie ist durchaus in der Lage, Stimmungen jeglicher Art zu erzeugen beziehungsweise solche auf der Bühne zu kommentieren oder zu konterkarieren, aber Komik kann sie nicht erzeugen. Das Komische ist an das begrifflich Faßbare, das Wort oder die Gestik, gebunden. Demzufolge kann allerdings der Akt der Hervorbringung von Musik außerordentlich komisch sein, wenn etwa ein Hornist mit durch Konzentration und Spannung entstelltem Gesicht einen wichtigen Ton bläst, der dann prompt danebengeht – vergleichbar einem Clown, der dreimal nach der Reckstange hangelt und sie ebensooft verfehlt –, oder der Sänger, der seine leidenschaftliche Liebe an der Partnerin vorbei dem Dirigenten gesteht, weil er diesen wohl eher braucht. In solchen Momenten deckt das Operntheater unfreiwillig die ihm zugrundeliegende Konvention auf, die zwar in sich nicht komisch, aber in höchstem Maße «absurd» ist: Menschen begegnen sich an der Tür – und singen; sie lieben sich in verborgenen Nischen – und singen; sie schlagen sich, morden und verenden mit einem Messer im Bauch – und singen!

Solcher Unglaublichkeit ist das Sprechtheater enthoben: Hier geschieht alles wie im wirklichen Leben. So möchte man meinen – und übersieht dabei, daß auch das Wohnzimmer auf der Sprechbühne nur drei Wände hat und der Mörder mit dem präparierten Dolch ebenso präparierte Sätze spricht. Sätze, die nicht dadurch wahrer werden, daß sie unserem alltäglichen Sprachgebrauch gehorchen, sondern durch die Meinung, die dahintersteht und die sich erst im Kontext mit dem ganzen Stück enthüllt.

Im Abstand der künstlerischen Formulierung zu ihrem Gegenstand, der Alltagswirklichkeit, treten erst jene fundamentalen Wahrheiten zutage, um deren Entdeckung sich das Theater bemüht.

In der Oper öffnet sich uns dieser Raum zwischen Kunst und Wirklichkeit so weit, daß darin der unergründliche Mythos einer «Gegenwelt» Platz findet, wo reine Lust und reiner Schmerz wieder den Sinn machen, den sie in der real existierenden Welt verloren haben.

In jedem Augenblick, in dem wir die Welt erfassen, nehmen wir mehr oder weniger bewußt eine Vielzahl an Eindrücken auf, die in ihrer Gleichzeitigkeit schwer zu vermitteln sind. Dazu müssen sie erst begrifflich benannt und zerpflückt werden, um dann im zeitlichen Nacheinander eines Satzes oder eines Textes als logischer Gedankengang nachvollziehbar zu werden. Damit wird der Benennung unserer komplexen Wahrnehmung eine Folgerichtigkeit verordnet, die zwangsläufig «unwahr» sein muß, da die Logik des begrifflichen und diskursiven Denkens die Vielschichtigkeit unserer Wahrnehmung nie zu erfassen vermag. Die Oper als Konglomerat sämtlicher Künste beschwört in ihrer Vielschichtigkeit gleichzeitig verschiedene Assoziationselemente, die dem begrifflich Unbestimmbaren der Musik, des Bildes und der Poesie innewohnen.

Dies erkennend, hat sich auch das Schauspiel zu jeder Zeit der Musik und Bilder bedient; und zwar nicht nur aus atmosphärischen Gründen, sondern um damit dem diskursiven Denken und der Logik entgegenzusteuern. Poesie und Lyrik, die man gern auch «musikalisch» empfindet, verwahren sich gegen jene Folgerichtigkeit des Denkens, indem sie die Sprache als Informationsträger disqualifizieren und sie dem Stimmungsbild unterordnen. Solche Tendenzen erfuhren in unserem Jahrhundert radikalste Ausprägungen, wie sie etwa von den Dadaisten bis hin zur Vernichtung der Sprache als Ausdruck ihrer Untauglichkeit praktiziert wurden.

Mit der Zersetzung der Sprache und der Eingliederung ihrer Fragmente in simultane Klang-, Licht- und Bewegungsereignisse beschworen die «Absurden» das Theater wieder als mehrdimensionales Medium, das ihrem Gefühl der Irrationalität menschlicher Existenz Ausdruck verlieh. Ihre Bühnengestalten stehen im Widerspruch zum Vernünftigen, Angemessenen, ihr Verhalten ist sinnwidrig: absurd. Und genau an diesem Punkt nähert sich das Theater des Absurden wieder unserer Wirklichkeit, die, im einzelnen betrachtet, voller Absurditäten steckt.

Von diesem Gegensatz zwischen Anspruch und Sein nährt sich auch die Komik in der Opera buffa, von der Goethe sagte, daß sie «jederzeit im gemeinen Leben blieb und von Schelmereyen und Absurditäten sich zu würzen pflegte»[29].

Rossinis «Schelmereyen» zeugen tatsächlich von einem einmaligen Gespür für das Absurde – einem Gefühl, das ihn auch als alten Mann in Betrachtung seiner selbst nicht verließ. Seine Art der «Sprachzersetzung» äußerte sich im Umgang mit dem Text genauso wie in der Musik.

Wenn das Orchester mit schmerzvoll klagenden Noten den reumütigen Bruschino auf dem Gang zu seinem Vater begleitet, wird aus dem «Padre mio, son petito» ein «Padre mio, mio, mio, mio, mio, mio, mio, son petito, tito, tito, tito, tito». Und im Finale des ersten Akts von «L'Italiana in Algeri» (Die Italienerin in Algier) äußern die Betroffenen ihre Unfähigkeit, das Geschehene zu begreifen, nur noch mit den assoziativen Lauten «Ding, ding, tak, tak, kra, kra, bum, bum», die ihr «cervello spalerate», ihr «verwirrtes Hirn», produziert!

Die «Italienerin in Algier» komponierte Rossini für das Teatro San Benedetto in Venedig. Am 22. Mai 1813 konnte Rossini mit dieser Oper einen Riesenerfolg und weitere 700 Francs verbuchen. «Ich glaubte, daß die Venezianer mich für verrückt halten würden, nachdem sie meine Oper gehört haben. Nun stellt sich heraus, daß sie noch verrückter sind als ich.»[30]

Er hätte es wissen müssen, denn der junge, wortgewandte Rossini hatte sich nicht nur in so manches Mädchenherz geschmeichelt, sondern war mittlerweile auch bei den angesehensten Familien Venetiens, der «Serenissima», ein gerngesehener Gast. In ihren Salons sollten Venus und Adonis überwintern, auf daß ihnen die heroische Aura des nationalen Aufstands und der Streit zwischen Franzosen und Österreichern um die Lagunenstadt nichts anhaben konnten. Lieber nahm man in Kauf, in wollüstiger Dekadenz unterzugehen, als «das Lächeln der Welt» – Venedigs Kosename – zu trüben.

Die Oper als Vergnügungsstätte

Das Spiel der Masken und der Liebe hielt die venezianische Gesellschaft – nicht nur zur Zeit des Karnevals – im Zustand ständiger Erregung und trieb so manche Blüte, für die der Kommentar auf dem Theater nicht «verrückt» genug sein konnte. Während die Männer der guten Gesellschaft in Luxus schwelgten, ihren Geschäften nachgingen oder dem «Dolce far niente» frönten, widmeten sich die Damen mit Vorliebe dem «Dolce far l'amore», wozu sie sich des offiziell genehmigten «Cavaliere servante» bedienten, den der Gatte als Dritten im Bunde stillschweigend zu dulden hatte. Schließlich war man nicht aus Liebe den Bund der Ehe eingegangen, sondern zum Zwecke der Vermögenszusammenlegung. Doch auch das Herz forderte seinen Tribut, und der «Cisisbeo», wie man den Diener der Dame poetisch nannte, zollte ihn nach allen Regeln der Kunst. Er sollte als berufsmäßiger Verehrer nicht nur um das erotische Wohlbefinden seiner Signora bemüht sein, sondern mußte seine zärtliche Hand auch zu den alltäglichen Dingen des Lebens reichen: sei es das Weihwasser in der Kirche, die Schokolade zum Frühstück, Schminktopf und Puderquaste bei der Toilette oder Kuchen für das Hündchen der Angebeteten.

Daß, wie Goldoni meinte, «die Eifersucht eine veraltete und ordinäre Leidenschaft» sei, mochte zwar auf den Ehemann zutreffen, der sich damit in der Öffentlichkeit nur lächerlich gemacht hätte, niemals aber auf den «Cisisbeo». Sein Lohn war die Treue der Signora – so lange wenigstens, wie sie ihn in ihrem Dienst behielt.

Die römische Kirche sah solches Treiben freilich mit Widerwillen, doch was war den Venezianern der Papst, was der Kaiser?

Venedig, das sich über Jahrhunderte hinweg als unabhängige Republik dem gewinnbringenden Handel verschrieben hatte, war niemals italienisch, sondern immer nur «venezianisch» gewesen, und selbst Napoleon, der zwar die ehrwürdige «Serenissima» 1797 zu Fall gebracht hatte, konnte die stolzen Weltbürger nicht in die Knie zwingen. Und die Österreicher, die ein halbes Jahr später die Stadt einnahmen, hatten mit deren Traditionsbewußtsein ebenso zu kämpfen wie mit den national gesinnten Widerständlern.

Hatte man auch die politische Macht verloren, so ließ man sich gleichwohl die Kunst nicht nehmen. Die vierzehn Theater Venedigs waren seit dem 18. Jahrhundert immer mehr zum Dreh- und Angelpunkt des gesellschaftlichen Lebens geworden, um den sich das Karussell von gesellschaftlicher Reputation und geheimen Beziehungen, von Geschäft und Liebe drehte. Hier waren Spiel, Musik und Tanz angesagt, und das Publikum spielte ungeniert mit. Vergeblich versuchten die Behörden mit Kleiderverordnungen und Theaterkommissionen, die für Disziplin und Anstand vor, auf und hinter der Bühne zuständig waren, dem oft allzu ungezwungenen Treiben im Parkett und in den Logen beizukommen.

Die Damen im Publikum eiferten nur allzu gern den Tänzerinnen auf der Bühne nach und lenkten mit gewagtem Aufzug die Blicke der Herren von der Szene weg auf ihre unübersehbaren Reize. Um den Eindruck der Helligkeit auf der Bühne zu verstärken, hielt man die Beleuchtung im Zuschauerraum gedämpft, so daß man sich in den Logen unbehelligt näherkommen konnte. Hier wurde geflirtet, getrunken und geschwatzt, was keineswegs als Untugend, sondern vielmehr als Ausdruck charmanter Lebensart galt. Eine Venezianerin, die in Paris eine Vorstellung besucht hatte, konnte sich nur noch darüber wundern, daß man dort, wie sie schrieb, in die Oper ging, um der Musik zuzuhören und nicht, wie hier, um Konversation zu machen.

Freilich schenkte man auch in Venedig den ersten Sängern und Sängerinnen durchaus Gehör und schlürfte sein Sorbet erst beim Auftritt der zweiten oder dritten weiter. Ihre Arien wurden dementsprechend «Aria del sorbetto» betitelt, und Rossini erlaubte sich in «Ciro in Babilonia» einen Spaß, der auf das Logenpublikum genauso abzielte wie auf seine «Seconda Donna»: «Sie war nicht allein über die Erlaubnis häßlich, auch ihre Stimme war unter jeder Würde. Nach sorgfältiger Prüfung fand ich, daß sie einen einzigen Ton besaß, das B der eingestrichenen Oktave, welcher nicht übel klang. Ich schrieb ihr daher eine Arie, in welcher sie keinen anderen als diesen Ton zu singen hatte, legte alles ins Orchester, und da das Stück gefiel und applaudiert wurde, so war meine eintönige Sängerin überglücklich über ihren Triumph.»[31]

Wenn eine Dame in der Loge eine Mandarine verspeiste, warf sie die Schale unbekümmert ins Parkett, welches manchem «Gentiluomo» auch als Spucknapf diente. Dort saßen ja nur die kleinen Leute – Handwerker, Angestellte und Ladenbesitzer –, die zu den volkstümlichen Buffoopern zugelassen waren.

Die Opera seria blieb ihnen bis 1850 weitgehend verwehrt. Und als sich am 12. Februar 1813 der Vorhang des Teatro La Fenice über «Tancredi», Rossinis erster bedeutender Oper dieses Genres, schloß, klatschten ihm fast ausschließlich aristokratische Hände Beifall.

Das sollte sich erst in der Verdi-Ära ändern, als die italienischen Patrioten das Teatro La Fenice für die Kundgebung ihrer Freiheitsideale mit Beschlag belegten und manchen Tumult auslösten, den die österreichischen Offiziere im Parkett vergeblich mit Säbelrasseln zu unterdrücken suchten.

1951 huldigte Strawinski mit der Uraufführung von «Rake's Progress» auf ebendieser Bühne noch einmal jenem verführerischen Geist Venedigs und mahnte die jungen Männer, «die ihr Cäsar und Vergil zu gleichen wünscht – mögt ihr nicht aus eurem Traum erwachen, innewerden, daß ihr doch nur Lebemänner seid». Die kleinen Engelsputten im rotgoldenen, mit Elfenbein verzierten Zuschauerraum werden ob solcher Moral gelächelt und sich mit Nachsicht an die frivole Atmosphäre erinnert haben, die 138 Jahre früher von den parfümierten Damen, ihrer Dienerschaft und den galanten Herren ausging, die zu einer der sechs Logenreihen emporstiegen, um sich von ihrem «Palco» aus die schicksalhafte Liebesgeschichte Tancredis zu Herzen gehen zu lassen.

Bei der geplanten Erstaufführung am 6. Februar bekamen sie allerdings nur den ersten Akt zu sehen, da die beiden Hauptdarstellerinnen sich unwohl fühlten – was bei der Signora Melanotte, die den Tancredi sang, möglicherweise auf den «übermäßigen Gebrauch von Tabak und Brandy»[32] zurückzuführen war. Eine Woche später konnte das Melodram dann aber ohne Zwischenfälle über die Bühne des «Fenice» gehen und von dort aus seinen Siegeszug durch Italien, Europa und auch Amerika antreten.

Nicht nur die Herzen der Gondolieri schlugen für Rossinis Melodien – «Di tanti palpiti» wurde zum Schlager ihres Repertoires –, sondern auch die ehrenwerte Gesellschaft und natürlich die Impresari des Landes stimmten ein in den Ohrwurm «Ti rivedrai; ti rivedro», was einer Liebeserklärung an Rossini gleichkam.

Bevor ihn aber Venedig wiedersah, sollte auch Ferrara in den Genuß von «Tancredi» kommen, und Rossini glaubte es sich leisten zu können, das obligate «Happy-End», Voltaires ursprünglicher Geschichte folgend, dem Tod des Helden in den Armen seiner Geliebten zu opfern. Doch das Publikum gab dem Maestro deutlich zu verstehen, daß es ein solches Sakrileg an der Dramaturgie der Opera seria nicht duldete, und nötigte ihm das alte «Lieto fine» wieder auf. Rossini fügte sich «dem verschiedenen Geschmacke, der in einem oder anderen Publikum vorwaltete»[33], und erwarb dafür Ruhm und Geld. Dieses hatte er auch bitter nötig, denn die Reisen von Bologna nach Venedig, von dort nach Ferrara, wieder zurück in die Lagunenstadt und westwärts nach Mailand verschlangen ein gut Teil seiner Gagen, die mittlerweile etwa fünfhundert Francs pro Auftrag ausmachten.

Als die Scala in Mailand für die Aufführung von «Aureliano in Palmira» (Aurelian in Palmira) mit achthundert Francs lockte, handelte sich der Komponist gleichzeitig Probleme mit dem eitlen Kastraten Velluti ein, der sich über Rossinis Melodien hinweg in so eigenwillige Verzierungen verstieg, daß selbst Rossini das Lächeln verging. Darob erbost, beschloß er, mit einer alten Tradition zu brechen. Derzufolge durfte der Sänger sich – und dem Publikum – in der freien Gestaltung von Gesangslinien gefallen, die der Komponist gewöhnlich in jeder Arie zu ebendiesem Zwecke bereithielt. Damit konnte der Sänger nicht nur den Affekt seiner theatralischen Situation steigern, sondern auch seine Kunst in der Schule der Improvisation demonstrieren – wenn er sie denn wirklich beherrschte!

Die der «Nuove musice» von 1601 zugrundeliegenden Verzierungsarten verlangten vom Sänger ein eingehendes Studium der «wesentlichen Manieren», die nicht nur melodischen Einfallsreichtum voraussetzten, sondern in wachsendem Maße auch als harmonische und rhythmische Gestaltungsformen sachkundiger Ausführung bedurften. Rossini schrieb fortan Koloraturen und Kadenzen Note für Note aus, um sie als stilprägende Elemente seiner Musik nicht der Willkür unbedarfter Sänger auszusetzen.

Einstweilen aber lagen ihm weitere achthundert Francs und endlich auch ein Textbuch des «Libretto-Fürsten» Felice Romani am Herzen.

Wie ehedem die «Italienerin» im Ausland ihr Glück machte, winkte solches nun dem Türkenprinzen Selim in Italien. Was jedoch den besonderen Reiz dieser Geschichte ausmacht, ist die Präsenz des Dichters Prosdocimo, der selbst nach einer Geschichte sucht und die geheime Liebe Zaidas zum unerkannten Prinzen zum Anlaß nimmt, um unter den Beteiligten eine möglichst dramatische Verwirrung zu stiften.

Welche (Selbst-)Ironie liegt diesem Einfall zugrunde, wenn ein Dichter – Romani – sich eines Dichters – Prosdocimo – bedient, um die Welten, die die Bretter bedeuten, aus den Fugen zu heben und sie als Theater-Welt neu zusammenzubauen. Und welchen Spaß muß es dem «liebenswürdigen» Rossini gemacht haben, diese neuartige dramaturgische Idee musikalisch ins Absurde zu steigern.

Als beispielsweise der Türke Selim dem Mädchen Zaida, das

aus seinen Umarmungen geflohen war, Aug' in Aug' gegenübersteht, belehrt uns der Dichter – die Musik rutscht dabei einfühlsam von den Fagotten geführt nach F-Dur –, daß ein Stuhl notwendig sei, da Heldinnen in solchen Augenblicken gewöhnlich in Ohnmacht fallen.

Oder das Trio im ersten Akt, in dem Geronio und Narciso angestrengt darüber diskutieren, welche Rolle der Poet ihnen zugedacht hat. Das Stück beginnt und endet mit einem langsamen Thema der Bässe. Was folgt, sind buffoneske Themen mit unerwarteten Modulationen, selbst Anklänge aus der Ouvertüre mischen sich ein. Alles scheint möglich, doch keiner weiß Bescheid.

Da kann man Rossinis «Sigismondo», den er im folgenden Jahr, wieder nach einem Libretto von Foppa, «der damit den hundertsten Beweis seiner Unfähigkeit liefert»[34], für das «Fenice» komponierte, getrost übergehen und mit den Worten des Komponisten sagen: «Pfeift, pfeift lieber!»

VERPFLICHTUNGEN

Neapel 1815–1822

«Ich habe mich nie irgendwie in Politik gemischt. Ich war Musiker, und es ist mir nie eingefallen, etwas anderes sein zu wollen . . .»

Im denkwürdigen Jahr 1815 brachte der Wiener Kongreß Europa eine neue Staatsordnung. Napoleons Stern war bei Waterloo endgültig erloschen, während ein neuer am musikalischen Himmel Europas aufging: Rossini, «der Napoleon der Musik», wie ihn Giuseppe Mazzini später einmal nannte.

Als der König von Neapel, Joachim Murat, am 5. April in Rimini etwas voreilig die Unabhängigkeit Italiens proklamierte, sahen auch die Bologneser Patrioten ihre Stunde gekommen und erhoben sich gegen die Fremdherrschaft der Österreicher. Ihren ersten Erfolg feierten sie in Anwesenheit Murats im Teatro Contavalli – ein Anlaß, dem sich auch Rossini als Person des öffentlichen Interesses nun nicht mehr entziehen konnte, obwohl ihm heroische Gesten ebenso zuwider waren wie das Geschrei der Menge, das sein sensibles Musikerohr beleidigen mußte. «Ich habe mich nie irgendwie in Politik gemischt. Ich war Musiker, und es ist mir nie eingefallen, etwas anderes sein zu wollen, wenn ich auch an dem, was in der Welt vorgeht, und namentlich an dem Schicksal meines Vaterlandes, den lebhaftesten Anteil nehme.»[35] Seinen «Anteil» zu der besagten Feier steuerte er in Form einer «Inno dell'Indipendenza» bei, die ungeachtet ihrer bescheidenen Qualität mit gebührender Begeisterung aufgenommen wurde. Tags darauf sah sich Rossini gezwungen, die Noten seines patriotischen Ausbruchs gut zu verstecken, denn die Österreicher hatten sich nun wieder des Landes bemächtigt und machten Anstalten, dem «Revolutionär wider Willen» an den Kragen zu gehen. Jenem stand keineswegs der Sinn danach, «mit diesen strengen Herren zu scherzen», und er rettete seine «sehr sanfte Natur» mit der «tapferen Seele»[36] im Mai 1815 nach Neapel.

Dort erwarteten ihn Barbaja, der Impresario des Teatro San Carlo, und ein opernbesessenes Publikum.

«Der wahre Triumph der Neapolitaner aber ist die Musik. Es scheint, als besitze dieses Land eine Harfe, deren Saiten harmonischer und klangvoller sind, als das übrige Europa sich träumen läßt. Die ganze Nation ist dem Gesang verfallen: die Gesten, die Melodie der Stimme, die Aussprache der Worte, die Redeweise – alles ist Ausdruck und Atem einer musikalischen Harmonie. Und deshalb ist Neapel die erste Quelle der italienischen Musik; die Heimat der großen Komponisten, die Stätte herrlicher Opern...»[37]

Hier war die Geburtsstätte der Oper; hier prägten Scarlatti, Leo, Popora und Pergolesi der Opera seria ihren neapolitanischen Stil auf, an dem sich auch deutsche Komponisten wie Händel und Keiser orientierten; hier spielten sich die ersten großen Kastraten und Primadonnen in den Vordergrund der Musikgeschichte – oder einfach an die Rampe, wo sie ihre recht schamlose Selbstdarstellung meist auf Kosten der Partner, des Dirigenten und nicht zuletzt des Komponisten zu inszenieren pflegten. Die Neapolitaner waren aber auch solchem Spektakel gegenüber aufgeschlossen, und sie liebten diesen Wettkampf der Attitüden, die sich in der neapolitanischen Oper als Stilmittel der Präsentation von Affekten quasi zur Kunstform entwickelten.

Mit Argwohn sah man auf den «Italiener» Rossini, dessen Musik man als Angriff auf den guten Geschmack ablehnte, und verbot folglich den Zöglingen des königlichen Konservatoriums das Studium seiner Partituren. Doch der geschäftstüchtige Domenico Barbaja wußte zu gut um die Marktlücke im Opernbetrieb Neapels, als daß er dieses Genie ausschließlich dem italienischen Musikmarkt überlassen hätte. Und was Barbaja auch immer tat, es hatte Hand und Fuß.

Noch zwanzig Jahre zuvor war er Küchenjunge in Mailand, wo er aus der Spielleidenschaft der Italiener und der napoleonischen Soldaten Geld zu machen wußte. Er spekulierte und investierte, bis er sich eine Lizenz zur Betreibung von Spieltischen im Foyer der Scala ergattert hatte. Diese verwaltete er so gewinnbringend, daß man ihm 1809 in Neapel die Geschäftsführung verschiedener Theaterhäuser anvertraute.

Damit war seit dem frühen 18. Jahrhundert immer auch das Geschäft mit Glücksspielen verbunden, denn das Theater war nicht nur der Tempel der Musen, sondern auch der Spielsalon der Wohlhabenden. Hier konnte vor, während und nach der Vorstellung beim Roulette und Pharao das große und beim Tricktrack das kleine Glück gemacht werden.

Die Behörden – zuletzt auch die napoleonischen – vergaben das Glücksspielmonopol an die Theaterunternehmer der führenden Opernhäuser, womit deren kostspielige Produktionen sich verhältnismäßig leicht finanzieren ließen. Nach 1814 hoben die Regierungen der Restauration das Monopolrecht in Italien auf, doch Barbaja, dem «Fürsten unter den Impresari», gestand man die Verwaltung von Karten und Würfeln nach wie vor zu. Dieses Privileg verhalf ihm zu gewaltigen Geldmitteln und versetzte ihn in die Lage, das 1816 niedergebrannte Teatro San Carlo in kürzester Frist wieder aufzubauen. «Er betrieb seine Sache mit einer gewissen Großartigkeit und setzte seinen besonderen Stolz darein, die bestmögliche Oper zu haben. Das gelang ihm denn auch, wiewohl mit bedeutenden Geldopfern. Aber er konnte sie leicht bringen, da er als Organisator der öffentlichen Spiele ungeheure Summen verdiente. Sein Unglück waren seine außerordentliche Reizbarkeit und seine Eitelkeit. Er glaubte, alles selbst am besten zu wissen, wodurch er es mit den meisten Menschen verdarb. Seine Bauten haben unermeßliche Summen verschlungen, und er hinterließ schließlich seinem Sohn nur eine Million . . ., er hätte ihm ein Dutzend lassen können . . .»[38]

Den Komponisten Rossini bedachte er – nach dessen eigenen Aussagen – mit achtzehntausend Francs Jahresgehalt für den Posten des Musikdirektors am «San Carlo» und am «Fondo», wo sich der junge Maestro «um alles, was die Oper anging, bekümmern und alle Proben überwachen»[39] mußte und verpflichtet war, jährlich zwei Opern für Neapel zu komponieren.

Rossini unterschrieb. Ihn lockte nicht allein das Geld; viel mehr reizten ihn die Arbeit mit dem hervorragenden Orchester des «San Carlo» und die Aussicht auf ein «tête-à-tête» mit der in jeder Beziehung hervorragenden Sopranistin Isabella Colbran.

Daß sie Barbajas Geliebte war, konnte Rossinis Leidenschaft für die schöne Spanierin nichts anhaben – und Barbaja selbst mochte sich mit dem Gedanken getröstet haben, daß alles, womit er Rossini an sich binden konnte, von Nutzen sein würde.

Am Abend des 4. Oktober 1815 gab das Publikum Barbajas Spekulationen recht: «Elisabetta, Regina d'Inghilterra» (Elisabeth, Königin von England), ein Drama in zwei Akten von Giovanni Federico Schmidt mit der Musik von Gioachino Rossini, wurde enthusiastisch gefeiert. Ein Erfolg, der im besonderen auch der Hauptdarstellerin Colbran zu verdanken war, für die Rossini unter Berücksichtigung ihrer besonderen Qualitäten die virtuosesten Koloraturen geschrieben hatte. Und die waren wie alle anderen Partien streng nach Rossinis Notierungen zu singen. Auf das Orchester, das zu den besten Europas zählte, konnte sich der Maestro außerdem verlassen. Und wenn er das große Crescendo der Ouvertüre, die er von «Aureliano in Palmira» entliehen und später beim «Barbiere» nochmals verwendet hatte, als eines seiner unverwechselbaren Erkennungszeichen beim Finale zum Einsatz brachte, so markierte er damit gleichsam ein neues Revier: Neapel.

In der Mimikry der «Ernsthaftigkeit» schleuste Rossini seinen eigenen Opernstil ins Land der Opera seria ein – und die Neapolitaner verziehen ihm den Markenschwindel, wenn er ihrem Traditionsbewußtsein zuliebe selbst unter eine so eindeutige Buffooper wie «La Gazzetta» (Die Zeitung) die Artbezeichnung «Dramma» setzte.

In Rom, wo er noch im selben Jahr «Torvaldo e Dorliska» (Torvaldo und Dorliska) am Teatro Valle herausbrachte – der Vertrag mit Barbaja gestand ihm solche Aufträge zu –, konnte er ohne Rücksicht auf eine Operntradition, die es im Machtzentrum des Kirchenstaats sowieso kaum gab, seiner Leidenschaft für die komische Oper frönen. Hier glaubte er sich sogar eines Komödienstoffs neu bedienen zu dürfen, den vor ihm schon der hochverehrte Paisiello in Töne gesetzt hatte: «Il Barbiere di Siviglia» (Der Barbier von Sevilla). Anderthalb Jahrzehnte zuvor hatte der Grandseigneur der italienischen Oper mit diesem Werk seinen europaweiten Ruf gefestigt. «Auch Napoleon hörte seine Musik gern», versichert uns Rossini und gibt seiner eigenen Meinung in einer Kolportage Ausdruck, wonach Paisiello «aller Welt erzählte, der große Kaiser liebe seine Musik ganz besonders, weil sie ihn nicht hindere, an anderes dabei zu denken. Ein eigentümliches Lob. Indes war seine sanfte Musik zu ihrer Zeit allgemein vorgezogen – jede Epoche hat eben ihren eigenen Geschmack.»[40] Aber mit der Gemeinde der «Paisiellisti» wollte sich Rossini nun doch nicht anlegen. So temperamentvoll er sich mitunter gebärdete, sosehr scheute er Konflikte und ging ihnen geflissentlich aus dem Weg. Sein gesellschaftliches und politisches Engagement reichte stets nur so weit, als er sich des Beifalls sicher sein konnte, und nichts fürchtete er mehr als eine aufgebrachte Menge im Theater – oder vor seiner eigenen Tür.

«Ich schrieb Paisiello einen Brief, in dem ich ihm erklärte, daß ich mir meiner Minderwertigkeit bewußt sei und nicht in einen Wettbewerb mit ihm treten wolle, sondern nur ein Thema, das mir Freude machte, behandeln und dabei nach Möglichkeit die gleichen Episoden in seinem Libretto vermeiden wolle.»[41] Ein weiterer Versuch, den Ärger der Anhänger Paisiellos zu vermeiden, war das «Avvertimento al pubblico», das dem gedruckten Libretto des «Almaviva», so hieß das Stück ursprünglich, vorangestellt worden war: «Dem Publikum zur Nachricht! Die Komödie des Herrn Beaumarchais, betitelt ‹Der Barbier von Sevilla oder Die nutzlose Vorsicht›, wird in Rom als komisches Drama bearbeitet und unter dem Titel ‹Almaviva oder Die nutzlose Vorsicht› aufgeführt, um das Publikum von dem Gefühl der Achtung und Verehrung zu überzeugen, welche den Urheber der Musik des Dramas gegenüber dem so sehr berühmten Paisiello beseelen, der diesen Stoff bereits unter seiner ursprünglichen Bezeichnung vertont hat. Der Maestro Gioachino Rossini, zur Übernahme dieses schwierigen Auftrages berufen, hat, um nicht der kühnen Rivalität mit dem ihm vorangegangenen unsterblichen Verfasser geziehen zu werden, ausdrücklich verlangt, daß der ‹Barbier› von neuem vollständig in Verse gesetzt wird und daß einige neue Situationen für musikalische Stücke eingeführt würden, die jetzt vom modernen Geschmack der Bühnen verlangt werden, der sich seit jener Zeit, in der der bewährte Paisiello seine Musik schrieb, so sehr geändert hat.»

Das neue Libretto hatte Cesare Sterbini verfaßt und Rossini schon nach zwölf Tagen abgeliefert. Noch während Sterbini schrieb, begann Rossini mit der Komposition und stellte die etwa sechshundert Partiturseiten in neunzehn oder zwanzig Tagen fertig. Sein Vertrag ließ ihm keine Wahl.

Die Uraufführung am 20. Februar 1816 war ein Fiasko. Schon bei Rossinis Erscheinen – im nußbraunen Gehrock mit Goldknöpfen nach spanischer Art – brachen Gelächter, Mißfallensrufe und schrilles Gepfeife aus. Als Vitarelli, in der Rolle des Basilio in sehr ungewöhnlicher Aufmachung, auf deren Erfolg er so gerechnet hatte, auf die Bühne kam, stolperte er über eine Falltür und fiel schmerzhaft hin. Als er sich vom Boden erhob, war sein Gesicht ganz zerkratzt und seine Nase fast gebrochen. «Das liebe Publikum sah mit Freude das Fließen von Blut, ganz wie seine Vorfahren im Kolosseum. Es lachte, applaudierte, verlangte eine Wiederholung, kurz, es war ein furchtbares Durcheinander. Einige Leute dachten, das Stolpern sei ein Teil der Aufführung, beschwerten sich über die Geschmacklosigkeit und zeigten deutlich ihren Ärger.

Dann mußte der verletzte Vitarelli seine unvergleichliche Verleumdungsarie singen. Um das Blut der größten Wunde zu stillen, mußte er ununterbrochen das Taschentuch, das er in der Hand hielt, an die Nase halten, und jedesmal, wenn er diese bei seinem Zustand so notwendige Bewegung machte, fingen Pfeifen, Mißfallenskundgebungen und Lachen im ganzen Saal wieder von neuem an... Als Höhepunkt der Katastrophe erschien eine Katze während des herrlichen Finales und lief zwischen den Sängern herum. Der ausgezeichnete Figaro, Zamboni, jagte sie auf der einen Seite hinaus, worauf sie auf der anderen wieder erschien und dem Bartolo, Botticelli, auf die Arme sprang. Die unglückselige Schülerin des Doktors und die ehrbare Berta wollten vermeiden, zerkratzt zu werden, und wichen mit lebhaftesten Bewegungen den großen Sprüngen des toll gewordenen

Tieres aus, das nur vor dem Schwert des obersten Polizisten Respekt hatte. Die gütige Zuhörerschaft rief ihm zu, ahmte das Miauen nach und ermutigte es mit Wort und Geste, seine improvisierte Rolle weiterzuspielen.»[42]

Doch Rossini schien unbeeindruckt: «Er verließ das Theater, als ob er ein unbeteiligter Zuschauer wäre», berichtet die Sängerin der Rosina, Geltrude Righetti-Giorgi.

Wie betroffen Rossini wirklich war, weiß niemand genau. Fest steht jedoch, daß sich das Blatt «Barbier» schnell wieder wendete. Schon die zweite Vorstellung am folgenden Abend wurde mit großem Beifall belohnt.

«Ich schlief friedlich, als ich plötzlich durch einen ohrenbetäubenden Lärm auf der Straße aufgeweckt wurde, der vom hellen Leuchten vieler Fackeln begleitet war. Sobald ich aufgestanden war, sah ich, daß sie auf mein Hotel zukamen. Noch ganz verschlafen, und an die Vorgänge des letzten Abends denkend, glaubte ich, daß sie das Haus anzünden wollten, und ich nahm im Stall hinter dem Hof Zuflucht. Aber nein, ein paar Minuten später hörte ich Garcia ganz laut nach mir rufen. Er fand mich schließlich. ‹Halten Sie sich heran, kommen Sie schnell, hören Sie doch dieses Rufen: Bravo, bravissimo, Figaro. Ein unvergleichlicher Erfolg. Die Straße ist voll Leuten. Sie wollen Sie sehen!› Es schmerzte mich noch immer, daß meine neue Jacke vor die Hunde gegangen war, und so antwortete ich: ‹Sagen Sie ihnen, daß sie mit ihren Bravos und dem Rest zum Teufel gehen können. Ich komme nicht.› Ich weiß nicht, wie Garcia meine Weigerung dieser aufgeregten Menge beibrachte – jemand hatte ihn tatsächlich mit einer Apfelsine ins Auge getroffen, und er hatte mehrere Tage ein blaues Auge. Inzwischen nahm der Lärm auf der Straße immer mehr zu.

Dann erschien der Hotelwirt außer Atem. ‹Wenn Sie nicht kommen, werden sie noch das Haus anzünden. Sie zerbrechen schon die Fenster ...› ‹Das ist Ihre Sache›, sagte ich ihm. ‹Stellen Sie sich nur nicht in die Nähe der Fenster ... ich bleibe, wo ich bin.› Schließlich hörte ich Glasscheiben zerbrechen, worauf die

Menge, von der Schlacht erschöpft, sich zerstreute. Ich verließ meine Zufluchtsstätte und ging schlafen. Leider hatten die Kerle zwei Fenster gerade neben meinem Bett herausgebrochen ... Ich müßte lügen, wenn ich Ihnen sagen würde, daß die eisige Luft, die in mein Zimmer blies, mir eine angenehme Nacht verschaffte.»[43]

In der Folgezeit erntete der «Barbier von Sevilla» bald auch in London (1818), New York, Wien und Paris (1819), in Berlin (1822) und Buenos Aires (1825) Beifall.

Als Rossini im März nach Neapel zurückkehrte, fand er das Teatro San Carlo nur noch als schwarze Ruine vor. Ein Brand hatte es kurz vorher vollständig zerstört, wodurch der Impresario Barbaja gezwungen war, seine Produktion ins «Fondo» zu verlegen. Außer einer Hochzeitskantate, die dort anläßlich einer gräflichen Heirat aufgeführt wurde und die nur ein geschickt verarbeitetes Potpourri aus Rossinis Opernmelodien war, hatte der Komponist den Neapolitanern und seinen Vertragspartnern nichts Neues anzubieten. Die Wiedereinstudierung des «Tancredi» konnte das Publikum keineswegs zufriedenstellen. Und auch die Presse forderte die versprochene Neuschöpfung ein: «Wir hoffen, daß Signor Rossini, nachdem er nun diese Arbeit hinter sich hat, sein sorgfältigstes Augenmerk auf ‹Il Matrimonio per concorso› lenkt, das dem Teatro dei Fiorentini versprochen wurde, wo man nun schon seit längerer Zeit nach einer neuen Komposition Ausschau hält.»[44]

Der Druck wurde stärker. Nicht nur der Impresario in Rom, dem er noch vor seiner Abreise eine Neuproduktion zugesichert hatte, und Barbaja, der auf Erfüllung seines Vertrags pochte, verlangten Rossinis Augenmerk – auch Isabella, die herrliche Sängerin und herrische Geliebte.

Nach der enttäuschenden Premiere von «La Gazzetta, ossia Il Matrimonio per concorso» (Die Zeitung) am 26. September 1816 ging er unverzüglich daran, der Colbran eine Bravourpartie auf den Leib zu schneidern: die Desdemona aus Shakespeares «Othello».

Der außerordentlich gebildete und liberal gesinnte Edelmann Berio di Salsa, in dessen Palazzo sich Rossini am Klavier als «ebenso guter Schauspieler wie Komponist»[45] gezeigt hatte, verfertigte das Libretto – eine Verballhornung der literarischen Vorlage, die auch den Widerspruch des englischen Nationaldichters Byron hervorrief.

Doch wie so oft besänftigte Rossinis Musik die Gemüter, und sein «Otello», der schon bei der Premiere am 4. Dezember 1816 im Teatro del Fondo allgemeine Zustimmung fand, eroberte in den folgenden Jahren die Bühnen von New York bis Sankt Petersburg. Hier wie dort berührte das Thema des ehedem «Unfreien», der zum Feldherrn arriviert, seinerseits die Freiheit des Landes vor feindlicher Bedrohung schützte und nun selbst an einer Staatsintrige scheitert, den zeittückischen Widerspruch von nationalpolitischem Engagement und individualistischer Lebensempfindung.

«Beim Darstellen der zarteren Gefühle blieb Rossini, der sich nunmehr ausgeschrieben hat, Meilen hinter Mozart und Cimarosa zurück. Dagegen hat er einen so raschen und glitzernden Stil geschaffen, wie ihn diese Meister nie für möglich gehalten haben.»[46] Der französische Romanschriftsteller Stendhal alias Marie-Henri Beyle schrieb diese Worte 1817 anläßlich einer Vorstellung im wiedereröffneten «San Carlo», das den entzückten Dichter an «den Palast irgendeines orientalischen Herrschers» erinnerte.

Das unter der Schirmherrschaft des Königs Ferdinand neu errichtete Opernhaus war «eines der großen Ziele»[47] des Franzosen, der nach dem Sturz Napoleons in Paris vergeblich auf eine lohnende Beschäftigung gewartet hatte und nun in seinem geliebten Italien als Berichterstatter unterwegs war. Nach einem vierwöchigen Aufenthalt in Rom kam Stendhal im Januar 1817 in Terracina an:

«In Terracina ... schlägt man mir vor, mit einigen aus Neapel angekommenen Reisenden zu essen. Ich bemerke unter den sieben oder acht Personen einen sehr schönen, blonden, etwas kahlköpfigen Mann, der 30 oder 32 Jahre alt sein mag. Ich frage ihn nach Neuigkeiten aus Neapel, besonders in der Musik. Er antwortet mir klar und einfallsreich. Ich frage ihn, ob noch Hoffnung bestünde, in Neapel den ‹Otello› von Rossini zu sehen; er antwortet mit einem Lächeln. Ich sage ihm, in meinen Augen sei Rossini die Hoffnung der italienischen Schule; er sei ein von Natur genialer Musiker, und er gründe seine Erfolge nicht auf die Klangfülle seiner Begleitung, sondern auf die Schönheit der Melodien. Ich sehe, wie mein Mann ein wenig verlegen wird, die Reisegefährten lächeln; kurz, es ist Rossini selbst. Glücklicherweise und nur ganz zufällig habe ich nicht von der Faulheit dieses großen Genies gesprochen.

Er sagt mir, daß Neapel eine andere Musik verlange als Rom und Rom wiederum eine andere als Mailand. Die Komponisten werden so schlecht bezahlt! Sie müssen Italien unentwegt von einem Ende zum anderen durcheilen, und die schönste Oper bringt ihnen nicht einmal tausend Franc ein. Er erzählt mir, sein ‹Otello› sei nur ein halber Erfolg gewesen; er werde jetzt für Rom ein ‹Aschenbrödel› komponieren und dann nach Mailand gehen, um für die Scala die Musik zur ‹Diebischen Elster› zu schreiben.

Dieser arme geniale Mann interessiert mich brennend; er ist zwar sehr lustig und auch ziemlich glücklich, aber welch ein Jammer, daß sich in diesem unglücklichen Lande kein Herrscher findet, der ihm eine Pension von zweitausend Talern aussetzt und es ihm dadurch ermöglicht, erst dann etwas niederzuschreiben, wenn er eine Eingebung hat. Woher den Mut nehmen, ihm Vorwürfe zu machen, daß er eine Oper in vierzehn Tagen komponiert? Er schreibt an einem schlechten Tisch, bei dem Küchenlärm der Herberge und mit schlammiger Tinte, die ihm in einem alten Pomadetopf gebracht wird. Er ist der geistvollste Italiener, dem ich je begegnet bin, aber das ahnt er wahrscheinlich nicht einmal; in diesem Lande ist die Herrschaft der Pedanten noch nicht gebrochen. Ich gestehe ihm, wie begeistert ich von seiner ‹L'Italiana in Algeri› bin; ich frage ihn, was er mehr liebt, die ‹Italiana› oder ‹Tancredi›; er antwortet mir: ‹Il matrimonio segreto›. Das ist Anstand.»[48]

Wieder einmal hatte sich Rossini mit Charme und offenbar unmerklicher Ironie der Aufdringlichkeit eines Zeitgenossen entledigt, für dessen Schwärmerei, die später in einer Rossini-Biographie die wunderlichsten Blüten trieb, er ebensowenig Verständnis aufbrachte wie Stendhal für die Musik.

Das Dilettieren auf fachfremdem Terrain war allenthalben gang und gäbe, und so mancher Literat beflügelte seinen Genius, indem er sich zum Kritiker über bildende Kunst und Musik aufschwang. Stendhals Tagebuchnotizen erwecken außerdem einiges Mißtrauen ob soviel literarischer Selbstdarstellung und ideologischer Koketterie, die sich gern im Banalen verliert – wohl um eine Spontaneität vorzutäuschen, die es mit Ort und Zeit nicht so genau nimmt: Rossini hielt sich am 9. Januar nicht etwa in Terracina, sondern in Rom auf!

Trotzdem muß uns die Befindlichkeit eines Zeitgenossen jener Tage im ersten Opernhaus Neapels interessieren, dessen Wiederaufbau Stendhal als «Staatsstreich» bewertet: «Er bindet das Volk fester an den König als das beste Gesetz; ganz Neapel ist trunken vor Vaterlandsliebe. Das sicherste Mittel, gesteinigt zu werden, wäre, irgendeinen Fehler daran zu entdecken. Sobald von Ferdinand die Rede ist, heißt es, ‹er hat das San Carlo wieder aufgebaut›.

So leicht ist es, sich beim Volk beliebt zu machen! Das Menschenherz neigt zur Verehrung. Wenn ich an die Kleinlichkeit und an die prüde Ärmlichkeit der Republiken denke, die ich gesehen habe, fühle selbst ich mich ganz royalistisch.»[49] Und einen Monat später stellt er fest: «Das San Carlo ist in der Tat eine Parteiangelegenheit für die Neapolitaner: dorthin hat sich der verletzte Nationalstolz geflüchtet. In Wahrheit ist das San Carlo als Musikstätte der Scala ganz und gar unterlegen. Wenn es erst getrocknet ist, mag es weniger dumpf sein; aber es wird allen Glanz seiner zu früh auf den Putz aufgelegten Vergoldung verlieren. Die Dekorationen wirken recht fade, und, was wichtiger ist, sie können gar nicht besser zur Wirkung kommen, denn der Kronleuchter macht sie zunichte. Aus demselben Grund sind auch die Gesichter der Schauspieler nicht zu erkennen.»[50] Und am nächsten Tag vertraut er seinem Tagebuch an: «Alles in allem ist dieser Saal großartig, wenn der Vorhang geschlossen ist. Ich widerspreche mir nicht: der erste Eindruck ist bezaubernd. Aber wenn der Vorhang aufgeht, fallt ihr von einer Enttäuschung in die andere. Geht ihr ins Parkett, so verweisen euch die Herren Leibgardisten in die zwölfte Reihe. Zu hören ist nichts mehr; man kann auch nicht unterscheiden, ob der Schauspieler, der sich da vorne bewegt, alt oder jung ist. Geht ihr in eure Loge hinauf, so verfolgt euch blendendes Licht. Um euch von dem Geschrei der Colbran zu erholen, wollt ihr bis zum Beginn des Balletts Zeitung lesen: unmöglich, weil es gibt keinen Logenvorhang. Ihr seid erkältet und wollt euren Hut auf dem Kopf behalten: unmöglich, denn ein Fürst beehrt die Vorstellung mit seiner Gegenwart. Ihr flüchtet ins Café: es ist ein düsterer, enger Gang, ein abscheulicher Anblick. Ihr wollt ins Foyer gehen: eine steile, unbequeme Treppe bringt euch ganz außer Atem.»[51]

Das «Geschrei der Colbran» kam Stendhal am 17. Februar zum erstenmal während einer Vorstellung von «Otello» zu Ohren. «Als erstes hörte ich im San Carlo Rossinis ‹Otello›. Nichts ist kälter. Es gehört schon viel Geschicklichkeit dazu, ein so fahles Libretto aus der leidenschaftlichsten Tragödie des Theaters überhaupt zu fabrizieren. Rossini hat dem Librettisten dabei noch sehr geholfen. Fünf Mal schweiften meine Gedanken ab: man beachte, daß Desdemona, Signorina Colbran, äußerlich Mademoiselle Maja sehr ähnlich ist.»[52] Tags darauf hört er nochmals hin: «Heute abend gab die Truppe von San Carlo den ‹Otello› im Teatro del Fondo. Mir fielen einige hübsche Motive auf, die mir bisher entgangen waren.»[53] Dann räsoniert er über «die angemessene Grundrißform für ein Musiktheater», von der «das künftige Geschick der dramatischen Musik» abhängen soll, und stellt fest: «Seit zwanzig Jahren gibt es keine Stimmen mehr in Italien. Da die Frauen auf der Bühne wie auf dem Piedestal stehen, hat eine, die häßlich ist, aber einigermaßen singen kann, auf der Stelle zwanzig Gönner. Wir brauchen also unbedingt

Theater von der Größe des Teatro dei Fiorentini, des ‹Fondo›, des ‹Favar› oder des Teatro Fedo.»[54]

Rossini war inzwischen wieder nach Rom gereist, um seinen Verpflichtungen nachzukommen und an der neuen Oper für das Teatro Valle zu schreiben.

ZWISCHEN DEN STÜHLEN

Rom, Mailand 1817

«Alles hat bei ihm italienische Anmut
und sogar Mißbrauch dieser Anmut.»

Die Karnevalssaison stand vor der Tür, und zwei Tage vor Weihnachten hatte man sich noch nicht einmal auf ein Libretto einigen können.

Die Zensoren des neu installierten Kirchenstaats waren darauf bedacht, jeglichen Anklang an französische Libertinage aus den vorgeschlagenen Textbüchern zu tilgen. Auch während der heiteren Tage des Karnevals sollte es in Rom finster bleiben, wofür der Papst höchstpersönlich sorgte, indem er sogar die Straßenbeleuchtung als Unsinn französischer Illumination abschaffte.

Der Librettist Ferretti «wurde schließlich müde, Vorschläge zu machen, und murmelte im Halbschlaf mitten beim Gähnen: ‹Cinderella›. Rossini, der ins Bett geklettert war, um besser überlegen zu können, setzte sich gerade auf. ‹Würden Sie den Mut haben, mir eine Cinderella zu schreiben?› Ich meinerseits fragte ihn: ‹Würden Sie den Mut haben, sie zu komponieren?› Er: ‹Wann kann ich einen Entwurf haben?› Ich: ‹Wenn ich nicht einschlafe, morgen früh.› Rossini: ‹Gute Nacht!› Er wickelte sich in seine Bettdecke ein, streckte seine Glieder aus und schlief, wie die Götter bei Homer, friedlich ein. Ich trank noch ein Glas Tee ... und rannte nach Haus. Dort ersetzte guter Mokka den Jamaika-Tee. Ich lief mit gekreuzten Armen hin und her und kreuz und quer in meinem Schlafzimmer, und als Gott es so wollte und ich das Bett vor mir sah, schrieb ich den Entwurf zu ‹La Cenerentola› nieder. Am nächsten Tag sandte ich ihn zu Rossini hin. Er war mit ihm zufrieden.

Ich hatte die Oper ‹Angiolina, ossia La Bontà in trionfo› genannt. Aber die Zensur strich die Angiolina aus, weil eine Angiolina gerade in dieser Zeit mit zwei ganz besonders schönen Augen allen die Herzen brach und die Zensur eine Anspielung vermutete. Wenn ich eine solche Anspielung beabsichtigt hätte, würde ich nicht ‹bontà› in den Untertitel gesetzt haben, sondern ‹Schönheit› – oder besser noch, Koketterie – triumphierend!

Rossini hatte die Einleitung am Weihnachtstage fertig; Don Magnificos Cavantine an Santo Stefano [26. Dezember]; das Duett für die Donna und den Sopran an San Giovanni [27. Dezember]. Kurzum, ich schrieb die Verse in zweiundzwanzig Tagen und Rossini die Musik in vierundzwanzig. Es ist bekannt, daß außer der Arie des Pilgrims, der Einleitung zum zweiten Akt und der Arie Clorindas – diese wurden Maestro Luca Agolini, der Luchetto der Lahme genannt wurde, anvertraut – alles andere von Rossini komponiert wurde.»[55]

Daß die Premiere von «La Cenerentola» trotz der knappen Produktionszeit am 25. Januar 1817 doch noch zustande kam, ist neben dem «Ghostwriter» Agolini auch der Primadonna Geltrude Righetti-Giorgi zu verdanken, die nicht nur als Aschenputtel auf der Bühne den Prinzen, sondern auch als Muse den Maestro küssen durfte: «‹Wenn Sie mich allein lassen›, sagte er oft, ‹läßt mich meine Eingebung im Stich, und dann habe ich keine Stütze mehr.› Eine ungewöhnliche Eigenart! Man lachte, redete und sang sogar ein paar hübsche Arietten, aber nur beiseite. Und Rossini? Ja, Rossini ließ mit Hilfe seines Genies seine Erfindungskraft hier und da spielen und brachte die besten Stücke hinüber zum Klavier.»[56]

So kamen die für Rossini so typischen Kantilenen und perlenden Koloraturen aufs schönste zum Blühen. Seine Verzierungskunst bewies sich erneut, und sein Witz trat nicht nur in den sprudelnden Parlandi, sondern ebenso in der feinsinnigen Behandlung der Orchesterinstrumente zutage.

Rossini beherrschte es meisterlich, genau zum richtigen Zeitpunkt den richtigen instrumentalen Akzent zu setzen. Er instrumentierte sparsam und trug den Farben und den technischen Möglichkeiten vor allem der Holzblasinstrumente einfühlsam Rechnung. So wurden aus Arien für Gesangsstimmen oftmals kleine Konzerte für die übermütigen Flöten, Oboen, Klarinetten oder Fagotte.

Daß hier der Komponist vom «Barbier» am Werk war, zeigte

sich nicht nur an der Arie der Cenerentola, die an die Conte-Arie «Cessa di più resistere» («Hemme die Macht der Liebe nicht») erinnerte, und an dem Kunstgriff, mit einem musikalischen Gewitter, der «Tempesta», die Szene dramatisch zuzuspitzen; auch die Ensembles, wie etwa das Sextett im zweiten Akt, ließen den Meister der rhythmischen, dynamischen und instrumentalen Effekte wiedererkennen.

Das Publikum war mit der komplizierten Geschichte und den allzu überraschenden Wendungen in der Partitur überfordert und versagte der ersten Aufführung seinen Beifall, was wohl auch mit der schlechten Disposition der überanstrengten Sänger zu tun hatte. Doch Rossini schien von seiner Arbeit überzeugt zu sein, und mochte es auch nur eine Schutzbehauptung zur Linderung seiner verletzten Gefühle sein, so behielt er doch recht, wenn er den Reinfall mit den Worten quittierte: «Dummköpfe! Bevor der Karneval vorbei ist, wird man sie lieben... Es wird kein Jahr vergehen, bis man sie von Lilibeo bis Dora singen wird, und in zwei Jahren wird man sie in Frankreich gern haben und in England wunderbar finden. Die Impresari werden um sie kämpfen und noch mehr die Prime Donne.»[57]

Nachdem er seinen vertraglichen Verpflichtungen, die stets auch die Begleitung der ersten Aufführungen am Cembalo mit einschlossen, vollends erfüllt und den Rest seiner Gage, die immerhin fünfhundert Scudi, also fast dreitausend Mark, betrug, abgeholt hatte, setzte er sich zu einem adligen Freund aus Bologna in die Kutsche und holperte auf den winterharten Postwegen nordwärts. Schon am nächsten Tag, dem 12. Februar, erreichte man Spoleto, wo ausgerechnet des Abends «L'Italiana in Algeri» gegeben wurde.

Als die Vorstellung begann, saßen Rossini und sein Freund Sampieri nicht etwa im Publikum, wo man den Meister möglicherweise erkannt hätte – nein, sie versteckten sich im Orchester: Sampieri am Cembalo und Rossini am Kontrabaß! Zu diesem Spaß hatte ihnen der Direktor des Theaters verholfen.

Tags darauf ging die beschwerliche Reise weiter nach Bologna zu den Eltern, wo der vielbeschäftigte Sohn allerdings nur wenige Tage Ruhe fand. In Mailand erwarteten ihn schon der Impresario der Scala und der Librettist Giovanni Gherardini mit einem Textbuch, das jener ein Jahr zuvor nach dem französischen Drama «La Pie voleuse» verfaßt hatte.

Endlich hatte man im «österreichischen» Mailand mit «La Gazza ladra» (Die diebische Elster) nicht nur einen Stoff parat, der dem allzu lange unbefriedigten Bedürfnis des Publikums nach Witz und Sentiment entgegenkam, sondern konnte auch gleich den einzig richtigen Komponisten dafür gewinnen: Rossini. Die kraftlosen Versuche, mit deutschen Komponisten der Scala den Weg in die Romantik zu weisen, waren an der Dürftigkeit ihrer Werke gescheitert. Nun entzündete der «Luzifer in der Musik», wie ihn Weber später nannte, sein Feuer.

Nach anfänglichem Geknister schlägt es schon in der Ouvertüre zur «Gazza ladra» hohe Flammen. Achtungheischend eröffnet sie die Militärtrommel, um auch den letzten Säumigen in ihren Bann zu zwingen.

Im weiteren Verlauf spiegelt der Gegensatz zwischen Militärmusik und dem Hauptthema in Moll – vorwiegend in den Streichern – den in der Oper ausgetragenen Konflikt zwischen politischer Macht und ihren Opfern wider. Diese Themen tauchen später an den entsprechenden Stellen der Oper immer wieder auf.

«An etwas dachte niemand, als Rossini erschien und wofür man ihn vergaß zu kritisieren, nachdem man ihm schon so kritisch gegenüberstand, und das ist, daß er so romantisch ist. Er stülpt die alten Formeln, die von den größten Vorbildern bis in unsere Zeit beherzigt wurden, um. Nur bei ihm findet man die gefühlvollen Einleitungen und diese Stellen, die zwar oft sehr schnell sind, aber doch eine ganze Situation für unsere Seele zusammenfassen und dies ganz unkonventionell tun. Dies ist etwas, und das einzige, an seinem Talent, das unnachahmlich ist. Er ist ein Colorist in der Art eines Rubens. Ich spreche da immer noch von diesen eigenartigen Passagen. Sonst ist er recht grob und banal, und dann ähnelt er den Flamen. Aber alles hat bei ihm italienische Anmut und sogar Mißbrauch dieser Anmut.»[58]

Das Publikum verzieh dem Künstler der Töne solchen «Mißbrauch» schon fünfunddreißig Jahre, bevor der Künstler der Farben, Eugène Delacroix, dieses in sein Tagebuch schrieb.

Der Premierenerfolg am 31. Mai 1817 galt nicht nur dem Erfinder reizvoller Melodien und raffinierter Orchestermittel; die Mailänder Patrioten hatten endlich wieder einen Italiener an der Kunstfront, die Romantiker einen heldenhaften Vorreiter ihres «Gusto» und die Klassizisten einen würdigen Fahnenträger italienischer Musiktradition: «Wir verzeihen Rossini gern, daß unser Verlangen nach diesem Werk etwas übertrieben ist. Denn es erfreut uns und beweist, daß trotz des Todes von Cimarosa, Paisiello, [Pietro Carlo] Guglielmi, usw., usw., la bella Italia immer noch damit prahlen kann, auch weiterhin die Mutter der klassischen Meister und die Verfechterin der schönsten der schönen Künste zu sein.»[59]

Wo man für den Helden der Nation so viele mit ideologischen und stilistischen Ansprüchen gepolsterte Stühle bereithielt, mußte dieser sich unweigerlich dazwischensetzen – oder, was Rossini der Bequemlichkeit halber vorzog, sich quer darüberlegen –, um von Nymphen, Furien und Dämonen zu träumen. Rossini war tatsächlich sehr abergläubisch, und er mag deshalb den Librettisten Giovanni Federico Schmidt, der ihm den Entwurf zur «Armida» vorgelegt hatte, gebeten haben, «sich auf die Grenzen des Natürlichen zu beschränken, anstatt weiter in die Welt der wilden Phantasien und teuflischen Ideen hinauszuirren, von denen die modernen Philosophen die leichtgläubige Menschheit mit großer Mühe befreit zu haben glauben», wie er dies dem Turiner Librettisten Carlo Donà im April 1834 riet.

Die dreiaktige Oper, die am 11. November 1817 in Neapel zum erstenmal aufgeführt wurde, gab Rossini die Gelegenheit, die Geister zwischen Himmel und Hölle mit musikalischen Mitteln zu bannen und damit auch die Kritiker, denen er hier zu «traditionalistisch», dort zu «anarchistisch» erschien. Der verschwenderischen Bühnenpracht im Maßstab der barocken Oper hielt er eine ungewöhnlich füllige Orchestrierung entgegen.

Schon die Anlage des ersten Aktes ist bezeichnend. Ein dreiteiliger Aufbau stellt die brillante, helle Ritterwelt der verhangenen, sinnlichen Welt von Armida gegenüber und verbindet sie dramatisch. Der zweite Akt erscheint sehr viel einheitlicher, während der dritte die Gegensätze wieder in den Mittelpunkt stellt. Rossini läßt diese Gegensätze bewußt unaufgelöst.

Im musikalischen Bereich betritt er vor allem im zweiten Akt Neuland. Rossini entführt uns in einen von Furien beherrschten Wald, dem «Freischütz», der fast vier Jahre später geschrieben wurde, nicht unähnlich. Auch bei Rossini empfangen uns verminderte Akkorde mit lauten Passagen, vor allem der Trompeten und Posaunen.

Der nunmehr fünfundzwanzigjährige Rossini strebte mit «Armida» eine musikdramatische Form an, die später für das durchkomponierte Drama der französischen romantischen Oper beispielhaft werden sollte.

Mit «Mosè in Egitto» (Moses in Ägypten) legte er vier Monate später ebenfalls am Teatro San Carlo den Grundstein dafür.

Die Fastenzeit war angebrochen, Zeit der Besinnung – auch für Rossini, der sich zum Fest der Auferstehung den Neapolitanern von einer gänzlich anderen Seite zeigte. In Anbetracht der Kirchenjahreszeit hatte man sich auf ein biblisches Thema geeinigt und beauftragte Andrea Leone Tottola mit der Dramatisierung des Auszugs der Juden aus Ägypten.

Um dem politischen Hintergrund der Geschichte von den versklavten Hebräern ein menschliches Gesicht zu geben, erdichtete Tottola ein Liebesverhältnis zwischen Osiride, dem Sohn des Pharao, und der Jüdin Elcia. Hiermit begründet er auch, warum der Pharao sein Versprechen, die Juden ziehen zu lassen, zurücknimmt, denn – nach Tottola – will Osiride seine Geliebte nicht verlieren und interveniert deshalb bei seinem Vater. Elcia hat aber der Liebe zum Königssohn abgeschworen und sich dem Gesetz ihres Volkes gebeugt, dessen Freilassung sein Anführer Moses beim Pharao nun erzwingt, indem er mit Gottes Hilfe eine Sonnenfinsternis heraufbeschwört. Doch der Pharao will, daß die Juden vor ihrem Abzug der ägyptischen Gottheit huldigen – ein Ansinnen, dem sich Moses verweigert, wobei er die Flamme im Tempel des Osiris zum Erlöschen bringt und sich auf die Kraft seines Gottes beruft, der einst den Nil über seine Ufer treten ließ und das Land mit tödlichem Pesthauch überzog. Als sich die Ägypter angesichts des Frevels auf die Hebräer stürzen wollen, ergreifen diese die Flucht, welche vor dem Roten Meer endet. Hierher bringt Osiride nun seine Geliebte Elcia, die er inzwischen geraubt hatte, zum Zeichen seiner ehrlichen Liebe. Doch das Mädchen muß sich zum Schicksal seines Volkes bekennen, das sich der Vernichtung durch die Soldaten des Pharao ausgesetzt sieht. Ein Gebet bringt die wundersame Rettung: Die Fluten des Meeres teilen sich, machen den Weg für die Verfolgten frei und schlagen hinter ihnen über dem Feind gnadenlos wieder zusammen.

Es bleibt zu bemerken, daß Osiride noch vor der Rettung der Hebräer vom Blitz erschlagen wird, worauf Elcia eine Klage anstimmt, deren innere Bewegung, von pochenden Bässen begleitet, bald nach außen in ein atemloses Vivace ausbricht und gleichsam in den «Wahnsinn» der Cabaletta mündet.

Damit endet der zweite Akt und gleichzeitig der private Handlungsstrang. Der Konvention der Opera seria wäre somit Genüge getan, doch die Flucht des jüdischen Volkes stand noch bevor, und in einem dritten Akt sollte auch die zweite, die kollektive Handlungsebene, zum Abschluß gebracht werden. Obwohl sich Tottola und Rossini dieser Aufgabe in knappen fünfzehn Seiten entledigten, war die Spannung über den Schluß des zweiten Aktes hinaus nicht mehr aufrechtzuerhalten. Das Publikum der Uraufführung am 5. März 1818 reagierte ungehalten, ja, verlachte sogar die Szene, in der das Meer sich teilte, da sich die Bühnenmaschinerie der beabsichtigten Illusion nicht gewachsen zeigte und man die dafür aufgebotenen Helfer von den Logen aus sehen konnte. Die Autoren mußten die Notwendigkeit einer Umarbeitung des dritten Aktes einsehen: nicht nur der bühnentechnischen Mängel wegen, sondern um ihr dramaturgisches Prinzip deutlicher werden zu lassen. Dies bedingte nicht etwa mehr Handlung, Kontraste und Affekte – im Gegenteil:

Elcias persönliches Schicksal geht jetzt im Gesamten auf; sie ist nun nur noch Mitbetroffene des Kollektivschicksals. Wenn Moses das Chorgebet anstimmt, übernehmen die Protagonisten quasi unverändert seinen Gesang, und auch Elcia, die eben noch in ihrem Schmerz tobte, ordnet sich dem antidramatischen Prinzip der Einheitlichkeit unter. Das «Lieto fine» gehört nicht mehr dem einzelnen, sondern dem Volk. Wir stehen an der Schwelle zum idealistischen Musikdrama.

Die Oper «Moïse in Egitto»

Eine spätere französische Neudichtung und musikalische Bearbeitung des Werks, das 1827 in Paris als «Moïse» zur Erstaufführung kam, entsprach wohl mehr dem Geschmack und dramatischen Empfinden der Zeit, verwischte aber jene Struktur der Einheitlichkeit wieder, mit der Rossini in der revidierten Urfassung verblüffte. Auf eine Ouvertüre hatte er damals noch verzichtet, er stimmte lediglich mit drei c-moll-Akkorden des Orchesters die Klage des jüdischen Volkes an. Diese erklingt in einem stets wiederholten monotonen Klangmuster, das an archaische Gebetsformeln erinnert und gerade durch den Verzicht auf jegliche Melodie eine für damalige Verhältnisse ungeheure Suggestivkraft bewirkt. In einem gewaltigen Aufschrei artikuliert das geknechtete Volk seine Not und Hoffnung – ein C-Dur, mit dem Beethoven vier Jahre zuvor seine Gefangenen im Schlußchor des «Fidelio» in die Freiheit geführt hatte. Auch im folgenden dieser großangelegten Introduktion ordnen sich die Stimmen der Protagonisten der Klangebene von Chor und Orchester unter, und der «Melodiker» Rossini sich selbst seiner neuen kompositorisch-dramaturgischen Idee.

In die idealistischen Klammern von Introduktion und drittem Akt fügte er dialektisch das vergebliche Streben Elcias nach persönlichem Glück und markierte damit die Idee der Unvereinbarkeit von Ideal und Wirklichkeit, wie es Honoré de Balzac in seinen «Études Philosophiques» thematisierte.

1838 erschien eine Novelle des französischen Dichters mit dem Titel «Massimilla Doni», ein Sittenbild der «Noblesse Venecienne» am Abgrund ihrer eigenen Dekadenz.

Der Prinz Emilio versteigt sich in der Idealisierung seiner Geliebten bis zur Impotenz, worüber er seelisch krank wird und erst nach der Heilung durch einen französischen Arzt die Ehe mit Massimilla eingehen kann. Hinter diesem Arzt verbirgt sich Balzac selbst, der die Geschichte vor den Hintergrund einer Opernvorstellung im niedergehenden, von den Österreichern besetzten Venedig des Jahres 1822 stellt. Gespielt wird Rossinis «Moïse in Egitto», anhand dessen der Autor seine Romanhelden ihre Ängste und Nöte reflektieren läßt. Auf dem Weg zur Erlangung seines Ideals wird in der Oper der Held vom Blitz erschlagen, doch in der Erzählung überwindet Emilio seine Todessehnsucht und findet in der Ehe sein Glück: «L'ideal, que nous avons tué», wie Massimilla zum Schluß der Erzählung feststellt. «Das Ideal, das wir getötet haben», eröffnet sich Massimilla in Rossinis Musik, jener Kunst, die sich von den anderen dadurch unterscheidet, daß sie sich in ihrer Unbestimmtheit unendlich vielen Gedanken öffnet. «Wir sind verpflichtet, die Gedanken des Dichters, das Bild des Malers, die Statue des Bildhauers anzuerkennen, aber jeder von uns deutet die Musik nach dem Verlangen seiner Leiden oder Freuden, seiner Hoffnungen oder seiner Verzweiflungen.»[60] Dem Arzt Balzac wird klar, daß die noch junge Kunst der Musik die Bildung der Massen verlange, «eine Bildung, welche die Empfindung, an die sich die Musik richtet, entwickeln wird. Diese Empfindung kennt Euer Volk kaum, das mit philosophischen Theorien und Diskussionen beschäftigt ist und verwirrt durch seine innere Zerrissenheit.»

So ist es bei Balzac dann auch ein Italiener, der nach der Vorstellung meint: «Es war mir, als hätte ich der Befreiung Italiens beigewohnt!» «Moïse» – eine Befreiungsoper?

Es bedarf in der Tat einiger «Empfindungskraft», um darin ein Pamphlet für das Risorgimento zu erspüren, doch Balzac war nicht der einzige, der dieser Oper politische Immanenz attestierte.

Der italienische Philosoph Mazzini, der 1831 anläßlich der Gründung der «Giovine Italia» für eine geeinte unabhängige Republik Italien plädierte, forderte eine ebenso souveräne Kunst, die das individualistische Denken dem gemeinschaftlichen verpflichten sollte. In der Melodie, dem Hauptträger italienischer Musiktradition, erkannte er das Individualistische und ordnete der Harmonie, auf der vor allem die deutsche Musik gründete, das Soziale zu. Nur in der Synthese der beiden Elemente konnte nach Mazzini die italienische Musik zu einem politisch-moralischen Konzept finden und die deutsche Tonkunst ihren realitätsfremden Mystizismus überwinden.

Mit der Aufhebung des tragischen Einzelschicksals im gesellschaftlichen Happy-End, mit der Unterordnung der Melodie unter das harmonische Prinzip von Chor, Ensemble und Orchester, entsprach Rossinis «Moïse» erstmals der ästhetischen Philosophie Mazzinis. Zwar sah dieser in Rossini nicht eigentlich den Schöpfer einer neuen musikdramatischen Idee, als vielmehr den Vollender einer musikalischen Epoche in Italien. Doch er kam nicht umhin festzustellen: «Er entwickelte neue Ausdrucksmöglichkeiten des Denkens für die damalige Zeit, das er auf tausend verschiedene Arten verarbeitete. Er ging nicht darüber hinaus. Nur manchmal; vielleicht im Mosè, ganz sicher im dritten Akt vom Otello, einem göttlichen Werk, das wegen seiner starken Dramatik, seiner fatalistischen Aura und der wunderbaren Einheit der Inspiration schon ganz der neuen Epoche zugehört. Aber ich spreche vom Konzept, das nicht nur eine Szene oder einen Akt, sondern alle Opern Rossinis beherrscht. Sicher hat er die soziale Musik, das Musikdrama der Zukunft, geahnt... Aber zwischen dem Vorgefühl und dem Gefühl, zwischen dem instinktiven Aufspüren und dem Einleiten einer Epoche verläuft eine Grenze wie zwischen Wirklichkeit und vager Hoffnung.»[61]

Wo bleibt der vielgeschmähte Reaktionär Rossini, wo der Erfinder hübscher Melodien? Vorerst noch in Neapel! Allerdings nahm er von dort aus bereits erste Verhandlungen mit der Pariser Oper auf.

Die Impresari der europäischen Theater waren längst auf den «neuen Italiener» aufmerksam geworden, der nun auch im Ausland seinen Landsleuten Pergolesi, Paër und sogar dem Favoriten Spontini den Rang ablief. Zur Verbreitung seines Ruhms trugen nicht zuletzt die erstklassigen Sänger aus dem Land des «Belcanto» bei, unter ihnen die Königin der Primadonnen, Angelica Catalani, die nach London und Paris nun auch in Berlin den Triumph der italienischen Oper im Glanz ihrer Stimme wiedererstehen ließ.

Aus der Stadt an der Spree war einige Jahre zuvor ein gewisser Jakob Meyer Beer aufgebrochen, um den Weg eines Komponisten über Stuttgart, Wien und London schließlich nach Italien zu finden. Hier geriet er in den Sog des herrschenden Rossinismus, aus dem er sich erst später in Paris als der berühmte Giacomo Meyerbeer freischwimmen konnte.

Am 27. September des Jahres 1818 erstattete er seinem Bruder in Berlin aus Italien Bericht: «Außerdem steht er [Rossini] auch in sehr ernsthaften Unterhandlungen, nach Paris zu gehen und für die große französische Oper zu schreiben. Die italienische Oper ist nämlich nach dem Abgang der Catalani unter die Administration der großen Oper gekommen (das ist ungefähr, als ob man dem Fuchs die Aufsicht über das Huhn und der Katze die Leitung des Kanarienvogels anvertraute), und diese hat zwei Männer nach Italien gesendet, um Sänger zu rekrutieren. Diese haben auch bereits dem armen Italien drei seiner größten Subjekte geraubt, cioe: die Lipparini!!! Die Ronzi de Begnis!»[62] Das Beispiel des Altneapolitaners Händel hatte offenbar Schule gemacht.

Aus der angelsächsischen Metropole London, wo seinerzeit das meiste Geld im Umlauf war, machte jener zu Beginn des letzten Jahrhunderts die Hauptstadt der Oper – der italienischen Oper, versteht sich!

Wo sich die besten Sänger – und das waren fast ausschließlich Italiener – in Europa auch immer aufhielten, der Opernunternehmer Händel lockte sie mit außergewöhnlichen Gagen und attraktiven Partien nach London. Die Cuzzoni beispielsweise kaufte er für zweitausend Pfund in Italien, und die Bordoni, deren Stimme sich schon der Habsburgerkaiser Karl VI. hundertfünfzigtausend Gulden kosten ließ, holte er für zweitausendfünfhundert Pfund vom Wiener Hof weg an seine Royal Academy of Music. Von solchen Gagen konnten die Komponisten des 18. Jahrhunderts nur träumen.

Die Oper als Geschäft

Aber das Maß aller Dinge auf der Opernbühne war nun einmal der Sänger, und er blieb es noch lange. Ferdinand Hiller konstatierte 1855, «wie unverhältnismäßig besser die Sänger belohnt werden als unsereiner», und Rossini pflichtete ihm bei: «Das weiß der Himmel! Beethoven hat schwerlich für seine sämtlichen Werke so viel bekommen, als man der Cruvelli alljährlich an der großen Oper gibt. So toll wie jetzt war es damals freilich noch nicht, aber das bleibt sich gleich; wenn der Komponist fünfzig Dukaten bekam, so erhielt der Sänger tausend. Ich gestehe, daß ich diese Ungerechtigkeit nie habe verwinden können, und ich habe meiner schlechten Laune auch den Sängern gegenüber oft Luft gemacht. Ihr Nichtskönner, so sagte ich ihnen, die ihr nicht einmal so gut zu singen versteht wie ich und an einem Abende mehr verdient, als je eine ganze Partitur einträgt! Aber was half das! Die deutschen Komponisten werden auch nicht reich! ... Die früheren italienischen Opernkomponisten konnten Gott weiß wie viele Opern schreiben, um nur dürftig zu existieren. Mir ging es, bis zu meiner Anstellung bei Barbaja, auch kaum anders.»[63]

Doch nicht nur die Komponisten, sondern auch die Theaterleiter hatten ihre liebe Not mit der «verruchten Virtuosen-Kanaille», wie Barbaja sie gern nannte, denn mit der Nachfrage aus dem Ausland stieg auch ihr Gehaltsniveau an den italienischen Häusern und belastete diese mit etwa fünfzig Prozent des Gesamtetats. Eine Begrenzung der zum Teil exorbitanten Sängergagen war im 19. Jahrhundert ebenso unmöglich wie heute, da die Agentenlobby und das Eigennutzdenken der Intendanten – damals wie heute – eine angestrebte Interessenvereinigung der Impresari in Sachen Stargagen nicht zustande kommen ließen.

Den Sängermarkt regelte Angebot und Nachfrage, und diese war groß – nicht nur in London und Paris! Mittlerweile hatte jede Stadt, die es sich leisten konnte, im kostspieligen Konzert der Opernwelt mitzuspielen, ihr «italienisches Theater». Und während die Mailänder Scala, das «San Carlo» oder «La Fenice» seit 1815 in ein ständiges Gerangel um Verwaltungsformen, Pachtverträge und Subventionsmodalitäten verstrickt waren, huldigte man in den Handelszentren von Manchester bis Konstantinopel, vom griechischen Patras bis nach Havanna, Caracas und New York dem neuen Kunst- und Wirtschaftsfaktor Belcanto.

An dem regen Zwischenhandel, der mit dem Exportartikel «italienische Oper» vor allem seit der Mitte des 19. Jahrhunderts auf den weltweiten Absatzmärkten betrieben wurde, partizipierten Unternehmer, Sänger und deren Agenten – nicht aber die Autoren. Mit der Übereignung der Partitur an den Impresario erloschen die weiteren Vertriebsrechte des Komponisten – es sei denn, es hätte sich vorher ein Verleger bereit gefunden, das Werk zu drucken und die Autoren gegebenenfalls am Weiterverkauf desselben zu beteiligen.

An der Verbreitung ungeschützter Handschriften konnte der Komponist kein Interesse haben, da sie doch nur Stoff für fremde Arrangeure lieferten und deren Geldbeutel füllten. Folglich zog er es vor, mit den interessierten Theatern über stets neue Kompositionen zu verhandeln, was ihn, wie im Falle Rossinis, in einen kaum vorstellbaren Produktionszwang versetzte. Da nun aber der weltweite Markt nach Kosten-Gewinn-Rechnung produzierte und statt der Beschäftigung von Hausautoren auf Wiederaufbereitung erfolgreicher Stücke setzte, drohte dem Komponisten, der seine Partitur hergegeben hatte, das Aus.

Rossini hatte deshalb mit seinen Impresari nach Möglichkeit vereinbart, die Autographe wiederzubekommen. Von einem allgemeingültigen «Gesetz», auf das sich der Komponist in einem Brief anläßlich des Streits um die Partitur der «Zelmira» beruft, konnte allerdings keine Rede sein. «Ich besitze alle meine Originaltexte, da es Brauch und Gesetz ist, daß die Autoren ein Jahr nach der Aufführung einer Oper das Recht haben, ihr Autograph zurückzubekommen. Habe ich etwa meine Handschriften in Barbajas Archiven gestohlen? Ich habe sie verlangt, und er hat sie mir gegeben. Warum fordert er sie zurück? . . . Und wenn er einen Vertrag findet, in dem ich die Abgabe der ‹Zelmira› unterschrieben habe, zahle ich jede Strafe.»[64]

Die Abhängigkeit von Leuten wie Barbaja, von Sängereitelkeiten und einem Publikum, das ihn zu lange im eigenen Saft hat schmoren lassen, war für den sechsundzwanzigjährigen Komponisten, der schon jetzt im Mittelpunkt der Opernweltöffentlichkeit stand, nicht länger tragbar.

Sosehr er seine Landsleute mit ihrer «edlen Gleichgültigkeit» auch liebte, sosehr reizte ihn die Anerkennung, auf die er in Paris hoffen konnte. Angesichts der Pariser Opernhäuser, die zwei- bis dreimal so hoch subventioniert waren wie die führenden Theater in Italien, und eines gewinnversprechenden Verlagswesens mochte sich der Unternehmergeist in Rossini geregt haben. Und der sollte durchaus auch seinen Komponistenkollegen, wie etwa Giacomo Meyerbeer, zugute kommen, der mit seinem Bericht an den Bruder fortfuhr: «Aus dem Mund der beiden Abgesandten selbst weiß ich es, daß sie Rossini im Namen der großen französischen Oper Anträge gemacht haben. Seine Pretese (die aber oltre modo stravagante e forte sein sollen) sind schon nach Paris gesendet. Werden sie angenommen, so geht er nach Paris, und wir erleben vielleicht curiose Dinge.»[65]

Bevor Rossini aber den großen Schritt ins Musikleben der Hauptstadt Europas wagen konnte, rief ihn die Bürgerversammlung Pesaros noch einmal in seine Geburtsstadt zurück. Dort hatte man alle Anstrengungen unternommen, das vom vollständigen Zerfall bedrohte Teatro del Sole wieder aufzubauen und zur Wiedereröffnung den berühmt gewordenen Sohn der Stadt für die Einstudierung von «La Gazza ladra» zu gewinnen. Eine ganze Spielzeit wollten sie «ihrem» Rossini widmen, und was Rang und Namen hatte, trachtete in aufdringlicher Weise nach seiner Gesellschaft. Der Conte Perticari nötigte ihn, in seinem Haus zu wohnen, und dessen Gemahlin schlich sich einem Gerücht zufolge sogar ins Bett des Gastes – Rossini soll allerdings bereits außer Haus gewesen sein! –, um so wenigstens den Dunst des Genialen in sich aufzunehmen.

Die Prinzessin von Wales, die sich nach ihrer Scheidung vom englischen König Georg IV. in der Nähe von Pesaro niedergelassen hatte, buhlte vergebens um die Gunst des «Schwans von Pesaro». In ihrem Bett lag bereits Bartolomão Bergami, und der war auf die konservativ gesinnten Kreise um Rossini schlecht zu sprechen.

Die Eröffnungsveranstaltung am 10. Juni 1818 ging noch ohne Zwischenfälle und mit einem einstimmigen Vivat für den Maestro über die Bühne. Doch als Rossini ein Jahr später wieder in Pesaro auftauchte – er hatte sich inzwischen eines Auftrags aus Lissabon mit der Buffooper «Adina, o Il Califfo di Bagdad» (Adina) entledigt, am «San Carlo» «Ricciardo e Zoraide» (Ricciardo und Zoraide) herausgebracht und in Venedig mit «Eduardo e Cristina» (Eduard und Christine) einen triumphalen Erfolg eingeheimst –, bekam er die Quittung für die schroffe Ablehnung einer Einladung, die ihm damals für eine Soiree im Haus der Prinzessin zugegangen war.

«Am Abend des 24. Mai hätte sich das Theater in Pesaro über die Anwesenheit unseres Mitbürgers Gioachino Rossini freuen sollen, der auf dem Wege zurück von Venedig war ..., aber der Abend des 24. Mai war für das Theater in Pesaro sehr traurig. Denn die Leute, die sich in großer Zahl eingefunden hatten, um die Ankunft dieses berühmten Mitbürgers zu feiern, mußten statt dessen die Schande miterdulden, daß bei Rossinis Auftritt durch die Tür des Orchesterraums im Theater Raubmörder im Solde der Prinzessin von Wales ihm auflauerten und, da sie ihn zuerst sahen, dem Applaus der Bürger zuvorkamen und ihn mit dem schrecklichsten Pfeifen begrüßten. Das Publikum wurde dadurch in größte Unruhe versetzt und empfand Entsetzen, da die Halunken auch über das ganze Theater verteilt waren und es aussah, als ob sie gleich Messer und Pistolen benutzen würden, ohne die sie bekanntlich nie reisten. Kurz darauf hatten die Zuschauer ihre Überraschung und Angst überwunden, und das Pfeifen des Gesindels wurde vom allgemeinen und wiederholten Klatschen und von Viva-Rufen übertönt, die die Beleidigung wiedergutmachten. Wenn auch Bergami und seine üblen Söldner, nicht zufrieden mit dem ersten Skandal, versuchten, einen zweiten zu verursachen und die guten Pesarese mit ihrem häßlichen Geschrei und Mörderpfiffen zu terrorisieren, so waren ihre weiteren Versuche erfolglos . . .

Der Ratsherr Arminelli war der einzige, der in dieser Situation gelobt zu werden verdient. Denn er eilte in den Orchesterraum, um Rossini aus der Menge der pfeifenden und applaudierenden Leute hinweg in die Loge der Signora Belluzzi zu führen, wo er bis zum Ende des Balletts blieb.

Rossini verließ das Theater nach dem Ballett, wurde aber vorsichtshalber durch die kleine Direktionstür geführt und zum Wagen der Signora Belluzzi gebracht, mit dem er zur Posta fuhr, wo er wohnte. Die Menge, die auf seine Rückkehr in die Loge wartete, um Beleidigungen beziehungsweise die Ehrungen durch mehr Beifallskundgebungen fortzusetzen und ihn mit Fackeln in sein Hotel zu begleiten, war verblüfft. Die letzteren wurden jedoch nicht ganz enttäuscht, da sie rechtzeitig von Rossinis vorzeitiger Abreise hörten und ihn daher treffen und ihm die verdienten Ehrungen erweisen konnten. Ein paar Stunden später verließ Rossini Pesaro, und eine Menge seiner Mitbürger begleiteten ihn bis über das Fano-Tor hinaus mit immer lauteren Rufen von ‹Evvita› und mit Fackeln. Aber da die aufgebrachten Bürger ihre Beifallsrufe mit den Worten ‹Tod den Pfeifern› begleiteten, mußten sie die unerfreuliche Erfahrung machen, von der Polizei beim Zurückkehren in die Stadt verhaftet zu werden.»[66]

Indessen holperte eine einsame Kutsche im Fugato-Tempo durch die nächtliche Landschaft. Das Licht der Wagenleuchten versetzte die sanft ansteigenden Wegränder in eigenartige Bewegungen, ließ hier in gespenstischer Eile eine der kleinwüchsigen Bosketten vortreten und streifte dort einen Haselstrauch, der sich für diesen kurzen Moment aus der Dunkelheit löste, als wollte er sich noch einmal in Erinnerung rufen, um dann für immer zu verlöschen. Allein der aufgeregte Schwarm von Faltern und Mücken ließ nicht ab von den flackernden Lichtern und trieb die Pferde zur Eile. Das Rattern der Räder steigerte sich in den Ohren des einsamen Insassen der Kutsche zum Trommelwirbel der Ouvertüre dieses entsetzlichen Abends, und der Hufschlag der Pferde folgte dem unerbittlichen Crescendo der fortjagenden Geigen, die, vom Sechsachteltakt getrieben, sich ins Ziellose weitersteigerten und niemals zur Ruhe zu kommen drohten. Rossini war auf der Flucht.

Seine Heimatstadt sollte er niemals wiedersehen, und der Gedanke an Neapel, wohin ihn die sechstägige Reise führte, erfüllte ihn mit Sorge. Wollte er sich überhaupt noch «innerhalb der Grenzen halten», wie man es dort von ihm verlangte, aus Angst, er könnte «dem Ansturm seiner Phantasie die Zügel lassen»[67]? Wollte er die Signorina Colbran wirklich weiter hofieren und seinem Impresario Barbaja noch immer zu Diensten sein? Ob er wollte oder nicht, er mußte! Daß den verunsicherten Gioachino solche Gedanken im ordentlich gepolsterten Gefährt seines ersten Auftraggebers überfielen, ließ keinen Zweifel daran aufkommen, daß er einen Vertrag zu erfüllen und «Freude auf die Bühne zu bringen und neuen Beifall zu erhalten»[68] hatte.

Doch weder in Neapel, wo er «La Donna del lago» (Das Fräulein vom See) und «Maometto II» (Mohammed II.) zur Erstaufführung brachte, noch an der Mailänder Scala, für die er «Bianca e Falliero» (Bianca und Falliero) schrieb, wollte der «neue Beifall» richtig aufkommen. Eine Messe, die er mit Hilfe Pietro Raimondis aus Teilen seines Opernrepertoires zusammenschusterte, erhielt das Prädikat «zusammengeschmiertes Werk»[69].

Auch wenn «La Donna del lago» in den Augen eines gewissen Giacomo Leopardi «sogar Tränen»[70] hervorrief und «Maometto II» vom Sänger der Hauptrolle als «Meisterwerk» angekündigt worden war, konnte niemand überhören, daß Rossini nicht mehr so lustvoll wie ehedem ans Werk ging. Er war auf seine Art «heimatlos» geworden. Nach ermüdenden Querelen mit dem Intendanten des römischen Teatro Apollo, der ihn für das Fiasko der Oper «Matilde Shabran» (Mathilde Shabran) verantwortlich machen und nicht auszahlen wollte, da diese statt zum Erfolg zu Straßenkämpfen zwischen Befürwortern und Gegnern geführt hatte, fand er sich selbst auf der Straße wieder.

Ein Faschingsspaß sollte es sein, zu dem er den «Teufelsgeiger» Paganini überredet hatte, und so zog in den Karnevalstagen des Jahres 1821 ein recht merkwürdiges Bettlerpaar über den Corso von Rom und verkündete im Duett:

> «Wir sind blind, wir sind geboren,
> unser Leben durch Almosen zu bestreiten.
> Verwehrt uns an einem so glücklichen Tage
> eure milde Gabe nicht.»

Ein harmloser Scherz, möchte man meinen; doch die österreichischen Ordnungshüter sahen das anders.

Seitdem aufständische Truppen ein Jahr zuvor dem König von Neapel eine Verfassungsänderung abgenötigt hatten, die nur unter Androhung militärischer Intervention seitens der Heiligen Allianz wieder rückgängig gemacht werden konnte, hielt man ein wachsames Auge auf allzu bunte Vögel, zu deren Gattung wohl auch Rossini gezählt wurde.

Daß seine Opernaufführungen mitunter «öffentliches Ärgernis» hervorriefen, genügte einem gewissen Herrn Kubeck, um Rossini in den Akten der Staatssicherheit als gefährliches Subjekt zu führen, wie ein geheimes Dokument vom 3. März 1821 belegt: «Der berühmte Komponist Rossini, zur Zeit in Neapel, wird als stark von revolutionären Gedanken beeinflußt betrachtet. Ich teile dies dem Signor Oberinspektor mit, damit er strengstens überwacht wird, falls er diese Provinz betreten sollte, und außerdem, damit genauestens auf die Verbindungen aufgepaßt wird, die Rossini anknüpft, um seiner politischen Begeisterung Ausdruck zu verschaffen. Er soll mir dann schnell und über alles Auskunft geben, was er im Zusammenhang mit diesem dringenden Fall entdeckt. Kubeck.»[71]

Die Provinz Venedig betrat der vermeintliche Umstürzler erst 1823 wieder, um für das krisengeschüttelte Teatro La Fenice eine letzte italienische Oper zu schreiben.

Herr Kubeck wird sich gewundert haben über die Verbindungen, die Rossini in Wien geknüpft hatte, wenn auch nicht, «um seiner politischen Begeisterung Ausdruck zu verschaffen»!

BEGEGNUNGEN

Wien 1822

«Versuchen Sie nicht, andere Dinge als komische Opern zu schreiben!»

Anlaß zu seiner ersten Auslandsreise war ein Angebot, das man Domenico Barbaja machte: nämlich die Leitung des Kärntnertortheaters in Wien zu übernehmen. Dafür bot er Rossini die weitere Zusammenarbeit an.

Außerdem war Post aus England eingetroffen, aus der hervorging, daß sich das Londoner King's Theatre für den jungen Italiener interessierte, und der Komponist Louis Hérold, der gerade im Lande war, ließ verlauten, daß man Rossini gern auch in Paris sehen würde.

Nun hatte Rossini mit einemmal drei vielversprechende Eisen im Feuer, und diese schürten seine beinahe erlahmte Schaffenskraft aufs neue. Mit besonderer Sorgfalt machte er sich an seine nächste und für das «San Carlo» letzte Aufgabe: «Zelmira». Obwohl die Geschichte der Königstochter, die ihren Vater vor den Nachstellungen des Usurpators Antenore in Sicherheit bringt und diesen in die Falle vorgetäuschter Liebe lockt, jeglicher Spannung entbehrte, bewies der Komponist von «Otello» und «Mosè» ein weiteres Mal, daß er eines einheitlichen Stils, den seine letzten Opern vermissen ließen, und eines klaren musikdramatischen Aufbaus durchaus mächtig war – wobei er an Sänger und Orchester wiederum höchste Anforderungen stellte.

Rossini wußte schon während der Arbeit an «Zelmira», daß diese seine letzte Oper für Neapel sein würde, die zwei Monate nach der dortigen Uraufführung im Wiener Kärntnertortheater über die Bühne gehen sollte. Der Erfolg in Neapel und später in Wien war bei Publikum und Presse einhellig. Die neapolitanische Kritik hob die besondere Sorgfalt bei der Ausführung der Baßpartien und der kontrapunktischen Arbeit hervor. Man sprach sogar von «Germanismen».

Und tatsächlich bemühte sich Rossini, wahrscheinlich im Hinblick auf das Wiener Publikum, um eine beinahe klassisch anmutende satztechnische Arbeit. Das kunstvolle Rezitativ Zelmira/Polidoro, das dem Finale des zweiten Aktes vorangeht, und die Musik, die den Dialog zwischen Vater und Tochter – beide zum Tode verurteilt – begleitet, wie auch die pathetische Einleitung mit Solostreichern und Pizzikato-Begleitung weisen Rossini als Meister musikalischer Empfindung und stilistischen Feingefühls aus.

Zum «guten Schluß», den Zelmira unter Einsatz ihrer Reize auf der Bühne herbeiführte, sollte es nun auch in Rossinis Liebesleben kommen. Er heiratete seine mittlerweile siebenunddreißigjährige Hauptdarstellerin Isabella Colbran. Die Trauung fand am 16. März 1822 bei Bologna statt, von wo aus das Brautpaar wenig später die Reise nach Wien antrat, wo Barbaja sie erwartete. Schon im Januar hatte das «Giornale» angekündigt: «Rossini, ein Name, der allein tausend Lobsprüche verdient, der Stolz Pesaros, der Schmuck Italiens – Rossini wird demnächst unser Land verlassen. Während der sechs Jahre hier in Neapel als Direktor und Komponist an den Königlichen Theatern schrieb er Elisabetta, Otello, Armida, Zoraide, La Donna del lago, Ermione, Maometto II und Mosè, Opern, von denen jede einzelne genügt hätte, seinen Namen im Tempel der Unsterblichkeit feierlich einzuschreiben. Hier hat er auch Zelmira komponiert...»[72]

Dem Wiener Publikum stellte sich Rossini aber nicht mit «La Donna del lago», sondern mit seiner jüngsten Oper «Zelmira» vor. Mit ihr eröffnete das Kärntnertortheater am 13. April einen viermonatigen Rossini-Zyklus, in dessen Verlauf der Komponist fünf seiner in Wien noch unbekannten Opern einstudierte und einem begeisterten Publikum zu Gehör brachte. Die Musikstadt Wien lag im Rossini-Fieber. «Es ist eine wirkliche Epidemie, gegen die noch kein Arzt ein Mittel entdeckt hat», schrieb die «Leipziger Zeitschrift», und auch die mit spitzer Nadel verabreichten Schmähungen seitens der Getreuen Carl Maria von Webers vermochten dem «Virus R.» nicht beizukommen. Selbst einem Philosophen wie Hegel, der den deutschen Romantikern die Thesen des «Absoluten Idealismus» vorformulierte, drohte die «Rossinitis», gegen die sich auch der «strenge, deutsche, musikalische Verstand» nur schwer zur Wehr setzen konnte. An seine Frau schrieb er: «Ich werde in Wien bleiben, solange ich Geld für die italienische Oper und meine Rückfahrkarte habe!»

Rossini wurde zum ersten Unterhaltungskünstler Wiens, und die Verehrung, die man ihm hier entgegenbrachte, genoß er im selben Maße, wie sie ihn beschämte. Er wußte, wie man den «Geist des Volkes» versöhnt, um Goethes «Faust»-Vorspiel zu zitieren, und das «wogende Gedränge, das wider Willen uns zum Strudel zieht», erlebte er vor seinem eigenen Fenster.

Man wünschte ihn zu sehen, und Rossini zeigte sich mit Verbeugungen des Dankes, gab selbst zum wiederholten Male «Figaro qua, figaro la» zum besten und legte sich endlich zu Isabella ins Bett. Hätte er Goethes «Faust» schon gekannt, die «lustige Person» aus dessen Vorspiel wäre ihm im Traum erschienen und hätte ihn ermahnt:

«So braucht sie denn, die schönen Kräfte,
Und treibt die dichtrischen Geschäfte,
Wie man ein Liebesabenteuer treibt:
Zufällig naht man sich, man fühlt, man bleibt,
Und nach und nach wird man verflochten;
Es wächst das Glück, dann wird es angefochten,
Man ist entzückt, nun kommt der Schmerz heran,
Und eh man sichs versieht, ists eben ein Roman.
Laßt uns auch so ein Schauspiel geben!»

– «Oder eine Oper», müßte der Träumende einwenden und sich erwidern lassen:

«Greift nur hinein ins volle Menschenleben!
Ein jeder lebts, nicht vielen ists bekannt,
Und wo Ihrs packt, da ists interessant.
In bunten Bildern wenig Klarheit,
Viel Irrtum und ein Fünkchen Wahrheit:
So wird der beste Trank gebraut,
Der alle Welt erquickt und auferbaut.

Dann sammelt sich der Jugend schönste Blüte
Vor Eurem Spiel und lauscht der Offenbarung,
Dann sauget jedes zärtliche Gemüte
Aus Eurem Werk sich melancholsche Nahrung,
Dann wird bald dies, bald jenes aufgeregt,
Ein jeder sieht, was er im Herzen trägt.
Noch sind sie gleich bereit, zu weinen und zu lachen,
Sie ehren noch den Schwung, erfreuen sich am Schein;
Wer fertig ist, dem ist nichts recht zu machen,
Ein Werdender wird immer dankbar sein.»

Wieder zurückgeholt auf den Boden der Realität, mußte sich auch Rossini eingestehen, daß um ihn herum in Wien eine Kunst im Entstehen begriffen war, die den «frivolen Geist, der für unsere Zeit charakteristisch ist», wie sich Beethoven ausdrückte, zu überwinden suchte und an einer Musiksprache arbeitete, die dem singfreudigen Italiener fremd war. Seine Aufgeschlossenheit jedweder musikalischen Entwicklung gegenüber ließ ihn aber auch vor einer Begegnung mit Beethoven nicht zurückschrecken, und er bat den Dichter Carpani, einen Besuch bei dem von ihm so hochverehrten Meister zu arrangieren. Anfang April war es soweit:

«Mit Mühe beherrschte ich meine Erregung, als ich die zu der ärmlichen Wohnung des großen Mannes führende Treppe hinanstieg. Als die Tür sich öffnete, befand ich mich in einer Art von Verschlag, der ebenso schmutzig war, als er von einer schrecklichen Unordnung zeugte. Ich erinnere mich besonders, daß die Zimmerdecke unmittelbar unter dem Dach große Sprünge aufwies, durch die der Regen in Strömen dringen mußte...

Die bekannten Beethovenbilder geben im großen ganzen seine Physiognomie ziemlich genau wieder. Was aber kein Kupferstecher ausdrücken kann, ist die undefinierbare Traurigkeit in allen seinen Zügen, während unter den buschigen Augenbrauen wie aus den Tiefen von Höhlen ein Paar Augen leuchteten, die, obwohl klein, mich zu durchbohren schienen. Die Stimme war sanft und ein wenig verschleiert...

Als wir eintraten, blieb er noch einige Augenblicke über Korrekturbögen gebeugt, die er zu Ende korrigierte, ohne zunächst auf uns zu achten. Dann hob er den Kopf und sagte zu mir unvermittelt in einem ziemlich unverständlichen Italienisch: ‹Ah, Sie sind Rossini, der Komponist des ‚Barbier von Sevilla'? Ich beglückwünsche Sie dazu: das ist eine ausgezeichnete komische Oper; ich habe sie mit Vergnügen gelesen und mich darüber gefreut. Solange es italienische Opernhäuser gibt, wird man sie spielen. Aber versuchen Sie nicht, andere Dinge als komische Opern zu schreiben! In anderen Kunstgattungen Erfolge haben zu wollen hieße Ihrem Schicksal Gewalt antun!›

‹Aber›, unterbrach ihn alsbald Carpani, der mich begleitete (wohlverstanden, mit Bleistift schreibend und in deutscher Sprache, denn man konnte nicht anders mit Beethoven das Gespräch fortsetzen, das mir Carpani Wort für Wort übersetzte), ‹der Maestro Rossini hat auch schon eine große Anzahl ernster Opern geschrieben, wie ‚Tancredi', ‚Otello', ‚Mosè', ich habe sie Ihnen vor kurzem zugesandt und Ihnen empfohlen, sie anzusehen.›

‹Ich habe sie allerdings durchgeblättert›, sagte Beethoven, ‹aber, sehen Sie, die ernste Oper liegt nun einmal den Italienern nicht. Um das wahre Drama zu behandeln, haben sie zu geringe musikalische Kenntnisse; aber wie könnten sie sich diese auch in Italien aneignen? . . . In der komischen Oper kann niemand euch Italienern gleichkommen. Eure Sprache und die Lebhaftigkeit eures Temperamentes bestimmen euch hierzu. Sehen Sie sich Cimarosa an: wie sehr überragen doch die komischen Partien in seinen Opern alles übrige. Mit Pergolesi steht es ebenso. Ihr Italiener macht ja viel Aufsehens von seiner Kirchenmusik. Gewiß hat er in seinem ‚Stabat Mater' ein sehr rührendes Gefühl bekundet, aber der Form fehlt die Abwechslung, es wirkt monoton im Gegensatz zu seiner ‚Serva padrona' . . .›

Mein Besuch bei Beethoven war selbstverständlich kurz, da die Hälfte der Unterhaltung schriftlich geführt werden mußte. Ich drückte ihm meine volle Bewunderung für sein Genie aus, meine ganze Dankbarkeit dafür, daß er mir erlaubt hatte, sie ihm persönlich auszusprechen. Er antwortete nur mit einem tiefen Seufzer und dem einen Wort: ‹Oh, un infelice!›

Nach einer kleinen Weile fragte er mich nach einigen Einzelheiten in den italienischen Theatern, über die bekanntesten Sänger, ob man oft die Opern Mozarts dort gebe, ob ich von der italienischen Operntruppe in Wien befriedigt sei.

Dann wünschte er mir eine gute Aufführung und Erfolg für ‹Zelmira›, begleitete uns bis an die Tür und sagte mir nochmals: ‹Vor allem, machen Sie viel Musik in der Art des ‚Barbiere'!›

Als ich diese elende Treppe herunterstieg, empfand ich von dem Besuch bei dem großen Mann einen so unendlich schmerzlichen Eindruck – wenn ich an diese Verlassenheit und Hilflosigkeit dachte –, daß ich meine Tränen nicht zurückhalten konnte. ‹Ach was›, sagte Carpani, ‹er will's ja nicht besser. Er ist ein griesgrämiger Menschenfeind und kann keine Freundschaft festhalten.›»[73]

Wagner, der Rossini gleichsam als Totengräber der Oper ansah, fragte sich später: «Was mochte wohl das lüstern schweifende Auge des wohllüstigen Sohnes Italias gewahren, als es in den unheimlichen Glanz des schmerzlich gebrochenen Sehnsuchtsiechen – und doch todesmutigen Blickes seines unbegreiflichen Gegners unwillkürlich sich versenkte? Schüttelte sich ihm das furchtbar wilde Haar des Medusenhauptes, das niemand erschaute, ohne zu sterben?»[74]

Nun, Rossini hat den Besuch bei Beethoven überlebt. Aber die «Geringfügigkeit» von dreieinhalbtausend Dukaten, die man ihm wenig später auf dem Bankett bei Metternich als «Zeichen der Anerkennung seines unschätzbaren Verdienstes» für eine Konzertarie auf einem silbernen Tablett überreichte, nährte doch die Zweifel an seinem «Verdienst». Er hatte die «Eroica» in Wien gehört, jene Sinfonie, in deren zweitem Satz Beethoven die von Napoleon verratene Idee der Revolution zu Grabe trägt. Und während der taube Beethoven verzweifelt dem Verlust seiner Ideale und dem eigenen Ende entgegenschrieb, ließ es sich Rossini an der Tafel eines erklärten Gegners der revolutionären

Ideen gutgehen. Der österreichische Außenminister Fürst von Metternich verhinderte als Kopf des Wiener Kongresses und der Heiligen Allianz die nationale Einigung Deutschlands und das Risorgimento in Italien. Doch da er «sich ungemein für Musik interessierte und wirklich etwas davon verstand»[75], sah der unpolitische Rossini keinen Anlaß, sich seiner Protektion zu entziehen.

Rossini und Beethoven

Daß sich Rossini durch die Gönnerschaft Metternichs und mancher restaurativ gesinnter Adelshäuser den Ruf, ein «Reaktionär» zu sein, zuzog, ist begreiflich. Daraus zu schließen, der Italiener hätte sich mit seiner Kunst in den Dienst eines politischen Programms gestellt, ist allerdings falsch. Weder aus seiner Themenwahl noch aus dem «Ton», den er dabei anschlägt, ist Reaktionäres herauszuhören. Die Sujets seiner ersten Opern entstammen bis auf «Semiramide» einem mehr romantischen Themenkreis als dem klassisch-mythologischen der herkömmlichen Opera seria. Und wollte man, was an sich schon fragwürdig ist, dem musikalischen Ausdruck eine außermusikalische Gesinnung attestieren, so ließe sich in Rossinis vorwärtsstürmenden Crescendi und der mitunter extrem aggressiven Rhythmik eher die kämpferische Stimmung der französischen Revolutionsoper heraushören.

Daß die Musik sich zu Zeiten der Depression und des Verlustes von Identität aufgrund gescheiterter Revolutionsideale am Prozeß der gesellschaftlichen Neufindung in der französischen, deutschen oder italienischen Nation zu beteiligen hatte, liegt auf der Hand, zumal nur sie dem nationalen Pathos zur Emphase verhelfen konnte. Wo immer sich in jener Zeit Klänge herausbildeten, die unabhängig von ihrer musikalischen Qualität als Stimmungsträger nationaler Ideen tauglich erschienen, wurden sie mit dem Stempel «Nationalstil» versehen. Weder Weber noch Auber, weder Smetana noch Meyerbeer haben «national» geschrieben. Oft erregte ihre individuelle Tonsprache, die sich aus mehr als einer nationalen Musiktradition ableiten läßt, die Gemüter der Patrioten, die darin einen Nationalstil entdeckten. Daran reifte freilich auch das Selbstverständnis des Komponisten im 19. Jahrhundert, der sich den neuen gesellschaftlichen Idealen verpflichtet sehen mußte. Der Anlaß, Musik zu schreiben, war jetzt im individuellen Willen zur künstlerischen Äußerung begründet und nicht mehr in der Unterhaltung aristokratischer Kreise.

Mit der Emanzipation der individuellen Empfindung hatte der Komponist als Gelegenheitsarbeiter ausgedient, und der «Handwerker» Rossini sah sich außerhalb Italiens mit einem Anspruch konfrontiert, der nicht nur die traditionelle Musikästhetik, sondern auch den gesellschaftlichen Stellenwert des Komponisten in Frage stellte. «Gut» im Sinne von künstlerisch wertvoll war nicht mehr, «was gefällt», sondern was die Ideale einer zur Freiheit drängenden Welt widerspiegelte. Mit der Ausdehnung des Erlebnisraums und der Suche nach einer persönlichen Aussage meldete sich auch in der Musik die Romantik an, die den Menschen in den Mittelpunkt aller Kunst und Kunstanschauung stellte.

In Beethoven verdichtete sich die neue Ästhetik zu einer Ideenkunst des schöpferischen Genies. Aber während auf der einen Seite – wie bei Haydn und Mozart – noch die klassische Norm die Grundstruktur seiner Werke bestimmte, wies sein übersteigerter Subjektivismus bereits in neue Bereiche des Kunstschaffens: in die Romantik.

Der Romantiker suchte die «freie Subjektivität des Genies», wie Schlegel sich ausdrückte. Er wollte mit seinem «Ich» die Unendlichkeit umspannen, das Ewige fühlen, am Allerlebnis empfindend, träumend, leidend teilnehmen. Das Geheimnisvolle, Unsagbare, Magische zog ihn an. Er ließ sich von Märchen und Sagen verzaubern, von Traum und Ahnung verlocken. Die Sehnsucht nach einer unbestimmbaren Ferne trieb ihn. Seine Seele suchte die innige Kommunikation mit Gott, Natur und Kunst. Die Phantasie sollte das Leben poetisieren und verklären.

Der romantische Künstler schuf aus dem Unbewußten, aus der Intuition. Indem Ich und All verschmolzen, indem Endliches sich im Unendlichen verlor, lösten sich die Formen auf, wuchsen entweder ins Überdimensionale der großen Sinfonie oder wurden zur Miniaturgestalt des Liedes und Klavierstücks. Das Gefühlserlebnis des Romantikers war ausgesprochen differenziert und schwankte zwischen Extremen; seine psychische Konstitution war labil, und seine Gestaltungskraft zeugte nicht von jener souveränen Beherrschung der Mittel, wie sie den Klassikern eigen war. Das romantische Kunstwerk hatte oft den Charakter des Torsos, des Unfertigen, des Unvollendbaren. Es trug den einmaligen Stempel seines Schöpfers, die unverwechselbaren Züge dieser oder jenen Stimmung – es wurde zu einer Episode, zu einem intimen Bekenntnis der Künstlerseele.

Dieses Bekenntnis ließen Rossinis Opernmelodien freilich vermissen, von denen Wagner sagte, daß sie alles, «was Reflexion und ästhetische Spekulation aufgebaut hatten, zusammenrissen»[76].

Im Blick auf Beethoven, für dessen Ehrenrettung sich Wagner mit solchen Worten einsetzte, mußte Rossini als Ignorant, Verräter und Reaktionär erscheinen. Doch wenn der in seinem Nationalstolz verletzte Deutsche dem Italiener vorwirft, daß dieser «nur hübsche Melodien» im Sinn gehabt habe, «wo irrenden Künstlern zuvor eingefallen war, durch den musikalischen Ausdruck den Inhalt und die Absicht eines Dramas kundzutun»[77], ignoriert er selbst die Wirkungsgeschichte der italienischen Oper und ihre stilistische Stellung in einer Tradition, die der deutschen völlig fremd sein mußte. Das Phänomen Rossini ist dafür geeignet, die Fragwürdigkeit des Vergleichs und der künstlerischen Wertung nach Noten zu belegen.

Wenn Wagner dem Italiener Rossini Unreflektiertheit vorwirft, irrt er gewaltig. Im selben Maße, wie Beethoven aus der Tradition der Wiener Klassik, die, von Mozarts Opern abgesehen, vor allem durch die Instrumentalmusik repräsentiert war, seine Sinfonien, Klaviermusik und Streichquartette als kritischen Kommentar zum traditionellen Musikverständnis schrieb, war der «letzte unter den Klassikern» [78], Rossini, auf eine Erneuerung der traditionsreichen italienischen Oper bedacht. Daß sich der Italiener an der Beschwörung eines «Zeitalters der deutschen Musik» nicht beteiligte, kann man ihm ebensowenig zum Vorwurf machen wie sein scheinbar unkritisches Verhältnis zur Restauration. Was bei Beethoven und seiner melancholisch-grüblerischen Art, den Widerspruch von individueller Empfindung und gesellschaftlichem Determinismus zu äußern, im Ausruf «Oh, ihr Menschen!» [79] gipfelt, findet bei seinem Zeitgenossen Rossini Ausdruck in ironischer Heiterkeit.

Beide, Beethoven wie Rossini, gehen mit ihrer Musik auf Abstand zum Konventionellen, und beide spüren dem Gefühl der Zwiespältigkeit, wenn auch jeder auf seine Weise, nach.

Den «Sinfoniker» Beethoven gegen den «Melodiker» Rossini auszuspielen ist insofern unergiebig, als die Sicht auf den einen wie den anderen schon zu Lebzeiten anekdotisch getrübt war.

Und um im Falle Beethovens den Mythos des leidenden und überwindenden Prometheus aufrechtzuerhalten, beruft man sich vorzugsweise auf seinen «Fidelio», die «Dritte», «Fünfte» und «Neunte», die «Pathétique» und die «Appassionata», als wären diese Werke für das gesamte Schaffen dieses Komponisten repräsentativ. Als Beleg für die Leidensgeschichte eines gequälten Subjekts sind sie den Mythos-Machern allerdings dienlich, und der Zuhörer kommt schließlich nicht umhin, Beethoven nur noch durch die romantische Folie wahrzunehmen.

Nicht anders ergeht es Rossini, diesem «heiteren und lebensfrohen Gemüt», durch dessen Kopf nichts anderes als Makkaroni und Süßwaren gegangen sein dürfen und dem Beethoven dringend empfohlen haben soll, die Hände von allem zu lassen, was sein «Barbier-von-Sevilla»-Image trüben könnte.

Biographisch und anekdotisch gestützt, hat sich das Bild des vergnügten Melodikers bis in unsere Tage gehalten, und wer Rossinis Musik hört, glaubt eine Vielfalt von Melodien wahrzunehmen, wo tatsächlich wesentlich andere kompositorische Vorgänge das vielbeschworene Gleichmaß der melodischen Empfindung stören. Wo Beethoven der katastrophischen Empfindung seiner Zeit im harmonisch durchstrukturierten Tonsatz tragische Größe verleiht, beschreibt Rossini die haltlos gewordene Welt mit ans Banale grenzenden Motiven, die er in unaufhaltsame Bewegung versetzt und in denen er mit rhythmischen und dynamischen Mitteln eine Turbulenz entfacht, die dem anfänglich harmlosen Spaß bedrohliche Züge verleiht. Es sind gerade die minimalistischen Tonfolgen, die in ständiger Repetition an ein Kettenkarussell erinnern, das auf dem Höhepunkt seiner Beschleunigung aus seiner Mittelachse zu brechen droht und das Vergnügen der fliegenden Menschen in der lustvollen Vorstellung der potentiellen Katastrophe gipfeln läßt. Eine solche Dramaturgie, die an die Possen von Labiche und Courteline als Krankheitsbild der Gesellschaft des 19. Jahrhunderts oder ganz einfach an einen Ehestreit mit Todesfolge anläßlich eines zu hart gekochten Eies denken läßt, bedarf des Trivialen, um in der rhythmischen Dynamisierung jene Wirkung herbeizuführen, die aus geringster Ursache entstehen kann. Rossinis musikalische Späße sind ebensowenig geheuer wie seine ersten Opern, welche die Nähe zum Buffonesken nie ganz leugnen können. Das Allzumenschliche, dessen musikalische Ausprägung Rossinis Ironie stets an die Grenze des Absurden trieb, beherrschte auch seine tragischen Helden. Zur Formulierung des Idealistischen an sich fehlte ihm gewissermaßen der Glaube an die Ideale der Romantik, und die Wahrnehmung der Widersprüchlichkeit seiner äußeren wie inneren Welt trieb ihre eigenen musikalischen Blüten, deren Duft den Moder der Verinnerlichung überstrahlen sollte.

Vielleicht hatte Wagner doch recht, wenn er schrieb: «Der ungemein geschickte Verfertiger künstlicher Blumen, die er aus Samt und Seide formte, mit täuschenden Farben bemalte und deren trockenen Kelch er mit jenem Parfumsubstrat der Opernarie netzte, daß es aus ihm zu duften begann wie fast aus einer wirklichen Blume – dieser große Künstler war Gioacchino Rossini.»

Das Ehepaar Rossini war im Juli 1822 wieder nach Castenaso zurückgekehrt, um einen neuen Vertrag mit dem «Fenice» zu unterschreiben und den Erwerb eines Palazzos in die Wege zu leiten, als Metternich erneut von sich hören ließ. In Verona sollte sich im Oktober die Heilige Allianz zu einem Kongreß treffen, und ihr Vorsitzender wünschte sich von Rossini, dem «Dieux de l'harmonie», wie er sich ausdrückte, einen musikalischen Beitrag, da «Harmonie so dringend benötigt wurde»[80].

Auch wenn diese mit Kantaten nicht herzustellen war, so machten sich Rossini und Isabella doch zu diesem Gipfeltreffen auf, das ihnen zur Begegnung mit Kaiser Franz I., Zar Alexander I., Chateaubriand und dem Herzog von Wellington verhalf.

In dieser illustren Gesellschaft ließen es sich die Rossinis ganze zwei Monate gutgehen, und als die Kantate «La Santa Aleanza» als Lob der Eintracht aus vierundzwanzig Kehlen und hundertachtundzwanzig Blasinstrumenten in der Arena Veronas erscholl, hatte der Maestro nichts anderes zu befürchten, als daß ihm die Statue der «Concordia», zu deren Füßen er das Spektakel dirigierte, auf den Kopf fallen würde.

Ernsthaftere Unannehmlichkeiten bereitete ihm erst eine weitere Kantate, die am 3. Dezember im Rauch der fünfhundert Kerzen und Fackeln, die das Teatro Filarmonico beleuchten sollten, zu ersticken drohte. Was aber schwerer wog, war der Streit um die Partitur, welche die königliche Handelskammer als Auftraggeber für sich beanspruchte, die Rossini aber unter keinen Umständen aus der Hand geben wollte, wohl wissend, daß sie aus allerlei Fragmenten seiner bisherigen Werke zusammengeflickt war.

Am 9. Dezember waren die Rossinis endlich in Venedig, um wie vereinbart eine Neufassung der Oper «Maometto II» mit Isabella Colbran in der Hauptrolle einzustudieren. Bei der Premiere am 26. Dezember erntete die schlecht disponierte Primadonna reichlich Pfiffe, und Rossini konnte nur hoffen, daß sein nächstes Projekt «Semiramide» (Semiramis) unter einem günstigeren Stern stehen würde.

Die Voraussetzungen dafür waren gegeben: «Es ist die einzige meiner italienischen Opern, die ich in Ruhe schreiben konnte; mein Vertrag erlaubte mir vierzig Tage.»[81] Schon nach dreiunddreißig Tagen lieferte Rossini eine Partitur ab, die zu seinen musikalisch reichhaltigsten und konzeptionell geschlossensten gehört.

Gaetano Rossi hatte ihm dazu, basierend auf Voltaires «Sémiramis» von 1748, einen Text verfaßt, der die babylonische Königin Semiramide vor die Wahl eines Nachfolgers ihres ermordeten Gemahls stellt. Einen göttlichen Orakelspruch legt sie zugunsten des geliebten Feldherrn Arsace aus. Dieser jedoch wird vom Oberpriester als der verschollen geglaubte Sohn Semiramides entlarvt, dem die Mutter den Mord am König eingestehen muß. Obwohl Arsace seiner Mutter die ruchlose Tat verzeiht, stirbt diese versehentlich durch seine Hand, die er in der finsteren Gruft gegen den Mordgehilfen Assur erhebt. Des Volkes Stimme führt Assur schließlich der gerechten Strafe zu und hebt Arsace auf den Thron.

Mit dem Ableben Semiramides ging auch Isabellas Sängerkarriere in Italien zu Ende, und sie tat gut daran, den Vertrag mit Benelli vom King's Theatre London mit zu unterschreiben, der ihrem Mann eine Opernkomposition und ihr selbst eine Hauptrolle zusicherte.

Daß Rossini die für London avisierte Oper «La Figlia del aria» schließlich doch nicht ausführte, mag zum einen an seiner Ermüdung gelegen haben, zum anderen an seiner Frau, deren angeschlagene Stimme er nicht weiter zu Markte tragen wollte, zumal sich ihr Verhältnis zu ihm immer unfreundlicher gestaltete.

Obwohl sich die Oper «Semiramide» am «Fenice» nach anfänglichen Schwierigkeiten erfolgreich durchsetzte, war Rossini froh, am 20. Oktober 1823 endlich in der Postkutsche zu sitzen, die ihn und seine Frau über Paris in Richtung London bringen sollte.

AUSFLÜGE

Paris – London 1823

*«In London tun überdies die
Musiker alles, um Geld zu machen ...»*

Als das Ehepaar am 9. November 1823 nach anstrengenden drei Wochen im Reisewagen Paris erreichte, war es in der größten europäischen Metropole kalt und düster geworden. Die spärlichen Öllichter warfen ein gnädig-trübes Licht auf den unsäglichen Dreck und Morast, in denen das Paris der Restauration zu ersticken drohte. Dem pestilenzartigen Geruch, der den unterirdischen Kanälen entströmte, war weder mit dem Parfüm der Salondamen noch mit Verordnungen der Stadtverwaltung beizukommen, die zwischen royalistischer Reaktion und liberaler Opposition in abwartende Untätigkeit verfallen war.

Paris nach der Revolution

Für die Lösung der infrastrukturellen Probleme fehlte es ebenso an Konzepten wie für die Überwindung der wirtschaftlichen Rezession, die neunzig Prozent der achthunderttausend Einwohner – Arbeiter, Bedienstete, Handwerker, Kleinhändler, Angestellte und niedere Beamte – in bedenklicher Armut leben ließ. In einzelne Zimmer zusammengepfercht, fristeten ihre Familien im östlichen Teil der Stadt, hinter der Bastille oder am linken Seineufer ihr tristes Leben, wenn sie nicht gar in die Vorstädte ausweichen mußten.

Die lebhaften Diskussionen, die nicht nur auf den Straßen, sondern auch in den zahlreichen literarischen Zirkeln geführt wurden, konnten ebensowenig über die gesellschaftliche Stagnation hinwegtäuschen wie das intellektuelle und künstlerische Dilettieren, das zur Lieblingsbeschäftigung der Bourgeoisie und des Adels geworden war.

Mit der vermeintlichen Erfüllung des romantischen Geniebegriffs ließ sich die gesellschaftliche Folgenlosigkeit all der revolutionären Anstrengungen empfindungsmäßig kompensieren. Freilich fehlte es nicht an Schuldzuweisungen bezüglich der politischen Misere unter den Generationen, deren jüngste sich um ihre Entwicklungsmöglichkeiten betrogen sah und sich radikal gegen die Wertvorstellungen ihrer Väter wandte, welche ihrerseits dem Verlust napoleonischer Größe und damit ihren eigenen Aufstiegschancen nachtrauerten.

Dem Heer der Übervorteilten standen der auf Exklusivität bedachte alte Adel und die Phalanx der Bankiers, der Neureichen und Parvenüs gegenüber.

Für die meist ins Leere gehende intellektuelle und künstlerische Betriebsamkeit sorgten die Salons und Gesellschaften, deren Gerüchteküchen der sensationshungrigen Presse – ob royalistisch oder liberal – zur Sättigung verhalfen.

Diese «unglaubliche Umtriebigkeit der Geister» beschrieb ein Kritiker: «Dieser dauernde Ideenaustausch, der durch das Drukkereiwesen ermöglicht wird, diese Unstetigkeit in den Geschmäckern, Gewohnheiten und Sitten, die alles mit der Geschwindigkeit des Blitzes vor unseren Augen vorbeischnellen läßt, versagt dem Geist und dem Herz die Zeit, sich an irgend etwas anzuschließen. Die Vielfalt der Sensationen läßt keine einzige Bestand haben, und alle Welt krankt an dem Leid, das früher nur die Reichen befiel: man ist ohne Leidenschaften, ohne Verlangen und ohne Hoffnung ..., die einzige Sache weit und breit, die zwar auch nicht sonderlich anregend ist, aber die wenigstens in diesem Ozean von Langeweile bestehen kann, ist der brillante Esprit, der unterdessen in Frankreich aber auch schon zum Allgemeingut geworden ist. Außerdem ist dieser Esprit ziemlich unfruchtbar, sobald er nicht mehr als das Geläufige zu bieten hat; ich für meinen Teil bin dieser Münze jedenfalls überdrüssig und vor allem auch der Art und Weise, in der man sich ihr bedient. Gegenwärtig schreibt jedermann etwas, und fast alle Welt schreibt für Zeitungen; und alle diese Schriftgelehrten erwecken auch den Eindruck, als besuchten sie die Salons nur, um hier Stoff für einen neuen Artikel zu finden. Sie betragen sich wie Handlungsreisende in Sachen Esprit, die zum Futterplatz kommen und sich nicht scheuen, die intimen Geheimnisse einer Freundschaft zu verraten, nur um ein vermeintliches Bonmot abdrucken zu lassen oder um eine skandalträchtige Anekdote zu veröffentlichen.»[82]

Die Ankunft Rossinis geriet zum großen Ereignis der Pariser Journaille, und die Salons der Duchessen und Comtessen rissen sich um die Gesellschaft des berühmten Italieners. Die «Gazette de France» berichtete ausführlich von einem «grandiosen Picknick», zu dem sich hundertfünfzig Mitesser um den Star versammelten, dem sie zwischen den zahlreichen Gängen huldigten. Zu den Gästen gesellten sich auch die Komponisten Boieldieu, Auber, Hérold und etliche Bühnenkünstler, die bei diesem Anlaß reichlich Gelegenheit zur Selbstdarstellung fanden. Der Schriftsteller Eugène Scribe, der damals schon für die Opéra Comique tätig war, reagierte mit einem «apropos-vaudeville» auf das sonderbare Ereignis. Unter dem Titel «Rossini à Paris, ou Le Grand Dîner» führte er wenig später mit der Gruppe des Gymnase Dramatique einen Schwank auf, der die Vergötterung des Italieners spöttisch kommentierte.

Nicht weniger ironisch reagierte «La Pandore» in ihrer Ausgabe vom 1. November, indem sie meldete: «Rossini ist in Paris angekommen. Man kann sicher sein, daß alle Trompeten, Posaunen, Tuben, Kontrabässe, Oboen und Flöten in der Hauptstadt sich zusammenfinden werden, um ihm ein Konzert zu geben, bei dem man ausschließlich seine Kompositionen spielen wird.»

Doch allen Widersachern und Neidern zum Trotz gipfelte Rossinis Triumphzug durch die Salons im öffentlichen Beifall, den man ihm am 25. November anläßlich einer Benefizvorstellung des «Otello» im Théâtre Italien spendete, und das königliche Ministerium zögerte nicht, mit dem gefeierten Tonkünstler umgehend ins Geschäft zu kommen. Vor den vierzigtausend Francs, die Rossini als Honorar für zwei neue Opern und die Einstudierung einer früheren veranschlagte, schreckten die Unterhändler des Königs mit Blick auf die überstrapazierte Staatskasse dann aber doch zurück. Und so bat man sich gegenseitig Bedenkzeit aus, die Rossini nur recht sein konnte, da er nicht wußte, was ihn in London erwarten würde.

Hätte der ängstliche und gesundheitlich wenig stabile Gioachino geahnt, was eine Schiffahrt über den Kanal an Unannehmlichkeiten mit sich bringen kann – er wäre fürs halbe Honorar in Frankreich geblieben. Statt dessen lag er nun elend und völlig erschöpft in einer Wohnung an der Regent Street und erholte sich nur langsam von der Seekrankheit und dem Schock, welche ihm die stürmische Überfahrt zum englischen «Kontinent» verursacht hatten.

Selbst König Georg IV. bangte um die Wiederherstellung des Staatsgastes und sandte täglich Boten ans Lager des Kranken, um sich nach dessen Befinden zu erkundigen, denn schließlich hatte Benelli, der Direktor des King's Theatre, unter enormen finanziellen Aufwendungen eine Rossini-Spielzeit mit den besten Sängern Italiens vorbereitet und war auf Erfolg und einen optimal disponierten Komponisten angewiesen.

Als Rossini am 29. Dezember, zwei Wochen nach seiner Ankunft in London, sich endlich dem König in Brighton vorstellen konnte, empfing man ihn mit der Ouvertüre aus «La Gazza ladra» und königlichem Wohlwollen. Die adlige Gesellschaft, die sich zu diesem Anlaß um ihren Repräsentanten geschart hatte, fand Vergnügen an dem «fetten, ungezwungenen, lustig aussehenden Mann, dem der Schalk aus den Augen lacht»[83], und delektierte sich ebenso königlich am versierten Klavierspiel des Meisters wie an dessen vorbildlicher Tenorstimme.

Damit hatte er die bessere Gesellschaft im Handumdrehen für sich eingenommen, und er erspielte sich während der folgenden Monate in den Palästen der Reichen ein Vermögen, das ihn seinen Opernauftrag beinahe vergessen ließ.

Recht glücklich wurde er bei dieser Sammeltour trotzdem nicht, und sowenig er sich dies selbst auch eingestehen mochte, ihn beschämte der Zirkus der High-Society, für deren Kunstdünkel er den Clown spielte. «Es mag ein Vorurteil sein», gestand er viele Jahre später dem Komponisten Hiller, «aber ich hatte eine Art von Widerwillen dagegen, mich für mein Begleiten am Klavier bezahlen zu lassen, auch habe ich es nur in London getan. Indes, man wollte nun einmal meine Nase sehen und auch meine Frau hören. Ich hatte für unsere Mitwirkung bei musikalischen Soireen den ziemlich hohen Preis von fünfzig Pfund festgesetzt – wir machten etwa sechzig solcher Soireen mit –, das war dann freilich schon der Mühe wert. In London tun überdies die Musiker alles, um Geld zu machen, und ich habe dort köstliche Dinge erlebt ... so z. B. sagte man mir das erste Mal, als ich die Begleitung einer solchen Soiree übernahm, Putzi, der berühmte Hornist, und Dragonetti, der berühmte Kontrabassist, würden auch zugegen sein. Ich dachte, sie würden Solo spielen, aber nichts weniger! Sie sollten mir begleiten helfen. Habt ihr denn Begleitungsstimmen zu allen diesen Stücken? fragte ich sie. – Bewahre! war die Antwort, aber wir werden gut honoriert und begleiten, wie es uns eben gut dünkt. Diese improvisierten Instrumentations-Versuche waren mir aber denn doch zu gefährlich – ich bat daher Dragonetti, sich damit zu begnügen, einige Pizzicati anzuschlagen, wenn ich mit den Augen zwinkern würde, und Putzi, die Schlußkadenzen mit einigen Tönen zu verstärken, die er als guter Musiker leicht auffand. So lief es denn ohne weitere schlimme Zufälle ab, und alle Welt war zufrieden.»[84]

Rossini war es gewiß nicht. Denn adligen Damen Gesangsstunden zu erteilen, nur um fürs Zuhören ein «Schmerzensgeld» von hundert Pfund zu kassieren, und mit einem dilettierenden Prinzen oder dem Möchtegernbassisten Georg IV. ein Duett zu singen grenzte an Prostitution. Und es spricht bittere Selbstironie aus der Antwort, die der Komponist dem König auf dessen Verlangen, ein Duett nochmals von vorn zu beginnen, erteilte: «Eure Majestät haben das Recht, zu tun, was Ihnen gefällt. Tun Sie es, und ich folge Ihnen bis ins Grab!»

Meilensteine auf dem Weg dahin schienen auch die Aufführungen «Zelmira» und «Il Barbiere di Siviglia» zu werden, denn die breite Öffentlichkeit zeigte an den Darbietungen wenig Interesse, und auch die eingeschworenen Rossinianer wollten sich mit den Leistungen mancher schlecht disponierter Sänger nicht zufriedengeben. Die Stimme der teuer bezahlten Rossini-Gattin Colbran ließ ebenfalls zu wünschen übrig, und Benelli war schließlich gezwungen, mit dem Altstar Angelica Catalani Ersatz zu schaffen – ein kostspieliges Zusatzengagement, das die finanzielle Misere des Unternehmens nicht gerade linderte.

Als Rossini am 26. Juli wieder aus England abreiste, hinterließ er Benelli einen Schuldenberg von fünfundzwanzigtausend Pfund, dem englischen Adel die Erinnerung an viele glückliche Konzertstunden, der bürgerlichen Presse entsprechend viel Stoff zum Lästern und dem im April verstorbenen Nationaldichter Lord Byron mit der Kantate «Il Pianto delle muse in morte di lord Byron» eine musikalische Träne.

Die versprochene neue Oper allerdings blieb Fragment. Zu zwei Paketen verschnürt, lagen einige Partiturseiten zusammen mit einer Bürgschaft beim Bankier Ransom, der diese nach langem Hin und Her den Konkursverwaltern des zurückgetretenen Benelli überlassen mußte. Auf ihren weiteren Irrwegen ging die Partitur schließlich verloren.

Rossini aber kam heil über den Kanal und steuerte auf dem kürzesten Weg Paris an, das er zusammen mit Isabella am 1. August 1824 erreichte.

IMPULSE, INTRIGEN, IRRITATIONEN

Paris 1824

«Ein Luzifer der Musik, vor dem ich weglaufen muß, sonst fange ich noch an, das Zeug gern zu haben ...»

In seinem Reisegepäck führte Rossini einen Vertrag mit, den er noch in London am 27. Februar auf der französischen Gesandtschaft mit dem Ministerialdirigenten Comte de Tilly ausgehandelt hatte. Damit konnte sich der Komponist getrost auf ein lukratives Geschäftsjahr in Paris einrichten, das ihm bei monatlichen Zahlungen von dreieinhalbtausend Francs die ehedem verlangten vierzigtausend Francs bescheren sollte. Als zu erwartende Gegenleistung verpflichteten ihn die zehn Punkte des Abkommens zur Niederschrift und Einstudierung einer mehraktigen «grand opéra» und einer italienischen «opéra buffa» oder «semiseria» in zwei Akten. Außerdem sollte er für die Truppe des Théâtre Italien, das damals im Salle Louvois zu Hause war, die französische Umarbeitung einer schon vorhandenen Oper vornehmen.

Durch die für jene Zeit ziemlich einmaligen Vertragsbedingungen war Rossini ein Jahr lang ausschließlich an die Opéra und das Théâtre Italien gebunden und durfte in Frankreich keines seiner Werke außerhalb von Paris aufführen lassen.

Mit Rossini, dem renommierten Vertreter der traditionellen italienischen Oper, verschaffte sich der etablierte Pariser Kulturbetrieb sozusagen ein Bollwerk gegen die allzu literarischen, rebellischen Töne aus den eigenen Reihen; und man hoffte mit der finanziellen wie qualitativen Verbesserung der Académie Royale de Musique und des Théâtre Italien, wie sich die beiden Opernbühnen seit 1822 nannten, einer dritten Institution gegenüber konkurrenzfähig zu bleiben: der alteingesessenen Opéra Comique.

Schon bevor sich 1801 die Opéra Comique als Theater konstituierte, war die königliche Grand Opéra stets darauf bedacht, die Emanzipationsbestrebungen des Bürgertums, die sich im «Vaudeville», der «Stimme der Stadt», artikulierten, niederzuhalten, indem sie für dessen Opernensembles ein Verbot des durchgehenden Gesangs bei Theateraufführungen erwirkte. Daraus entwickelte sich die Spezifik der Opéra Comique – mit dem Wechsel von Dialog- und Musikszenen, der den Sänger-Darstellern außergewöhnliche theatralische Fähigkeiten abverlangte. Seit über hundert Jahren kamen hier Volksgestalten und Bürger auf die Bühne, die für die Heroen der Grand Opéra nur Spott übrig hatten. Mit ihren gesellschaftskritischen Inhalten verhalfen sie schon vor der Französischen Revolution einer Operngattung zum Durchbruch, der nicht zuletzt Gluck im Streit mit Piccini um die Präferenz des Wortes zu hohem Ansehen verhalf.

Als sich die Opéra Comique 1752 im eigenen Haus etablieren konnte, übernahm Charles Simon Favart, ein Zeitgenosse des Adelsverächters Beaumarchais, die Leitung des Theaters und trat mit seinen Texten dem Ancien régime beherzt entgegen. In dieser Tradition schrieben Cherubini die Befreiungsoper, «Die Wasserträger» und Gaveaux die «Leonore» nach einem Libretto von Bouilly, das wenige Jahre später für Beethovens «Fidelio» als Vorlage dienen sollte.

Nach dem Sturz der Monarchie ließ sich das Theater mit einem Orchester und Ensemble, das, abgesehen vom Ballett, mit dem der großen Oper zahlenmäßig vergleichbar war, als Théâtre National de L'Opéra Comique an der Rue Feydeau nieder. Von hier gingen bis in unser Jahrhundert immer wieder entscheidende Impulse für das zeitgenössische Opernschaffen und aktuelle Darstellungsformen aus, für deren Inhalte Textdichter wie Scribe, Barbier, Carré, Meilhac, Halévy, Zola, de Mussette und schließlich auch Cocteau zuständig waren. Für die Blütezeit dieser keineswegs reich subventionierten Bühne zu Beginn des

19. Jahrhunderts stehen auch die Komponistennamen Boieldieu, Auber, Adam und Paër, der bis 1812 Dirigent der Komischen Oper war.

Der Italiener Ferdinando Paër, der seinerseits den «Leonore»-Stoff zu einer wenig erfolgreichen Oper, «Leonora ossia l'Amore Coniugale», verarbeitet hatte, verschrieb sich schließlich dem gewinnträchtigeren Théâtre Italien, auf dessen Terrain er sich als Nachfolger Spontinis vorerst erfolgreich behauptete. Dazu verhalfen ihm nicht zuletzt die Opern Rossinis, von denen er in den ersten zehn Jahren seiner Direktion schon zwölf auf den Spielplan gebracht hatte, obwohl er auf seinen jüngeren Kollegen nicht besonders gut zu sprechen war. Aber an Rossini kam nun einmal kein Impresario eines italienischen Theaters vorbei, wollte er es sich mit seinem Publikum nicht verscherzen.

Als Rossini nun persönlich in Paris auftauchte, wußte Paër, der mit den Opern des Meisters mitunter recht freizügig umgegangen war, daß es zur Kollision kommen mußte. Und nach einem Empfang Rossinis beim König Louis XVIII. war der Konflikt programmiert: An den Maestro war die Aufforderung ergangen, die Leitung des Italienischen Theaters selbst zu übernehmen. Nun sah sich der Mann aus Pesaro mit einemmal in eine Intrige verstrickt, die er selbst scheute, und bat sich eine zweimonatige Bedenkzeit aus, die er in Bologna bei seinen Eltern und Freunden verbrachte.

Wieder in Paris, unterschrieb er schließlich am 26. November einen neuen Vertrag, der ihn als «Directeur de la musique et de la scene du Théâtre Royal Italien» auswies und ihm faktisch alle Kompetenzen einräumte, ohne die nominale Position Paërs in Frage zu stellen. Daß es mit dieser Konstellation, die außerdem durch einen Dritten, den Administrator Duplantys, noch verkompliziert wurde, nicht gutgehen konnte, lag auf der Hand; und Paër zog sich zwei Jahre später endgültig aus dem Geschäft zurück, das er ohnehin nur noch pro forma ausgeübt hatte.

Rossini aber verwandte alle Mühe darauf, die maroden Verhältnisse im künstlerischen Bereich zu sanieren, und engagierte nach und nach Sänger an sein Haus, die dem italienischen Belcanto und seinem Ruf als Sängerkönig gerecht werden sollten.

Seine erste Produktion am neuen Wirkungsort war denn auch als Fest der Stimmen konzipiert, zu dem sich neben anderen Berühmtheiten die Sängerinnen Giuditta Pasta, Ester Mombelli und Laure Cinti-Damoreau sowie die Herren Donzelli, Bordogni und Zucchelli trafen.

Im größten musikalischen Ensemble, das die Operngeschichte bis dato je gekannt hatte, vereinigte der «Jongleur» Rossini gleichzeitig vierzehn Stimmen zu einem «Gran Pezzo Concertato» und trat mit seinen insgesamt achtzehn Sängern eine schalkhafte Reise durch die Welt der Musik an, welche – ein Potpourri der Landeshymnen macht es deutlich – die aus den Fugen geratene Welt der europäischen Nationen meinte.

«Il viaggio a Reims» (Die Reise nach Reims oder Das Hotel zur goldenen Lilie) ist eine großangelegte musikalische Farce, mit der Rossini dem neuen Bourbonenkönig auf seine Weise huldigte. Louis XVIII. war mittlerweile gestorben, und Charles X. trat nun seine Nachfolge an. Die Krönungsfeierlichkeiten in Reims nahm der neuinstallierte Co-Direktor nun zum Anlaß, ebendiese Zeremonie ad absurdum zu führen, indem er die Honoratioren aller europäischen Länder tags zuvor in Gestalt der Sänger auf der Bühne versammelte, während ihre Schablonen leibhaftig im Parkett saßen. Von dort aus mußten sich die Abgesandten mit ansehen, wie ihre geplante Reise nach Reims ins Wasser fiel, da – so hatte es der Autor der Bühnenhandlung, Luigi Balocchi, vorgesehen – keine Pferde zur Verfügung standen. Also bleibt man auf der Bühne vor Ort in einem Hotel und veranstaltet ein Bankett zu Ehren des neuen Herrschers und der eigenen Eitelkeiten.

Wenn seine Verehrer nach der Erstaufführung am 19. Juni 1825 Rossini auch attestierten, daß er «die Behandlung der Stimmen in größtem Maß beherrscht, wie auch die Kunst, sie so zu verteilen, daß sie die kostbarste und lebendigste Wirkung haben», so hielten sich die Kritiker nicht zurück, die meinten, daß abgesehen von jenem vierzehnstimmigen Ensemble «das

Übrige nur Lärm, Crescendos und die anderen Formen des Höhepunktes waren, die jetzt oft gebraucht und bis zum Überdruß mißbraucht werden»[85].

Wie sonst nirgendwo anders sah sich der umstrittene Italiener in der europäischen Metropole auf den Prüfstand einer ebenso regen wie hemmungslosen Presse gestellt, die eng mit dem Pariser Literaturbetrieb verknüpft war.

Der Musikkritiker als Fachmann mußte immer mehr dem Literaten weichen, der «in erster Linie Mann der Feder und Sprecher seines Publikums ist; meist Schöngeist, dann erst – und das nicht einmal immer – auch Musiker. Er vereint in sich den geistvollen Plauderer mit dem nach festen Normen urteilenden Ästhetiker.»[86] Der «Feuilletonist» des 19. Jahrhunderts ließ sich in seinem Urteil oft weniger von sachlicher Kenntnis leiten als von der Lust am gefällig-witzigen Ausdruck; und wo es an Sachkenntnis mangelte, fehlte es um so weniger an Ohrenbläsern. Die Musikkritik drohte zur Musikwerbung zu verkommen, wofür mitunter erhebliche Bestechungsgelder flossen – ein Umstand, der Franz Liszt zur Forderung veranlaßte, «unser Haus zu reinigen, Verkäufer, Wechsler und Wucherer zum Tempel hinauszujagen»[87].

Doch auch Rossini hatte seine Lobby «und war viel mit der guten Gesellschaft zusammen, wozu sein geselliges und glückliches Wesen neigte»[88].

Besonders glücklich war Rossini, der sich vor den Schmähungen seiner zahlreichen Gegner nur zu gern in die Salons rettete, allerdings nicht. Auch die «gute Gesellschaft» konnte ihn vor seinen Depressionen und einer ernstlichen Krankheit im Herbst dieses Jahres nicht schützen. Der Gedanke an die französische Oper, die man von ihm so dringend erwartete, machte ihn bang, und so zog er es vor, sich anhand der Bearbeitungen von «Maometto II» und «Mosè in Egitto» erst einmal mit der französischen Deklamation vertraut zu machen.

Inzwischen war er, wenn auch nicht seinem Auftrag, so doch seinem Ruf gerecht geworden und studierte einige seiner erfolgreichsten Opern neu ein.

Daß sich Rossini den aktuellen Strömungen nicht verschloß, bewies er mit der Aufführung von Meyerbeers Oper «Il Crociato in Egitto», der er am 22. September mit einer erstklassigen Besetzung zum Erfolg in Paris verhalf.

Damit ebnete er seinem Freund aus Venedig den Weg zum Ruhm, den dieser mit «Hugenotten», «Robert le Diable» und vor allem «Le Prophète», einem Modell des geschichtsphilosophischen Musiktheaters, sichern konnte.

«Mit deutscher Gediegenheit und italienischer Schönheit ausgerüstet, warf sich Meyerbeer in den französischen Enthusiasmus», bemerkte Wagner, dessen Idee des «Gesamtkunstwerks» in Meyerbeers Versuchen, die großen Themen der Menschheitsgeschichte auf der Opernbühne darzustellen, neue Nahrung fand.

Indessen sah sich Rossini weiteren Intrigen ausgesetzt. Neid und Mißgunst begleiteten seine Erfolge, die den romantischen Idealisten suspekt erscheinen mußten. Carl Maria von Weber bezeichnete ihn gar als «Luzifer der Musik», vor dem er weglaufen müsse, «sonst fange ich noch an, das Zeug gern zu haben», während ein Journalist vom «Courier des théâtres» Rossinis allzu eigenwilligen Führungsstil am Théâtre Italien kritisierte und Publikum und Regierung aufforderte, «gemeinsam solchem verbrecherischen Mißbrauch ein Ende zu bereiten».

Dem kam Rossini zuvor. Er trat von seinem Amt zurück und begab sich als «Premier Compositeur du Roi» und Generalinspektor für Gesang unter die Obhut des Königs. Sein Interesse galt nun der Grand Opéra, für die er, sechsunddreißigjährig, seine erste französische Oper «Le Siège de Corinthe» (Die Belagerung von Korinth) verfaßte.

Die lyrische Tragödie wurde als Umarbeitung der Oper «Maometto II» von Luigi Balocchi und Alexandre Soumet unter Hervorhebung der romantischen Aspekte neu gedichtet. Unselige Leidenschaften und Vaterlandsliebe bis zur Selbstaufopferung sind – ähnlich wie in «Moïse» – die Themen der tragischen Geschichte, die mit der Liebe der Griechin Pamira zum türkischen Krieger Amanzor ihren Anfang nimmt.

«Der Triumph des Komponisten war vollkommen», resümierte der Berichterstatter von «La Quotidienne» die Ereignisse jenes folgenschweren Abends des 9. Oktober 1826. Der lautstarke Beifall im Salle le Peletier, wo die Grand Opéra damals untergebracht war, wollte kein Ende nehmen, und noch während der Nacht zogen die Musiker vor das Haus des Maestro, um ihn dort mit der Finalmusik seiner Neuschöpfung zu ehren.

Freilich blieben auch seine Kritiker nicht stumm, doch ihre Anwürfe gingen im allgemeinen Jubel unter – und im «Lärm», den Rossinis Posaunen, Trommeln und Becken zweifellos verursachten.

Die große französische Oper hatte in Rossini einen vorbildlichen Wegweiser gefunden, der dem bisher allzu artifiziellen Belcanto eine Leidenschaft und einen menschlichen Ausdruck verlieh, die manchen Kritiker verblüfften – und einen Rossinianer wie Auguste Laget verunsichern mußten: «Wer würde je gedacht haben, daß gerade Rossini, der König der Melodie, nachdem er so viele berühmte Sänger geschult hat, sich gegen seine eigene Methode wendet und einmal, ein verhängnisvolles Mal, falschen Göttern opfert, worauf mehrere andere Komponisten seinem Beispiel folgen und andere wiederum ein System darauf aufbauen, was für ihn nichts als ein Zwischenfall, eine Laune war? . . .»[89]

Wo Laget nur «Laune» vermutet, offenbart sich in Wirklichkeit eine neue musikalisch-dramatische Konzeption, die das Paradigma von individueller Empfindung und gesellschaftlicher Verpflichtung nicht zuletzt in den Akt-Finali als Ensemble der Solisten mit dem Chor zum Ausdruck bringt. Dem Zusammenklang der diskursiven Elemente entspricht außerdem der deutlich sinfonische Charakter der Orchesterteile.

Als ebenso bedeutsames Ereignis wurde am 26. März 1827 die französische Fassung des «Mosè», «Moïse», gefeiert, dessen Libretto Balocchi zusammen mit Étienne Jouy neu entworfen hatte. «Moïse et Pharaon, ou Le Passage de la Mer Rouge» (Moses und Pharao) hielt sich über zehn Jahre lang im Repertoire der Pariser Oper als Markstein einer «lyrischen Revolution», die «dem französischen Schreien keine Chance der Wiederkehr» mehr gab, wie in der «Gazette de France» zu lesen stand.

Noch während der Proben zu «Moïse» starb Rossinis Mutter in Bologna an einem chronischen Herzleiden. Die Trauer um ihren Verlust weckte in Rossini gleichzeitig wieder die Sehnsucht nach Italien und familiärem Zusammensein, das ihm weder die Pariser Salons noch seine ihm fremd gewordene Frau vermitteln konnten. Was ihnen als gemeinsames Gefühl noch blieb, war die Einsamkeit: sie, eine Künstlerin, deren Ruhm verblaßt war, und er, als größter lebender Komponist gefeierter Held einer Gesellschaft, die ihren Dünkel an seinen Kunstprodukten nährte und ihm keine andere Chance ließ, denn als «Chevalier» der Ehrenlegion und Image-Macher der «gehobenen» französischen Kultur den Bonvivant zu spielen und seinen Verlegern zu hohem Verdienst zu verhelfen. Die Suppe, die er sich mit seiner Erfolgsstrategie eingebrockt hatte, war freilich eine «Crème d'amande», die auszulöffeln einem Gourmet, der Rossini zweifellos war, keine Probleme hätte bereiten dürfen. Aber seinen Hunger nach menschlicher Zuneigung, nach Liebe und Geborgenheit vermochten auch die kulinarischen Köstlichkeiten, für die er so schwärmte, nicht zu stillen. Im März ließ er seinen achtundsechzigjährigen Vater nach Paris kommen und suchte bei jeder sich bietenden Gelegenheit die Gesellschaft seiner italienischen Freunde, die sich hin und wieder in der Stadt aufhielten. An Dr. Conti schrieb er nach Bologna: «Umarmen Sie alle unsere Freunde, und sagen Sie ihnen, daß ihre Abreise aus Paris in mir mehr als je zuvor den Drang wachgerufen hat, in die Heimat zurückzukehren, und ich werde es früher, als sie denken, tun.»

Vorerst aber zog sich Rossini auf ein Schloß in Petit-Bourg zurück, um dort in Ruhe seine letzte Oper, «Guillaume Tell» (Wilhelm Tell), zu komponieren.

Daß der müde gewordene Komponist beabsichtigte, dem nervenaufreibenden Opernbetrieb demnächst endgültig den Rücken zuzukehren, blieb auch der Öffentlichkeit dank einer

Notiz in der «Revue Musicale» nicht verborgen: «Rossini hat versprochen, ‹Guillaume Tell› zu schreiben, hat aber selbst bemerkt, daß er über dieses Versprechen nicht hinausgehen werde und daß diese Oper seine letzte sein würde.»[90]

Mit dem heiteren Melodram «Le Comte Ory» (Graf Ory), das am 20. August 1828 zu einer ebenfalls vielbejubelten Aufführung gekommen war, hatte sich Rossini bereits vom komischen Genre verabschiedet. Und nun kämpfte er sich durch die siebenhundert Verse einer monumentalen Tell-Tragödie, die Étienne Jouy aus Schillers Drama fabriziert hatte. Um das Werk auf ein spielbares Maß zu bringen, heuerte der Komponist einen gewissen Hippolyte-Louis-Florent Bis als Nachbearbeiter des nur schwer überschaubaren Textes an und ließ sich außerdem von Armand Marrast eine Szene nach seinem Geschmack neu schreiben.

Drohten die Papierberge auf Rossinis Schreibtisch schon ins Unermeßliche zu wachsen, so tat der Schriftverkehr, den der «Compositeur du Roi» mit den königlichen Haushältern zwecks Klärung seiner Vertragsverhältnisse führte, ein übriges. Ohne Geld wollte Rossini sein Frührentnerdasein in Italien nun doch nicht fristen und pokerte mit den Karten seines Ruhms gefährlich hoch. Sechstausend Francs verlangte er als Jahresrente auf Lebenszeit und fünfzehntausend für jede der fünf Opern, die er in den nächsten zehn Jahren für Paris schreiben und dort auch einstudieren würde. So schnell der König auch bereit war, den Forderungen seines Renommiermusikers zu entsprechen, so skeptisch standen seine Beamten dem kostenträchtigen Ansinnen des Stars gegenüber – hatte es sich doch herumgesprochen, daß Rossinis Interesse an der Opernschreiberei erlahmt war.

Doch Rossini versuchte diese berechtigten Zweifel zu zerstreuen, indem er an den königlichen Ratgeber La Rochefoucauld schrieb: «Mein eigenes Interesse hat nichts damit zu tun, und das werden Sie nicht bezweifeln. Denn ich habe vorteilhafte Angebote aus England, Deutschland, Rußland und Italien erhalten; ich habe sie alle abgewiesen. Meine Laufbahn als Musiker ist in jeder Hinsicht so weit fortgeschritten, daß ich sie nicht zu verlängern brauche, und nichts würde mich davon abhalten, in meinem Vaterland die verdiente Ruhe zu genießen, wenn ich nicht von Herzen wünschte, seiner Majestät dem König von Frankreich meine große Dankbarkeit zu beweisen, da er mich stets mit seiner gnädigen Gunst geehrt hat. Auch möchte ich weiterhin meine Tätigkeit dem Großen Theater widmen, das dieser großzügige Fürst beschützt, und mich bemühen, an dem Erfolg und dem Ruhm dieses großartigen Unternehmens mitzuarbeiten, das nicht seinesgleichen in Europa hat.

Dies ist mein einziger Wunsch und meine einzige Absicht. Bestimmt ist das neue Abkommen vorteilhafter als das alte für den königlichen Haushalt und die Direktion der Opéra, da es die Anzahl der zu schreibenden Opern und die Daten für deren Aufführungen festlegt, was in dem ersten Vertrag nur angedeutet ist.»

Und um seinem so blumig formulierten Ansinnen Nachdruck zu verleihen, setzte er die bereits begonnenen Proben zu «Guillaume Tell» kurzerhand aus und erzwang damit die königliche Signatur unter den selbstdiktierten Vertrag.

Inzwischen waren fünf Monate ins Land gezogen; und während die Schweizer Urkantone auf der Bühne der Grand Opéra den Aufstand probten, bahnten sich draußen auf den Pariser Straßen Hungerrevolten an.

Fehlplanungen und schlechte Ernteerträge hatten zur Verschärfung der wirtschaftlichen Rezession beigetragen, an deren Ende Brotteuerung, Lohnverfall und Massenarbeitslosigkeit standen. Im bitterkalten Winter 1828, den Rossini wieder in der Stadt verbrachte, um die Proben zu «Wilhelm Tell»zu leiten, wonach er sich einer Zeitungsmeldung zufolge «nach Bologna zurückziehen und in Frieden seinen Ruhm und seinen wohlverdienten Reichtum genießen» wollte, irrten zahllose ausgesetzte Kinder hungernd und frierend durch die Straßen von Paris.

Auch der regnerische Sommer des folgenden Jahres brachte keine Linderung des Elends – was den Jockeyclub und die Damen und Herren der Pariser Gesellschaft nicht davon abhielt, sich an der künstlich erzeugten Sonne zu erfreuen, die am 3. August am

Theaterhimmel der Opéra zum Wohl der befreiten Eidgenossen und zum Ruhme Rossinis aufging.

«An diesem Abend begann ein neues Zeitalter, nicht nur für die französische Musik, sondern auch für die dramatische Musik aller Länder»[91], konstatierte «Le Globe», obwohl sich die Begeisterung des Publikums in Grenzen hielt. Für dessen Geschmack war der Liebling der Nation mit dem Verzicht auf Bravourarien und ausgedehnte Koloraturen zu weit vom Pfad italienischer Operntugend abgekommen, was ihm aber andererseits die Absolution von so manchen bisherigen Gegnern verschaffte und sogar den Anti-Rossinianer Berlioz zur Äußerung veranlaßte: «... man muß zugeben, daß dieser Teil [Vorspiel] als Ganzes mit unanfechtbarer Überlegenheit behandelt ist, mit einem Schwung, den Rossini vielleicht bislang noch nie so hinreißend demonstriert hat, und daß das Vorspiel zu ‹Guillaume Tell› das Werk eines unermeßlichen Talents ist, das dem Genie zum Verwechseln ähnlich sieht»[92].

Was der französische Romantiker par excellence hier in bezug auf die «Tell»-Ouvertüre sagt, mag für das Stück als Ganzes zutreffen, das als Rossinis Opern-Testament eine eingehendere Betrachtung verdient.

Die Oper «Guillaume Tell»

Keine andere Oper Rossinis erfuhr im Verlauf ihrer Rezeptionsgeschichte so viele Amputationen und Modifikationen wie dieser «Tell», und damit stand das Werk in einer zweifelhaften Tradition, die schon mit Friedrich Schiller ihren Anfang nahm.

Nach der Uraufführung des Dramas in Weimar am 13. April 1804 empfahl er selbst, aus dramaturgischen, wohl aber auch politischen Gründen, seiner Nachbearbeitung den Vorrang zu geben. «Sie ist sehr wesentlich verkürzt und zum Beispiel der ganze fünfte Akt weggelassen, weil wir des Kaisers Mord nicht erwähnen wollten. Auch sind viele Personen in wenige verwandelt, viele schwierige oder bedenkliche Stellen weggelassen.»[93] Solch rigorosen Umgang mit Literatur kennt man eigentlich nur von Librettisten, die, der Eigengesetzlichkeit der Oper gehorchend, hier einen Text auf singbare Länge zusammenstreichen und dort eine musikdramaturgisch erforderliche Arie in die Länge dehnen mußten. Tatsächlich trug sich Schiller selbst mit dem Gedanken, sein Opus musiktauglich zu machen, hatte er doch «immer ein gewisses Vertrauen zur Oper, daß aus ihr wie aus den Chören des alten Bacchusfestes das Trauerspiel in einer edleren Gestalt sich loswickeln sollte . . . Die Oper stimmt durch die Macht der Musik und durch eine freiere harmonische Reizung der Sinnlichkeit das Gemüt zu einer schöneren Empfängnis; hier ist wirklich auch im Pathos selbst ein freieres Spiel, weil die Musik es begleitet, und das Wunderbare, welches hier einmal geduldet wird, müßte notwendig gegen den Stoff gleichgültig machen.»[94]

So duldete er es, daß Franz Destouches in Weimar und Bernhard Anselm Weber in Berlin seinen «Wilhelm Tell» mit Musik romantisch ausstaffierten, um damit den Leuten, die «auf solche Volksgegenstände ganz erpicht» waren, zu gefallen. «Die Werke des dramatischen Dichters werden schneller als alle anderen von dem Zeitstrom ergriffen, er kommt selbst wider Willen mit der großen Masse in eine vielseitige Berührung . . .»[95]

Rossini hätte gut daran getan, sich von vornherein an Schillers Drama mit seinem melodramatischen Klang, den ariosen Monologen und vor allem den chorartigen Massenszenen zu halten, statt sich den Brei durch allzu viele Köche verderben zu lassen. Von seiner literarischen Erbärmlichkeit ganz abgesehen, geriet der Text ins Uferlose, und Rossini war mehr damit beschäftigt, das Stück auf ein spielbares Maß zurechtzustutzen, als die Substanz der Geschichte herauszuarbeiten. Schließlich sah er sich mit einem völlig unausgewogenen Machwerk konfrontiert, dem er nun mit Musik beizukommen hatte.

Da die Oper nach ihrer Fertigstellung noch immer zu lang war, strich Rossini einige Rezitative, eine Arie und den Schluß des zweiten Akts aus dem Autograph – was nicht verhindern konnte, daß nach der Uraufführung weitere Kürzungen vorgenommen werden mußten.

Ein übriges taten die Sänger, namentlich Adolphe Nourrit, der sich mit seiner Arie im vierten Akt überfordert sah und diese nach den ersten Vorstellungen einfach ausließ.

Kaum jemand in Paris sah das Werk zweimal in derselben Fassung, und Rossini entschloß sich schließlich, eine dreiaktige Umarbeitung vorzunehmen. Von dramaturgischer Stringenz konnte schon lange keine Rede mehr sein, und so erstaunt es nicht, daß zwischendurch auch nur mal der zweite Akt zur Aufführung kam und der verbleibende Opernabend vom Ballett vertanzt wurde. Als der Direktor der Opéra, Charles Duponchel, bei einer Begegnung mit Rossini stolz darauf verwies, daß am Abend der zweite Akt von «Guillaume Tell» gegeben würde, soll dieser geantwortet haben: «Ah! Wirklich? Alles – der ganze Akt?»

Für weitere Verunstaltungen dieser letzten Oper Rossinis sorgten die Zensurbehörden in England und Italien, wo das Werk hier unter dem Titel «Hofer, or the Tell of the Tyrol», dort als «Guglielmo Vallace» oder «Rudolfo di Sterlinga» in Szene gesetzt wurde.

Daß dabei von der ursprünglichen Geschichte nicht mehr viel übrigblieb, lag auf der Hand – und die beginnt im Hause Tells:

Während seine Frau Hedwig und der Sohn Jemmy ihre Arbeit verrichten, grübelt der Alpenjäger Wilhelm Tell über die Unterdrückung der Schweiz durch den Landvogt Geßler nach. Dieser taucht alsbald mit seinen Schergen auf, um das Dorf in Brand zu stecken und den alten Melchthal gefangenzunehmen und später zu töten. Melchthals Sohn Arnold gibt darauf seine heimliche Liebe zu Mathilde, der Prinzessin von Habsburg, auf und schließt sich dem Widerstand seiner Landsleute an.

Auf dem Marktplatz von Altdorf hat Geßler indessen seinen Hut auf eine Stange gepflanzt, damit jeder sein Knie davor beuge. Doch Wilhelm Tell verweigert den Gruß, worauf ihn der Landvogt zwingt, einen Apfel vom Haupt seines Kindes Jemmy zu schießen – was dem vortrefflichen Armbrustschützen auch gelingt, ihn und seinen Sohn vor der Festnahme jedoch nicht bewahrt.

Auf der Rütliwiese schwören daraufhin die Helvetier, sich gemeinsam gegen die Unterdrücker zu erheben, von denen sich nun auch die Prinzessin Mathilde losgesagt hat und Hedwig ihren Sohn zurückbringt. Jemmy gibt nun selbst das Feuerzeichen zum Aufstand, indem er das Elternhaus anzündet. Der Gefangene Tell aber rettet sich während der Überfahrt nach Küßnacht selbst und streckt dort seinen Verfolger Geßler mit einem Pfeil nieder.

Als dessen Festung bei Altdorf schließlich von Arnolds Leuten zu Fall gebracht wird, haben die Eidgenossen den Sieg und damit ihre endgültige Freiheit errungen.

Wenn Rossinis Autoren im ganzen gesehen auch dem Handlungsstrang Schillers folgen, so fällt doch die Zusammenlegung der Apfelschußszene mit Tells verweigertem Gruß auf und daß der Tod des Tyrannen an den Schluß der Oper gestellt ist. Solche Modifizierungen waren aus melodramatischen Gründen offenbar notwendig. Rezitative und Gesangsnummern reflektieren die angespannte Situation, die sich im jeweiligen Aktschluß in einer dramatischen Tat entlädt und für das gebotene Finale Anlaß gibt.

Der diskursive und argumentative Charakter von Schillers Drama wird – man mag es bedauern – zurückgedrängt zugunsten der lyrisch-kantablen Situationen. Die Diskussionen, die bei Schiller der alte Attinghausen mit Rudenz oder Stauffacher mit Gertrud führt, sind bei Rossini (melo-)dramatisch subsumiert im Konflikt zwischen Arnold und Mathilde. Dies erspart den Autoren ausgedehnte Rezitative – und Personal. Aus den zweiundvierzig Handlungsträgern sind bei Rossini elf geworden: eine Anzahl, die den Stimmenproporz noch gewährleistet.

Daß der Erste Tenor bei Rossini nicht Tell, sondern Arnold und der Erste Sopran dementsprechend Mathilde heißt, spricht für die romantisierend-idealistische Lesart des Stoffs.

Wieder steht eine unerfüllbare Liebe im Mittelpunkt der Geschichte, die dem individuellen Wohlergehen das große Glück der Befreiung antizipiert.

Als wollten sie die erste Sopranrolle dramatisch aufwerten, machen die Librettisten aus der Habsburgererbin Berta von Brunegg eine österreichische Prinzessin, die sich spät, aber mit um so ergreifenderer Geste zu den Eidgenossen bekennt. Daß sich ihre Läuterung an Arnold und dem Kind Jemmy vollzieht und nicht an Tell, hat wiederum melodramatisches Kalkül. Gegenüber Arnold, der sich in seinen Arien bis übers hohe C hinaus versteigen darf, bleibt Tell als Bariton dem Rezitativ verhaftet und erhält nur wenig Gelegenheit, seine Gefühlswelt zu offenbaren, obwohl er die Handlung vor allem im zweiten und dritten Akt beherrscht.

Der konfliktreiche Zauderer Schillers hat sich zum Überzeugungstäter gewandelt, dessen kämpferische Haltung von vornherein auf Freiheit, koste sie, was sie wolle, ausgerichtet ist.

Wozu hätte Rossini also die Handlung vom Tell-Sprung bis zur Ermordung Geßlers noch mit einer Arie aufhalten sollen, die sich – wäre er Schillers Intentionen gefolgt – im Monolog «Durch diese hohle Gasse muß er kommen» angeboten hätte?

So aber bleibt das solistische Gebaren Arnold und Mathilde vorbehalten, die als lyrisches Gegengewicht zum dramatischen Geschehen das Ensemble dominieren.

Obwohl über weite Strecken sinfonisch musiziert wird und Leitmotive die Handlung begleiten, haben wir es mit einer Nummernoper zu tun, deren Teile rezitativisch verbunden sind.

Daß nach Verdis Urteil «da ein Zuviel ist, dort ein Zuwenig», ist nicht zuletzt den allzu ausgiebigen Tanzeinlagen zu verdanken, auf die das Pariser Opernpublikum versessen war und die doch diese «fatale Atmosphäre der Oper», will sagen: die mangelnde Geschlossenheit, verschulden. Wenn der ausgesprochen musikalisch empfindende Schiller etwa bei der Ermordung Geßlers einen Hochzeitszug mit Musikanten auftreten läßt, so konterkariert er damit den schrecklichen Vorgang und gibt mit dem Verstummen der Instrumente der Tat dramatisches Gewicht. Wenn Rossini hingegen schon im ersten Akt die Schweizer ausführlich tanzen läßt, so bedient er lediglich sein Publikum mit älplerischer Folklore. Wie wenig er sich diesbezüglich um dramaturgischen Zusammenhalt bemühte, belegt der Tanz der Geßler-Meute mit den Schweizerinnen im dritten Akt. Unmittelbar bevor Tell zum Apfelschuß ansetzen muß, zwingt Geßler die Frauen und Mädchen zum Tanz mit den Soldaten:

«Was ihr Schweizer verdankt dem deutschen Reiche,
erwägt es tief in eurer Brust,
dankbar sich die Schweiz ihm erzeige.
Feiert ihn, diesen Tag, mit Lust!
Entfloh'n ist heut' ein Jahrhundert, seit unsre Siege
euch dem deutschen Zepter geweiht.
Auf, feiert jene Zeit,
diesen Tag, ihr geweiht,
ihn, eures Glückes Wiege
lustbereit.»

Welch eine Demütigung – würde man meinen. Statt dessen gerät die Musiknummer zum frohen Beisammensein des Balletts mit dem Publikum.

Dabei beweist der Komponist an anderer Stelle durchaus sein Vermögen, der Atmosphäre von Angst, Gewalt und Aufruhr musikalisch Gestalt zu geben.

Die ständige Präsenz der Hörner in ihrer Doppelfunktion als romantische Stimmungsträger einerseits und Fanfaren des Tyrannen andererseits verweisen auf die Dialektik von Naturgewalt und menschlicher Herrschaft. Als Spiegelung der politischen Vorgänge dienen die Naturphänomene Sturm, Lawine, Föhn und schließlich das Bild «du ciel après l'orage» (des Himmels nach dem Gewitter) – Metaphern, denen sich Rossinis Librettisten mit besonderer Aufmerksamkeit zugewandt haben und an denen sich der Komponist als Romantiker probierte.

Wo in Beethovens Sechster Sinfonie die Naturbilder selbst zur Musik und damit zum Ausdruck innerster Empfindungen werden, blieben sie bei Rossini doch nur Anlaß, alle Register seiner Instrumentierungskunst zu ziehen. In den sinfonischen Passagen, wozu natürlich zuallererst die Ouvertüre gehört, gelangen ihm allerdings atmosphärische Hintergründe für die Handlung, die für das romantische Musikdrama des 19. Jahrhunderts richtungweisend wurden. Ähnlich Beethovens angesprochener Sinfonie sind seine musikalischen Stürme eingebettet in einen ruhigharmonischen Auftakt mit Kuhglockengeläute (bei Beethoven «das Erwachen heiterer Gefühle auf dem Lande») und dem friedvollen, sonnigen Schluß («dankbare Gefühle nach dem Sturm» bei Beethoven). Sinfonisch aufgearbeitet, gibt die berühmte Ouvertüre mit dem Cello-Idyll, mit Gewitter, Alpenreigen und Triumph der Eidgenossen die dramatische Struktur der ganzen Oper wieder.

Der Wahlfranzose Rossini hatte in diesem ebenso empfindungsreichen wie empfindsamen Vorspiel, den dramatischen Gedanken folgend, seine italienische Herkunft überwunden – und sich selbst dabei verloren.

Mit seinem Abschied von der Opera buffa, der er in Italien zu einer letzten Kulmination verholfen hatte, bevor ihr Abstieg begann, gab es kein Zurück mehr. Seit zehn Jahren war ihm aus Italien kein Auftrag zu einer komischen Oper mehr erteilt worden. Statt dessen übertrug er, den Spätneapolitanern folgend, die formalen Eigenschaften der Opera buffa konsequent auf die verstaubte «Seria», verschmolz die einzelnen Teile zu einem musikalischen Ganzen und verbannte das «Recitativo secco» aus der ernsten Oper. In den Einleitungen und Finali brachte er nach und nach Solisten und Chöre auf dramatische Übereinstimmung – ohne jedoch ihre Eigenheiten, wie etwa die oft allzu langen Kadenzen, auszumerzen. Nach «Otello» verstärkten sich die dramatischen Komponenten nicht nur in seiner Melodik, sondern auch im harmonischen Gefüge des immer reichhaltiger und nuancierter instrumentierten Orchesters. Der italienische «Canto fiorito» verband sich in seiner Pariser Fassung des «Mosè» mit dem französisch-deklamatorischen Gesangsstil, und seine letzten Opern lassen Rossinis Bemühen um einen textadäquaten Ausdruck spüren.

Doch was Verdi später meisterhaft beherrschte, nämlich eine Oper im großen dramatischen Bogen zu komponieren, das konnte Rossini so nicht gelingen. Auf die für ihn typischen federnden Rhythmen und leichtfüßigen Melodien wollte er nicht verzichten, auf jenen «Glanz», den seiner Meinung nach Bellinis «so gefühlvolle und bis zu derartigen philosophischen Schlußfolgerungen durchgeführte»[96] Opern vermissen ließen.

Angesichts der Tendenzen einer Zeit, die sich Bellinis und Meyerbeers Pathos und der raffinierten Hintergründigkeit ihrer Musik aufschloß, war der Verfechter der «Melodia semplice» und des «Ritmo chiaro» am Ende.

Am 6. September 1829 war Rossini wieder daheim: in Castenaso, wo er mit seiner Frau im eigenen Haus die ersten Monate verbrachte, und später in seinem Bologneser Palazzo.

Der Winter dieses Jahres brachte endlich die langersehnte Entspannung und das Wiedersehen mit Freunden und Bekannten, deren Gesellschaft er um so mehr genoß, als ihm die Gegenwart seiner Frau Isabella immer unerträglicher wurde.

Im Frühjahr 1830 zog das Ehepaar wieder nach Castenaso, wo den achtunddreißigjährigen Komponisten neuer Schaffensdrang überkam. Seit neun Monaten hatte er nun nichts mehr aus Paris gehört, und er fürchtete schon um die Einhaltung seines kostenträchtigen Vertrags. Also schrieb er nun selbst an Rochefoucauld und bat um die Übersendung eines Librettos, «denn ich möchte, daß meine Arbeit und mein Eifer Ihnen den Beweis liefern, daß ich Sie zu befriedigen wünsche»[97]. Diesem Wunsch standen allerdings das Bedürfnis, «in meinem Vaterland zu wohnen, wo ich meinem Vater seine letzten Jahre angenehm zu machen hoffe»[98], und die politischen Ereignisse in Paris entgegen.

Dort war am 27. Juli 1830 eine blutige Revolution ausgebrochen, die schon nach drei Tagen den Sturz Charles' X. zur Folge hatte und den liberalen «Bürgerkönig» Louis-Philippe auf dessen Thron brachte.

Rossini, dem politisches Gezeter, Aufruhr und Gewalt zutiefst zuwider waren, hatte sich also offenbar rechtzeitig aus Paris abgesetzt. Daß dies sowie der forcierte Vertragsabschluß im Wissen um bevorstehende gewalttätige Auseinandersetzungen kalkuliert gewesen war, steht allerdings zu bezweifeln.

Es ist gerade die Eigenart dieser Julirevolution, daß niemand damit rechnen konnte, zumal sich in den Monaten davor die wirtschaftliche Lage der französischen Metropole erheblich gebessert und die Konjunktur wieder angezogen hatte. Wer sich zur Arbeitssuche auf der Place de Grève einfand, hatte beste Aussichten auf Beschäftigung, und die Polizeiberichte konstatierten täglich eine «tranquilleté la plus parfaite». Die Politik der Restauration sah sich aufs neue bestätigt und glaubte, es sich leisten zu können, der ohnehin schwachen liberalen Opposition endlich den Garaus machen. In dieser Absicht wurde die Kammer kurzerhand aufgelöst, und für den 3. Juli wurden Neuwahlen angesetzt. Das Wahlergebnis war verheerend: Statt der erwarteten Eliminierung der Opposition stand den Royalisten nun eine Zwei-Drittel-Mehrheit von liberal gesinnten Abgeordneten gegenüber. Charles X. wußte sich aus diesem Dilemma nicht anders zu retten, als mit königlichen Erlassen erst die Presse mundtot zu machen und dann die Kammer wiederum aufzulösen, um sie unter neuen Wahlrechtsbestimmungen ein weiteres Mal in seinem Sinne zu konstituieren.

Doch so weit kam es nicht mehr. Als die Polizei vor den Augen der überraschten Bevölkerung Druckerpressen konfiszierte und Geschäftsinhaber verhaftete, schlug die öffentliche Stimmung in passiven Widerstand um. Die oppositionelle Presse – zu der auch «Le Globe» zählte –, die noch kurz zuvor mit Rossinis «Guillaume Tell» eine neue Zeit anbrechen sah, gab schließlich das Zeichen zur Revolte.

«Man verteilte Ausgaben dieser Zeitungen zu Hunderten in den Cafés, in den Lesekabinetten und Restaurants. Journalisten liefen von Werkstatt zu Werkstatt, von Geschäft zu Geschäft, um aus diesen Zeitungen vorzulesen und das Gelesene zu kommentieren. Man sah gut angezogene, elegante Männer, die auf die Prellsteine stiegen und sich an die vorüberflutende Menge wandten, während Studenten, die wegen der natürlichen Erregbarkeit der Jugend aus ihrem Viertel angelockt worden waren, mit Stöcken bewaffnet durch die Straßen rannten, ihre Hüte schwenkten und dabei laut ‹vive la charte!› riefen.»[99]

Während die politische Opposition angesichts der unübersichtlichen Lage sich verängstigt in unergiebigen Beratungen verzettelte, wütete draußen auf den Straßen zwei Tage lang der Pöbel. Der politische Fehltritt des Bourbonenherrschers brachte eine Lawine ins Rollen, die sich nun endlich vom Hang der Depression löste und erst zum Stehen kam, als die Trikolore auf Notre Dame wieder von Revolution und Napoleons Empire kündete, das die Bourbonen so schmählich verraten hatten.

Ein Mythos war wiedererstanden, mit dem sich auch die bürgerlich unterprivilegierte «Classe labourieuse» identifizieren konnte und dafür dreitausend Tote und Verletzte opferte.

Das Ergebnis war bei Licht besehen allerdings mehr als dürftig. Die Bourgeoisie hatte einen neuen König und die Masse der Arbeiter, Handwerker und kleinen Ladenbesitzer die alten Sorgen. «Die heilige Revolte, die sich zutrug, verdient nicht den Namen einer Revolution; nichts wirklich Grundlegendes wurde an der vorherrschenden sozialen Struktur verändert; einige Namen, die Nationalfarben, das Staatswappen, einige Gesetzesänderungen . . .; darin erschöpfen sich die Errungenschaften dieser Tage der Trauer und des Ruhms.»[100]

Im September dieses Jahres war auch Rossini wieder in Paris, um seine Verlagsgeschäfte und vertraglichen Angelegenheiten an Ort und Stelle zu regeln. Seine Frau hatte er bei seinem Vater in Bologna zurückgelassen, da er glaubte – oder auch nur vorgab –, einen Monat später wieder zurück zu sein.

Von Euphorie konnte in der Stadt seiner letzten Erfolge allerdings keine Rede mehr sein. Es war wieder Herbst geworden in Frankreich, und die blau-weiß-roten Fahnen hingen traurig in den trüben Himmel von Paris hinein. «Es herrscht hier große Traurigkeit und riesige Aufregung, aber ich hoffe, Sie sehr bald wieder zu umarmen und die herrliche Ruhe von Bologna zu genießen, die ich allem anderen vorziehe» [101], schrieb Rossini aus Paris, wo er eine kleine Dachwohnung über dem Théâtre Italien bezogen hatte.

Die Zeit, die der langwierige Streit um seine Rentenregelung beanspruchte, widmete die «graue Eminenz» Rossini wieder dem Théâtre Italien und seinem adligen Freund Alexandre Aguado. Des Pariser Winters überdrüssig und angewidert von den Querelen mit den königlichen Haushältern, machte sich der Komponist zusammen mit seinem Gönner kurz entschlossen auf den Weg nach Spanien, um sich wenigstens für geringe Zeit im Glanz des südländischen Himmels und des Erfolgs beim Madrider Opernpublikum zu sonnen.

An die Visite bei König Ferdinand VII., der mehr seinen Zigarren als der Musik zugeneigt war, erinnerte sich Rossini Jahre später: «Der König empfing mich und rauchte in Gegenwart der Königin. Er sah nicht sehr anziehend oder gar sauber aus. Nachdem wir ein paar Freundlichkeiten ausgetauscht hatten, bot er mir freundlicherweise eine schon halb gerauchte Zigarre an. Ich verbeugte mich und dankte ihm, nahm aber sein Angebot nicht an. ‹Sie sollten nicht ablehnen›, sagte María Cristina leise in gutem neapolitanischen Dialekt, ‹dies ist eine Gunst, die nicht vielen erwiesen wird.› ‹Eure Majestät›, antwortete ich ebenso, ‹erst einmal rauche ich nicht; zweitens könnte ich unter diesen Umständen nicht für die Folgen aufkommen.› Die Königin lachte, und meine Frechheit hatte keine weiteren Folgen . . .

Die Freundlichkeit, die mir Francesco, der Bruder der Königin, erwies, war viel ungefährlicher. María Cristina hatte mir bereits zu verstehen gegeben, daß ich in ihm einen großen Bewunderer finden würde. Sie riet mir, sofort nach meiner Audienz bei dem König zu ihm zu gehen. Ich traf ihn allein mit seiner Frau beim Musizieren, und ich glaubte, daß die Partitur einer meiner Opern auf dem Klavier stand. Nach einer kurzen Unterhaltung wandte sich Francesco sehr freundlich zu mir und sagte, daß er mich um einen großen Gefallen bitten wolle. ‹Erlauben Sie mir, die Arie des Assur für Sie zu singen – aber bühnenmäßig.› Ich war etwas erstaunt und wußte nicht, was das bedeutete, und dann setzte ich mich ans Klavier, um ihn zu begleiten. Inzwischen war der Prinz ans andere Ende des Salons gegangen, nahm eine Stellung wie auf der Bühne ein und fing dann zum größten Vergnügen seiner Frau an, die Arie mit allerlei Bewegungen und Gesten zu singen. Ich muß sagen, daß ich noch nie so etwas erlebt hatte.»[102]

Alles was Rang und Namen hatte, wollte des Maestros in irgendeiner Form teilhaftig werden. So auch der Prälat Varela, der gern eine Reliquie des Begnadeten in Form einer handschriftlichen Partitur sein eigen genannt hätte. Ein «Stabat Mater dolorosa» sollte es sein, und der angebetete Komponist kam nicht umhin, sich mildtätig zu zeigen und ohne Honorar – eine mit Diamanten besetzte Tabakdose sollte ihm genügen – das Wunder zu vollbringen. Doch auch der Dämon schlief nicht: Ein Hexenschuß hinderte Rossini an der Arbeit; und so gern er es bei den ersten Akten belassen hätte, so sehr insistierte Varela auf Vollendung.

Schließlich blieb dem Bedrängten nichts anderes übrig, als in Paris jemand anderen auf das geistliche Werk anzusetzen und den bereits komponierten Teilen das Fehlende hinzufügen zu lassen. Sein ehemaliger Studienkollege Giovanni Tadolini entledigte sich dieses Auftrags mit Anstand und großem Respekt vor Rossini einerseits und Giovanni Battista Pergolesi andererseits, der schon knapp hundert Jahre früher ein berühmtes «Stabat Mater» auf denselben lateinischen Text geschrieben hatte.

So verging ein ganzes Jahr über der Fertigstellung der Partitur. Als der Erzdiakon von Madrid das geistliche Werk im März 1832 endlich in Händen hatte, konnte er nicht ahnen, daß es nur zum Teil aus Rossinis Feder stammte und daß seine Gläubigen bei der Madrider Erstaufführung zu Ostern 1833 eine Fassung zu hören bekamen, deren Veröffentlichung der Komponist strikt untersagt hatte. Seinem Pariser Verleger Troupenas stellte Rossini dafür ein durchweg eigenes «Stabat Mater» in Aussicht, das zehn Jahre später bezeichnenderweise im Théâtre Italien zur Uraufführung kam.

«Stabat Mater»

Es ist viel mehr der Opernkomponist als der Kirchenmusiker, der hier die Summe seines Komponistenlebens zieht und seine musikalische Denkungsart der stilistischen Vielfalt italienischer Tonkunst dokumentiert.

Dabei hielt es Rossini nicht für sinnvoll – so erzählte er später Wagner –, genau den Sinn des Textes nachzuzeichnen, da er befürchtete, hierdurch die musikalische Form zu ruinieren. Er ähnelt darin Igor Strawinski, der sich gegen die «Versklavung der Musik durch die Sprache» wandte.

Und in der Tat könnten die rhythmische Prägnanz der Tenorarie «Cuius animam», die orchestrale Gewalt der «Introduktion» oder der Sopranarie «Inflammatus» und die virtuosen Holzbläser zu Beginn der Cavatina «Fac ut portem» auch von ganz anderen Dingen erzählen als von den Schmerzen Marias.

Deshalb mußte sich Rossini, wie so oft, von mancher Seite den Vorwurf gefallen lassen, nicht den rechten Ton für einen Text gefunden zu haben, der von Angst und Jammer, Qual und Bangen spricht. Seine «Gioia fisica del ritmo et del suono», die physische Lust an Klang und Rhythmus, war freilich nicht nach dem Gusto seiner Zeitgenossen und hatte in der Kirche, dem Ort der Verinnerlichung und Erhabenheit, nichts zu suchen.

Rossinis Gotteslob bestand nun mal nicht aus Verkündigung, sondern aus Musik. Und wie er mitunter das Geschehen auf der Opernbühne in erster Linie als optische Entsprechung eines rein musikalischen Vorgangs sah, als Spiel der Formen bis hin zur Nichtbedeutung, so nahm er auch diesen Text zum Anlaß, um ihm mit den objektivierenden Mitteln von Klang und Rhythmus eine vielgestaltige Form zu geben. Von Empfindsamkeit ist darin nichts zu spüren, wohl aber von Empfindung; und die orientiert sich nicht an den gängigen Mustern vom Schmerzens-Moll und Freuden-Dur, sondern am Leben selbst. Die Worte Schillers, der meinte, daß der Mensch nur da ganz Mensch sei, wo er spiele, könnte man auf den Italiener hinsichtlich seiner Singfreudigkeit anwenden. «Wir Italiener wollen nicht vergessen, daß die Musik ganz absolut und ausdrucksvoll sein soll.»[103]

Das Singen als Lebensäußerung fragt nicht nach Ort und Stunde und bedarf keines bestimmten Anlasses. Als vitales Bedürfnis lebt es aus sich selbst heraus und ist zuallerletzt dazu da, einen Gegenstand oder Sachverhalt zu beschreiben.

Die Begeisterung, auf die Rossinis Musik trotz der Einwände mancher Ästhetiker stieß, liegt in diesem Phänomen begründet. Ob es sich um eine Oper oder um ein geistliches Werk handelt, stets spricht Rossini die «Gioia fisica» auch in seinem Zuhörer an. Dieser fragt nicht nach Herkunft und Bestimmung einer Musik, die ihn erregt, und duldet die im 19. Jahrhundert übliche Praxis, auch in der Kirche Musikstücke und Arien zu hören, die mit anderem Text von der Opernbühne erklangen.

Schon 1819 wurde in Neapel eine solche «Pasticcio-Messe» aufgeführt, die Stendhal als «reizvolles Ereignis» in seinen Memoiren vermerkte: «Wir sahen vor unseren Augen und in etwas veränderter Form, so daß wir sie auf pikante Art wiedererkennen konnten, alle die wunderbaren Arien des großen Komponisten an uns vorbeiziehen. Einer der Priester rief allen Ernstes aus: ‹Rossini, wenn Sie mit dieser Messe in der Hand an die Himmelstür klopfen, so wird Petrus trotz all Ihrer Sünden nicht umhin können, sie sogleich zu öffnen!›»[104]

Karl von Miltitz, ein deutscher Kulturreisender, war da anderer Meinung: «Was für ein zusammengeschmiertes Werk! Vor der Messe wurde eine Ouvertüre von Mayr mit einem Tanzthema gegeben, danach folgte eine Pause. Nach dieser Einleitung, die so gut für das Fest der Schmerzen der Heiligen Gottesmutter paßte, spielten sie die Ouvertüre zu ‹La Gazza ladra›. Ich muß gestehen, daß eine solche Entwürdigung der heiligen Stätte und ihrer Feierlichkeit meiner Seele tief weh tat.

Nach der zweiten Pause begann das Kyrie (in E-Moll) sehr traurig, mit scharfen Dissonanzen, dazu ohne jede Spur von Kunst oder Kenntnis des kirchlichen Stils komponiert, aber immerhin mit einer gewissen Würde. Wenn es so weitergegangen wäre, hätte man sagen können, daß die Messe nicht ganz wertlos war. Das folgende Gloria, das die Neapolitaner beklatschten, als ob sie im Theater waren, war dem Entwurf des Komponisten gemäß ein Engelschor, der dem Frohlocken der Hirten gegenüber stand: kein neues Werk, aber angenehm. Die ersten 20 Takte ließen die Hoffnung auf ein neues Stück aufkommen; es schien sich etwas herauszumachen, aber gegen Ende mißglückte es völlig.

Das Credo und das Offertorium waren eine Mischung von Passagen aus Rossinis Opern, die ohne Sinn und Verstand wie Fleisch in einer Wurst zusammengestopft wurden... Während des Gottesdienstes wurde die Orgel in mitleiderregender Weise gespielt. Gleichzeitig stimmte das Orchester seine Instrumente, während Rossini mit lauter Stimme, um gehört zu werden, den einen oder anderen Befehle gab! Man kann sich leicht vorstellen, wie weit der heilige Ort respektiert wurde. Trotzdem reagierte das Publikum begeistert, und ich bin sicher, daß bei dem kunterbunten Zusammensein der hohen und niedrigen neapolitanischen Gesellschaft die Lieblingsmelodien einer Messe gesummt wurden, die in zwei Tagen für die ‹Feier der unbefleckten Empfängnis› komponiert worden war.»[105]

Es sei hier kurz vermerkt, daß sich die Berichte Stendhals und von Miltitz' nicht auf die 1820 entstandene «Messa di Gloria» beziehen, wie dies in der Rossini-Literatur oft zu lesen ist.

Daß in so kurzer Zeit eine Musik zustande kommen kann, die das Publikum zu Begeisterungsstürmen hinreißt, konnte auch Richard Wagner nicht begreifen, der um den Erfolg seines «Rienzi» fürchten mußte, den er schon seit zwei Jahren in Arbeit hatte, als Rossinis «Stabat Mater» am 17. Januar 1842 in Paris gefeiert wurde.

In der «Neuen Zeitschrift für Musik» vom 15. Dezember 1841

ließ er sich in einer exzellent formulierten Glosse über die «schwärmerische Dilettantenwelt» und «Rossinis Frömmigkeit» aus und machte sich seinen eigenen Reim auf die Umstände, die dieses «Stabat Mater» begleiteten:

«Um diese Zeit begab es sich, daß Rossini gegen zehn Jahre nichts mehr von sich hören ließ: Er saß in Bologna, aß Gebackenes und machte Testamente. Bei den neuerlich im Prozesse der Herren Schlesinger und Troupenas stattgefundenen Debatten versicherte ein begeisterter Advokat, daß während jener zehn Jahre die musikalische Welt unter dem Schweigen des ungeheuren Meisters ‹ächzte›, und wir können annehmen, daß die Pariser hohe Welt bei dieser Gelegenheit sogar ‹krächzte›. Nichtsdestoweniger verbreiteten sich aber hier und da düstere Gerüchte über die außerordentliche Stimmung des Maestro; bald hörte man, sein Unterleib sei sehr inkommodiert, bald – sein geliebter Vater sei gestorben; – das eine Mal berichtete man, er wolle nicht mehr hören. Das Wahre an der Sache soll aber gewesen sein, daß er Reue fühle und Kirchenmusik schreiben wollte . . . Die erste Anregung zur Ausführung seines versöhnlichen Verhaltens scheint ihn in Spanien angekommen zu sein: in Spanien, wo Don Juan die üppigsten und zahlreichsten Gelegenheiten zur Sünde fand, sollte Rossini Anlaß zur Reue bekommen.

Es war dies auf einer Reise, die er mit seinem guten Freunde, dem Pariser Herrn Aguado, machte; – man saß gemütlich beisammen in einem herrlichen Reisewagen und bewunderte die Naturschönheiten, – Herr Aguado kaute Schokolade, Rossini aß Gebackenes. Da fiel es plötzlich Herrn Aguado ein, daß er seine Landsleute eigentlich über die Gebühr bestohlen habe, und reuig niedergeschlagen zog er die Schokolade aus dem Munde: – Rossini glaubte hinter einem so schönen Beispiele nicht zurückbleiben zu dürfen, er hielt mit dem Knabbern ein und bekannte, daß er sein Lebtag zu viel auf Gebackenes gegeben habe. Beide kamen darin überein, daß es ihrer Stimmung angemessen sei, vor dem nächsten Kloster halten zu lassen, um irgendeine geeignete Bußübung zu veranstalten: gesagt, getan. Der Prior des nächsten Klosters kam den Reisenden freundlich entgegen: er führte einen guten Keller, vortreffliche Lacrimae Christi und andere gute Sorten, was denn den reuigen Sündern ganz ungemein behagte. Nichtsdestoweniger fiel es aber Herrn Aguado und Rossini, als sie in gehöriger Stimmung waren, ein, daß sie eigentlich Bußübungen hatten veranstalten wollen: In Hast griff Herr Aguado nach seinem Portefeuille, zog einige gewichtige Banknoten hervor und dedizierte sie dem einsichtsvollen Abte. Auch hinter diesem Beispiele seines Freundes glaubte Rossini nicht zurückbleiben zu dürfen, – er zog ein starkes Heft Notenpapier hervor, und was er in aller Eile daraufschrieb, war nichts weniger als ein ganzes Stabat mater mit großem Orchester; dieses Stabat schenkte er dem vortrefflichen Prior. Dieser gab nun beiden die Absolution, worauf sie sich wieder in den Wagen setzten. Der ehrwürdige Abt wurde aber alsbald zu hohen Würden erhoben und nach Madrid versetzt, wo er denn nicht versäumte, das Stabat seines reuigen Beichtkindes aufführen zu lassen und sodann bei nächster Gelegenheit zu sterben. Seine Testamentsvollstrecker fanden unter tausend hinterlassenen Merkwürdigkeiten auch die Partitur jenes zerknirschten Stabat mater, verkauften sie für einen nicht üblen Preis zum Vorteil der Armen, und so kam denn durch den Kauf und Verkauf diese gepriesene Komposition in den Besitz eines Pariser Musikverlegers.

Dieser Musikverleger nun, tief ergriffen von den zahllosen Schönheiten seines Besitztums, auf der anderen Seite aber nicht minder gerührt durch die wachsende Pein ungestillter Religionsbrunst der hohen Pariser Dilettanten, entschloß sich zur Preisgebung seines Schatzes an die Öffentlichkeit, er ließ deshalb mit heimlicher Eile an das Gravieren der Platten gehen, als auf einmal ein anderer Verleger erschien, welcher mit auffallender Grausamkeit seiner still betriebsamen Aufopferung Einhalt tun ließ. Dieser andere Verleger, ein hartnäckiger Mann mit Namen Troupenas, behauptete nun, bei weitem gegründete Eigentumsrechte auf jenes Stabat mater zu haben, denn sein Freund Rossini habe ihm diese selbst verliehen, und zwar gegen die Zusendung einer ungeheuren Masse Gebackenes. Er gab ferner an, daß er dieses Werk schon seit vielen Jahren besäße und es nur deshalb noch nicht veröffentlicht habe, weil Rossini sich vorgenommen, es erst noch mit einigen Fugen und einem Kontrapunkte in der Septime zu versehen, welches dem Meister aber gegenwärtig noch schwerfalle, da er seine mehrjährigen Studien zu diesem Endzwecke noch nicht beendigt habe; nichtsdestoweniger habe aber der Meister in den letzten Jahren schon eine so tiefe Einsicht in den doppelten Kontrapunkt gewonnen, daß ihm sein Stabat in der gegenwärtigen Gestalt durchaus nicht mehr behage und er entschlossen sei, es um keinen Preis so, ohne Fuge u. dgl., der Welt vorzulegen. Die Herrn Troupenas autorisierenden Briefe datieren sich leider aber erst aus der neuesten Zeit; somit würde es diesem Verleger schwerfallen, sein schon länger herstammendes Eigentumsrecht nachzuweisen, wenn er nicht darin einen schlagenden Grund dafür aufzustellen glaubte, daß er anführt, wie er dieses Stabat bereits schon bei Gelegenheit der am 15. Dezember 1840 stattgefundenen Totenfeier des Kaisers Napoleon zur Aufführung im Invalidendome vorgeschlagen habe.

Ein Schrei des Entsetzens und der Entrüstung fuhr durch alle hohen Salons von Paris, als das letztere bekannt wurde. Wie? – rief alles: eine Komposition Rossinis war vorhanden, – sie ward vorgeschlagen, und du, Minister der öffentlichen Angelegenheiten, hast sie zurückgewiesen? Du hast gewagt, uns dafür das heillose Requiem von Mozart aufzubinden? – In der Tat, das Ministerium zitterte, um so mehr, da es seiner ungemeinen Popularität wegen jenen höheren Ständen außerordentlich verhaßt ist; es fürchtete Absetzung, eine Anklage auf Hochverrat, und hielt es daher für angemessen, heimlich auszustreuen, das Stabat mater Rossinis würde zu der Totenfeier des Kaisers gar nicht gepaßt haben, da sich der Text desselben mit ganz anderen Dingen befasse, als es sich hier geeignet haben würde, den Manen Napoleons zu hören zu geben, usw. –

Daß dies alles nur faule Fische waren, glaubte man bald einzusehen; denn mit Grund wußte man einzuwenden, daß ja kein Mensch diesen lateinischen Text verstehe, und endlich – was käme es hier überhaupt auf den Text an, wenn Rossinis erhabene Melodien von den entzückendsten Sängern der Welt gesungen werden sollten? –

Der Kampf der Parteien um das verhängnisvolle Stabat mater wütet nun aber um so heftiger fort, als es sich noch um die zu erwartenden Rossinischen Fugen handelt. Endlich also soll diese geheimnisvolle Kompositionsgattung auch für die Salons der hohen Dilettanten zutrittsfähig gemacht werden! Endlich werden sie also erfahren, was denn eigentlich an diesem närrischen Zeuge ist, das ihnen in Mozarts Requiem den Kopf so verdrehte! Endlich werden sie sich also auch rühmen dürfen, Fugen zu singen, und diese Fugen werden so reizend und liebenswürdig sein, so delikat, so verhauchend! Und diese Kontrapünktchen – sie werden nun gar erst alles närrisch machen, – sie werden aussehen wie Brüsseler Spitzen und duften wie Patschuli! – Wie? – und ohne diese Fugen, ohne diese Kontrapünktchen sollen wir das Stabat haben? Welche Schändlichkeit! Nein, wir wollen warten, bis Herr Troupenas die Fugen bekommt. – Himmel! – da kommt aber das Stabat schon aus Deutschland an! Fertig, geheftet, im gelben Umschlage! – Auch da gibt es Verleger, welche teures Backwerk dafür an Rossini versendet zu haben behaupten! Die Verwirrung soll denn kein Ende haben? Spanien, Frankreich, Deutschland schlagen sich um dieses Stabat: – Prozeß! Kampf! Tumult! Revolution! Entsetzen! –

Da entschließt sich Herr Schlesinger, einen freundlichen Strahl in die Nacht der Verwirrung hinauszusenden: er publiziert einen Walzer Rossinis. Alles streift die düsteren Falten von der Stirn, – die Augen erglänzen von Freude, – die Lippen lächeln: ach, welch schöner Walzer! – Da kommt das Schicksal: – Herr Troupenas legt Beschlag auf den freundlichen Strahl! Das entsetzliche Wort: Eigentumsrecht – grollt durch die kaum beruhigten Lüfte.

Prozeß! Prozeß! Von neuem Prozeß! Da wird Geld genommen, um die besten Advokaten zu bezahlen, um Dokumente herbeizuschaffen, um Kaution zu stellen. – – – Oh, ihr närrischen Leute, habt ihr denn euer Geld nicht lieber? Ich kenne jemand, der euch für fünf Franken fünf Walzer macht, von denen jeder besser ist als jener armselige des reichen Meisters!»[106]

Ein anderer Deutscher, Heinrich Heine, der 1831 nach Paris gekommen war, um hier, im «Land des Champagners und der Marseillaise», als zeitpolitischer Beobachter dem erwachenden Europa auf die Spur zu kommen, fand in Rossinis «Stabat Mater» den «naivsten Ausdruck des tiefsinnigsten Gedankens» und eine kindliche Form, die verhinderte, daß «der Inhalt vernichtend auf unser Gemüt wirkte oder sich selbst vernichtete»[107]. Dabei erinnerte er sich an eine Kinderprozession in Südfrankreich.

Wie die entsprechend kostümierten Kinder die Leidensgeschichte Christi darstellten, «erregte in der Seele des Zuschauers die ernstvoll andächtigsten Gefühle, und daß es kleine unschuldige Kinder waren, die das größte, kolossalste Martyrium traktierten, wirkte um so rührender»!

In Rossinis «innerer Überschwenglichkeit» trat seiner Meinung nach eine sinnliche Religiosität zutage, welche der «schiefmäuligen Frommtuerei» eines Mendelssohn entgegenstand.

DIE ROMANTIK, ROSSINI UND DIE DEUTSCHEN

Paris 1825–1831

«Ich, unter den Klassikern der letzte . . .»

Heinrich Heine hatte sich 1831 nach Paris aufgemacht, um «frische Luft zu schöpfen». Wie so mancher seiner literarischen Zeitgenossen entfloh er dem politisch rückständigen Deutschland und dessen Kultur der «Verinnerlichung», welche die Behandlung der großen Themen der Seele den politisch-sozialen vorzog und diese, statt Wirklichkeit zu beschreiben, in mythischen Phantasien beschwor. Sich von den Liebesklagen seiner Jugendlyrik verabschiedend, wollte Heine nun in «Marseiller Hymnenweise» dem deutschen Michel vom revolutionären Paris aus ein anderes Ständchen bringen.

«Sei nicht mir die weiche Flöte,
das idyllische Gemüt –
sei des Vaterlands Posaune,
sei Kanone, sei Kartaune,
blase, schmettere, donnere, töte!»[108]

Der «Schauplatz der Weltgeschichte» befand sich aber gerade im Zustand der Ernüchterung. Und wenn dem Paris-Enthusiasten, der «in Deutschland soviel Tabackqualm, Sauerkrautsgeruch und Grobheit eingeschluckt» hatte, selbst «die artigen Entschuldigungsreden eines Franzosen, der am Tage meiner Ankunft, mich auf der Straße nur leicht gestoßen hatte», wie «Rossinische Melodien»[109] im Ohr klangen, so vernahm er nicht den Ton, der in Paris gerade die Musik machte. Auch nach der Julirevolution waren Demonstrationen und Arbeitskämpfe wieder an der Tagesordnung, und die Unterschicht verdarb den Bürgerlichen, die zu ihrem Sieg kamen wie die Jungfrau zum Kind, so manche «Fête bourgeoise».

Rossini mochte in Heines Augen noch der «König von Gottes Gnaden im Reiche der Tonkunst» sein, der ungekrönte König der Ballsäle war Philippe Musare. Während der eigentliche Titelträger Louis-Philippe nach Heines Worten «mit raffinierter Treuherzigkeit die Rolle eines biederen, schlichten Hausvaters spielte» und hier einem Handwerker, dort einem Spezereienhändler die Hand drückte, veranstaltete Musare seine Tanzorgien und Saalschlachten. Gegen die bürgerliche Saturiertheit, die sich nach wie vor im Rundumtanz gefiel und die weder die Julirevolution noch die Cholera von 1832 ausrotten konnte, führte die «Jeunesse dorée» nun den Can-Can ins Feld.

Heine, der dem lieben Gott im Himmel noch vor kurzem angeraten hatte, falls er sich langweile, das Fenster zu öffnen und sich am «ergötzlich bunten Anblick» [110] der Boulevards zu ergötzen, hätte dem Himmelsvater diesen Hexensabbat nun doch nicht mehr zugemutet:

«Es will mich manchmal bedünken, als tanze man dort eine Verhöhnung alles dessen, was als das edelste und heiligste im Leben gilt, aber durch Schlauköpfe so oft ausgebeutet und durch Einfaltspinsel so oft lächerlich gemacht worden ist, daß das Volk nicht mehr wie sonst daran glauben kann. Ja, es verlor den Glauben an jenen Hochgedanken, wovon unsere politischen und literarischen Tartuffe so viel singen und sagen; und gar die Großsprecherei der Ohnmacht verleideten ihm so sehr alle idealen Dinge, daß es nichts anderes mehr darin sieht, als hohle Phrase, als die sogenannte Blague, und wie diese trostlose Anschauungsweise durch Robert Macaire repräsentiert wird, so gibt sie sich doch auch kund in dem Tanz des Volkes, der als eine eigentliche Pantomime des Robert-*Macairetums* zu betrachten ist. Wer von letzterem einen ungefähren Begriff hat, begreift jetzt jene unaussprechlichen Tänze, welche, eine getanzte Persiflage, nicht bloß die geschlechtlichen Beziehungen verspotten, sondern auch die bürgerlichen, sondern auch alles, was gut und schön ist, sondern auch jede Art von Begeisterung, die Vaterlandsliebe, die Treue, den Glauben, die Familiengefühle, den Heroismus, die Gottheit.» [111]

Dieses orgiastisch-irrationale Herumtollen ergriff aber auch die privilegierten gutbürgerlichen Kreise, die sich, ihrer ausgestorbenen Ideale erinnernd, vorzugsweise am Klavier austobten.

«Die Ärzte, vielleicht ganz besonders die Irrenärzte, werden bald viel Beschäftigung gewinnen. In diesem bunten Taumel, in dieser Genußwut, in diesem singenden, springenden Strudel lauert Tod und Wahnsinn. Die Hämmer der Pianoforte wirken fürchterlich auf unsere Nerven, und die große Drehkrankheit, die Polka, gibt uns den Gnadenstoß.»[112]

Das Virtuosentum der «Klavierschläger» hatte Heine zufolge den endgültigen Sieg über die Vernunft errungen, und wo dort die Tollheit noch Methode hatte, verfiel sie hier in «Blödsinn».

Heine fing an zu grübeln. Er war nach Paris gekommen, um als Berichterstatter des zeitpolitischen und kulturellen Geschehens auch die Wirkungszusammenhänge der europäischen Musik unter dem Aspekt der «Sozialverträglichkeit» und dem, «was die Nationen vermittelt», zu ergründen, und verstrickte sich mit seiner Kritik in Widersprüche, die deutlich jenen Anachronismus widerspiegeln, der den Musikbetrieb der dreißiger und vierziger Jahre kennzeichnet.

Mit Hiller, Liszt, Chopin, Berlioz und Rossini stand er in persönlichem Kontakt; mit Giacomo Meyerbeer, in dessen polyphoner Musiksprache er die vermittelnde Sprache der Völker erkannte, hatte er sich angefreundet. Als sich Meyerbeer, der nach dem Rückzug Rossinis zum Lieblingskind der Pariser Oper geworden war, allerdings zum «Maître de plaisir der Aristokraten» machte – er wurde 1842 preußischer Generalmusikdirektor –, zerbröckelte Heines Glaube an die volksnahe Musik.

Schon früh hatte er für eine «echt demokratische Kunst», die sich an den deutschen Idealen des «Natürlichen» und «Schlichten» orientieren sollte, plädiert.

An Webers «Freischütz» faszinierte ihn denn auch das Idyllische und Märchenhafte, während er das Dämonische als überspannt-romantische Fehlleistung taxierte.

Die «innerliche Tugend», der Deutschen liebstes Kind, lebte noch in Beethovens Liedern und ließ in der Gattung der Märchenoper jenen «Schauer der Unendlichkeit» spüren, der ihr den Hauch des Spiritualistischen verlieh.

Dem solchermaßen Vergeistigten mußte die «kreischende Instrumentierung» von Berlioz' «Symphonie fantastique» Herz und Ohren zerreißen. Die Mobilisierung wenig tugendhafter Empfindungen verglich Heine mit «geheimen Schlangen, die wir im Herzen tragen, freudig emporzischen und sich vor Wollust in die Schwänze beißen»[113]. Hier tat sich vor ihm ein emotionales Inferno auf, in dem sich die Romantik von ihrer grauenerregendsten Seite zeigte.

Wie anders klangen dagegen Meyerbeers Kunststücke, die dieser «im vergnügten Rausche der italienischen Sinneslust» zustande brachte!

Was veranlaßte ihn nun dazu, den «Meister der großdeutschen Schule», wie er Meyerbeer einmal titulierte, gerade ob seiner italienischen Ader immer wieder zu preisen?

Da Heine die deutsche Volksseele ins Gefilde somnambuler Romantik entschwinden sah, wo ihr der Teutomanismus Gewalt antun würde, wünschte er sie sich doch lieber in der Obhut Apollos. Der sorgte ehedem für «Ruhe und harmonische Beseligung» und vererbte das klassisch-hellenistische Schönheitsideal, von dem laut Heine «nur das Herz träumen kann ..., wenn es sich jauchzend versenkt in die Schönheitslinien und Ovale eines griechischen Kunstwerks»[114], an die Italiener.

Die «jauchzende Lebensfreude»[115] sollte dieser italienisch gewordene Apoll der verirrten deutschen Seele entlocken, auf daß sich ihr Spiritualismus mit italienischem Sensualismus paare.

Mit diesem Wunsch stand der Seelenzuhälter Heine keineswegs allein. Was ihn mühte und einen Nietzsche schließlich zur schrankenlosen Bejahung des Lebens verführte, hatten Herder und Hegel angezettelt.

Volksverbundenheit und Nationalgefühl sollten sich ihrer Musikästhetik nach in «einfachsten Tönen» ausdrücken. Die Aufgabe der Musik sah Hegel darin, «die Innerlichkeit dem Innern faßbar zu machen»[116] und nicht nach äußeren Bezügen zu fragen, damit sie nicht, wie Herder schon sagte, «die zartgezogenen Grenzen des musikalisch Schönen» überschreite. Mit dieser Forderung traten sie nun an die Musik der Romantik heran und verpflichteten diese dem klassischen Ideal der Übereinstimmung von Form und Idee.

«In der Plastik des Klassischen ist das subjektive Innere so auf das Äußere bezogen, daß dieses Äußere, die eigene Gestalt des Inneren selbst, und nicht aus demselben selbständig entlassen ist.» [117]

Vorbild dafür war die italienische Musik, die der Romantik von deren Kritikern entgegengehalten wurde; so auch von Heine: «Italien sitzt elegisch träumend auf seinen Ruinen, und wenn es dann manchmal bei der Melodie irgend eines Liedes plötzlich erwacht und stürmisch empor springt, so gilt diese Begeisterung nicht dem Liede selbst, sondern vielmehr den alten Erinnerungen, und Gefühlen, die das Lied ebenfalls erweckt hat, die Italien immer im Herzen trug und die jetzt gewaltig hervorbrausen...»

Als der deutsche «Italiener» Meyerbeer als Alibi für ein progressiv-politisch ausgerichtetes Künstlertum nicht mehr in Frage kam, führte Heine den «Helios von Italien», Rossini, ins Feld, dessen Musik Hegel als «höchst gefühlvoll, geistreich und eindringend für Gemüt und Herz» empfand. Indem er für den Opera-buffa-Komponisten eintrat, mußte Heine sein Bekenntnis zum politisch gesinnten Künstlertum keinesfalls revidieren, denn «dem armen geknechteten Italien ist ja das Sprechen verboten, und es darf nur durch Musik die Gefühle seines Herzens kundgeben. All sein Groll gegen fremde Herrschaft, seine Begeisterung für die Freiheit, sein Wahnsinn über das Gefühl der Ohnmacht, seine Wehmut bei der Erinnerung an vergangene Herrlichkeit, dabei sein leises Hoffen, sein Lauschen, sein Lechzen nach Hilfe, alles dieses verkappt sich in jene Melodien, die von grotesker Lebenstrunkenheit in elegische Weichheit herabgleiten, und in jene Pantomimen, die von schmeichelnden Karessen zu drohendem Ingrimm überschnappen. Das ist der esoterische Sinn der Opera-buffa.» [118]

Der revolutionären Wirklichkeit in Frankreich war Rossinis Kunst allerdings nicht gewachsen. Und bei seinem letzten Versuch, mit dem «Tell» dem Zeitgeist zu entsprechen, kam er damit über die Ouvertüre nicht hinaus. Die «Revolutionskünstler», unter die er sich mit dieser Oper reihen wollte, rückten vornehm beiseite, und Heine argumentierte ihn mit Anstand, ohne den «Tell» überhaupt anzusprechen, in die Zeit der Restauration zurück. «Geeigneter als die Schlachtfelder der Bürgertugend und des Ruhms war für dich ein stiller See, an dessen Ufer die zahmen Lilien dir friedlich nickten ...»[119]

Die Lilien schmückten auch das Wappen der Bourbonen, deren Kunst-Aristokraten der «sinnlichen Schönheit» in Rossinis Musik aufgeschlossener gegenüberstanden. Doch wer nur einmal daran nippte, drohte ihr zu verfallen – sei er nun Herzog oder Revolutionär.

So erging es auch dem Frankfurter Ludwig Börne, der in Paris als Journalist und revolutionärer Patriot seine Stimme für Freiheit, Wahrheit und Gerechtigkeit erhob. «Lachen Sie mich aus! Ich bin gar nicht liberal mehr, sondern seit gestern abend ein vollständiger Narr und lachender Gutheißer. Was geht mich die Not der Menschen an, wenn ich froh bin! Was ihre Dummheit, wenn ich selbst klug bin und das Leben genieße! Mögen sie weinen, wenn es singt um mich herum. Ich habe bei den Italienern Rossinis ‹Barbier› gehört, ... und, schlimmer als gehört, auch gesehen. Ich war entzückt, und bin es noch, daß ich mich totschämen sollte. Stunde auf Stunde, diese so bitteren Pillen unserer Zeit schluckte ich fröhlich hinunter, so vergoldet waren sie mir. Ich dachte nicht mehr an die hessische Konstitution und ließ jede fünf gerade sein, würde die Lüge immer so gesungen. Welch ein Gesang! Welch ein Spiel!»[120]

Bezeichnenderweise waren es gerade die den deutschen Pfarrhäusern, Schul- und Beamtenstuben entflohenen Intellektuellen, die sich an Rossini – nein, nicht ergötzten, sondern kurierten. «Dem strengen deutschen, musikalischen Verstande» mochte seine Musik, wie Hegel meinte, zwar nicht zugänglich sein, aber heilsam der Empfindung einer Generation, die ob der sich permanent überholenden Modernität in jeder Hinsicht beziehungslos zu werden drohte. Rossinis Musik, die dem allgemeinen Lebensgefühl der Beschleunigung so trefflich Ausdruck verlieh, gab doch mit jeder Note zu erkennen, wes Geistes Kind sie war, und verwies mit jedem Takt auf die Wurzel der europäischen Opernkunst.

An den geschichtsphilosophischen Zukunftsentwürfen beteiligte sich die Oper nach 1830 ihrer Art gemäß wie die Literatur, die nicht mehr standesspezifische Konflikte beschrieb, sondern wie die Künstler selbst in die soziale und politische Krise verwikkelt war, welche seit der Revolution um sich griff. Um eine Antwort auf diese Krise und um Orientierungshilfen für die philosophisch angekündigte Zukunft zu finden, bedurfte es des geschichtlichen Rückblicks. Das «Savoir pour prévoiron», das Wissen als Voraussetzung zum Handeln, nötigte dem Menschen und seiner Zukunft eine geschichts- und gesellschaftskritische Auseinandersetzung ab, die im historischen Roman und im historischen Musikdrama ihren Niederschlag fand. Als feststehende Größe markierte Rossini in der sich überschlagenden Diskussion um Wert und Unwert geschichtlichen Erbguts den musikalischen Ort Italien, wo außerdem in der Renaissance auch der Aufstieg der modernen bürgerlichen Welt ihren Anfang nahm, die erst nach der Julirevolution geschichtliche Autonomie gewann.

1830 trat eine politische Generation auf den Plan, welche die große Revolution von 1789 bereits als Geschichte ansah. Nachdem Beethoven 1827, Schubert 1828, Hegel 1831 und Goethe 1832 gestorben waren, blieb ihren Nachfolgern am Ende eines Zeitalters, das diese Verstorbenen im Spannungsfeld zwischen Aufklärung und Revolution mitgeprägt hatten, gerade der traditionsbewußte Rossini als lebendes Indiz dafür, daß die so schrill tönende Gegenwart eben doch Geschichte hatte.

In dieser unruhigen Zeit, da ein Regime dem anderen folgte, da die Richtungskämpfe der parlamentarischen Parteien jede Basis brüchig werden ließen und auch das in Frage gestellte Christentum seine integrierende Funktion für die bürgerliche Gesellschaft verloren hatte, war die Konstante Rossini sozusagen musikalische Orientierungshilfe. Seine traditionsträchtige Musik diente den strapazierten Sinnen als Abstandhalter für die über sie hereinbrechenden Modernitäten. Ausdruck jenes enormen Tempos, das Lamartine zu der Feststellung veranlaßte, daß es nicht mehr möglich sei, Geschichte zu schreiben, weil die Geschwindigkeit der Zeit jegliche Distanz verzehre, war die Eisenbahn. Rossini haßte dieses schnaubende Gefährt, es machte ihm angst. Und Heine stellte fest: «Durch die Eisenbahn wird der Raum getötet, und es bleibt uns nur noch die Zeit übrig.»

Die strukturellen Veränderungen von Raum und Zeit waren denn auch kennzeichnend für die neue Musik der Romantik. Das europäische «Gesamtgeschehen», zu dem die Italiener in erster Linie ihre verströmende, in schönen Klang getauchte Melodik, die Franzosen kristallklare Rhythmik und klanglich delikat eingelagerte melodisch-harmonische Zeichnung, die Deutschen die Intensität der Spannungsharmonik beitrugen, gipfelte im «Gesamtkunstwerk» Richard Wagners, in der Verschmelzung von Wort und Musik, von Klang und Raum, von Psychologie und Geschichte, von Arie und Rezitativ, in der «unendlichen Melodie».

«Die Zeit in ihrer rastlosen Schöpfungskraft» sollte ihn, Wagner, als Begründer einer neuen Epoche der dramatischen Musik hervorbringen, wie sie es einst mit den «Heroen» Händel, Gluck und Mozart getan hatte. Die Periode zwischen diesen alten und ihm, dem neuen Helden, überantwortete er Rossini und Meyerbeer. Was der eine begonnen, habe der andere vollendet. Mit dieser historisierenden Argumentation versuchte Wagner zwei Brücken hinter sich abzubrechen, die ihm den Weg zur «Musik der Zukunft» gebahnt hatten. Die Idee des «Gesamtkunstwerks» gab ihm Meyerbeer modellhaft vor, wenn auch die von Wagner geforderte Verschmelzung der Elemente bei ersterem nur eine Vermengung blieb. Und Rossini veranschaulichte ihm, was in der «prunkenden Leiche», als welche der Deutsche die große italienische Oper bezeichnete, noch an Leben steckte.

In einem Brief an August Lewald, den dieser in seiner «Allgemeinen Theater-Revue» 1838 veröffentlichte, bemühte sich Heine um die Ehrenrettung Meyerbeers gegenüber dem Opernrekordhalter Rossini: «Keine vergleichende Diskussion über Rossini und Meyerbeer in gewöhnlicher Weise haben Sie von mir zu befürchten. Ich beschränke mich darauf, beide zu lieben, und keinen von beiden liebe ich auf Kosten des anderen. Wenn ich mit ersterem vielleicht mehr noch als letzterem sympathisiere, so ist das nur ein Privatgefühl, keineswegs eine Anerkenntnis größeren Wertes. Vielleicht sind es eben Untugenden, welche manchen entsprechenden Untugenden in mir selber zu wahlverwandt anklingen. Von Natur neige ich zu einem gewissen ‹Dolce far niente›, und ich lagere mich gern auf blumige Rasen und betrachte dann die ruhigen Züge der Wolken und ergötze mich an ihrer Beleuchtung; doch der Zufall wollte, daß ich aus dieser gemächlichen Träumerei sehr oft durch harte Rippenstöße des Schicksals geweckt wurde, ich mußte gezwungenerweise teilnehmen an den Schmerzen und Kämpfen der Zeit, und ehrlich war dann meine Teilnahme, und ich schlug mich trotz den Tapfersten... Aber ich weiß nicht, wie ich mich ausdrücken soll, meine Empfindungen behielten doch immer eine gewisse Abgeschiedenheit von den Empfindungen der anderen; ich wußte, wie ihnen zu Mute war, aber mir war ganz anders zu Mute wie ihnen; und wenn ich mit meinem Schlachtroß auch noch so rüstig tummelte und mit dem Schwert auch noch so gnadenlos auf Feinde einhieb, so erfaßte mich doch nie das Fieber oder die Lust oder die Angst der Schlacht; ob meiner inneren Ruhe ward mir oft unheimlich zu Sinne, ich merkte, daß die Gedanken anderörtig verweilten, während ich im dichtesten Gedränge des Parteikriegs mich herumschlug, und ich kam mir manchmal vor wie Ogier der Däne, welcher traumwandelnd gegen die Sarazenen focht.

Einem solchen Menschen muß Rossini besser zusagen als Meyerbeer, und doch zu gewissen Zeiten wird er der Musik des letzteren wo nicht sich ganz hingeben, doch gewiß enthusiastisch huldigen. Denn auf den Wogen Rossinischer Musik schaukeln sich am behaglichsten die individuellen Freuden und Leiden des Menschen; Liebe und Haß, Zärtlichkeit und Sehnsucht, Eifersucht und Schmollen, alles ist hier das isolierte Gefühl eines

Einzelnen. Charakteristisch ist daher in der Musik Rossinis das Vorwalten der Melodie, welche immer der unmittelbare Ausdruck eines isolierten Empfindens ist. Bei Meyerbeer hingegen finden wir die Oberherrschaft der Harmonie in dem Strome der harmonischen Massen verklingen, ja ersäufen die Melodien, wie die besonderen Empfindungen des einzelnen Menschen untergehen in dem Gesamtgefühl eines ganzen Volkes, und in diese harmonischen Ströme stürzt sich gern unsre Seele, wenn sie von den Leiden und Freuden des ganzen Menschengeschlechts erfaßt wird und die Partei ergreift für die großen Fragen der Gesellschaft. Meyerbeers Musik ist mehr sozial als individuell; die dankbare Gegenwart, die ihre inneren und äußeren Fehden, ihren Gemützwiespalt und ihren Willenskrampf, ihre Not und ihre Hoffnung in seiner Musik wiederfindet, feiert ihre eigene Leidenschaft und Begeisterung, während sie dem großen Maestro applaudiert. Rossinis Musik war angemessener für die Zeit der Restauration, wo nach großen Kämpfen und Enttäuschungen bei den blasierten Menschen der Sinn für ihre großen Gesamtinteressen in den Hintergrund zurückweichen mußte und die Gefühle der Ichheit wieder in ihre legitimen Rechte eintreten konnten. Nimmermehr würde Rossini während der Revolution und dem Empire seine Popularität erlangt haben. Robespierre hätte ihn vielleicht antipatriotischer, modernistischer Melodien angeklagt, und Napoleon hätte ihn gewiß nicht als Kapellmeister angestellt bei der großen Armee, wo es einer Gesamtbegeisterung bedurfte . . . Armer Schwan von Pesaro! der gallische Hahn und der kaiserliche Adler hätten dich vielleicht zerrissen, und geeigneter als die Schlachtfelder der Bürgertugend und des Ruhms war für dich ein stiller See, an dessen Ufer die zahmen Lilien dir friedlich nickten, und wo du ruhig auf und ab rudern konntest, Schönheit und Lieblichkeit in jeder Bewegung! Die Restauration war Rossinis Triumphzeit, und sogar die Sterne des Himmels, die damals Feierabend hatten und sich nicht mehr um das Schicksal der Völker bekümmerten, lauschten ihm mit Entzücken. Die Juliusrevolution hat indessen im Himmel und auf Erden eine große Bewegung hervorgebracht, Sterne und Menschen, Engel und Könige, ja der liebe Gott selbst wurden ihrem Friedenszustand entrissen, haben wieder viel Geschäfte, haben eine neue Zeit zu ordnen, haben weder Muße noch hinlängliche Seelenruhe, um sich an den Melodien des Privatgefühls zu ergötzen, und nur wenn die großen Chöre von ‹Robert le Diable› oder gar der ‹Hugenotten› harmonisch grollen, harmonisch jauchzen, harmonisch schluchzen, horchen ihre Herzen und schluchzen, jauchzen und grollen im begeisterten Einklang.

Dieses ist vielleicht der letzte Grund jenes unerhörten, kolossalen Beifalls, dessen sich die zwei großen Opern von Meyerbeer in der ganzen Welt erfreuen. Er ist der Mann seiner Zeit, und die Zeit, die immer ihre Leute zu wählen weiß, hat ihn tumultarisch aufs Schild gehoben und proklamiert seine Herrschaft und hält mit ihm ihren fröhlichen Einzug. Es ist eben keine behagliche Position, solcherweise im Triumph getragen zu werden: durch Ungeschick oder Ungeschicklichkeit eines einzigen Schildhalters kann man in ein bedenkliches Wackeln geraten, wo nicht gar stark beschädigt werden; die Blumenkränze, die einem an den Kopf fliegen, können zuweilen mehr verletzen als erquicken, wo nicht gar besudeln, wenn sie aus schmutzigen Händen kommen; und die Überlast der Lorbeeren kann einem gewiß viel Angstschweiß auspressen ... Rossini, wenn er solchem Zuge begegnet, lächelt überaus ironisch mit seinen feinen italienischen Lippen, und er klagt dann über seinen schlechten Magen, der sich täglich verschlimmere, so daß er gar nichts mehr essen könne.

Das ist hart, denn Rossini war immer einer der größten Gourmands. Meyerbeer ist just das Gegenteil; wie in seiner äußeren Erscheinung, so ist er auch in seinen Genüssen die Bescheidenheit selbst. Nur wenn er Freunde geladen hat, findet man bei ihm einen guten Tisch. Als ich einst à la fortune du pot bei ihm speisen wollte, fand ich ihn bei einem ärmlichen Gerichte Stockfische, welches sein ganzes Diner ausmachte; wie natürlich, ich behauptete, schon gespeist zu haben.

Meyerbeer schreibt jetzt eine neue Oper, welcher ich mit großer Neugier entgegensehe. Die Entfaltung dieses Genius ist für mich ein höchst merkwürdiges Schauspiel. Mit Interesse folge ich den Phasen seines musikalischen wie seines persönlichen Lebens und beobachte die Wechselwirkungen, die zwischen ihm und seinem europäischen Publikum stattfinden. Es sind jetzt zehn Jahre, daß ich ihm zuerst in Berlin begegnete, ich erinnere mich, ich traf ihn in der Gesellschaft des Dr. Marx, welcher damals zu einer gewissen musikalischen Regence gehörte, die während der Minderjährigkeit eines gewissen jungen Genies, das man als legitimen Thronfolger Mozarts betrachtete, beständig dem Sebastian Bach huldigte. Der Enthusiasmus für Sebastian Bach sollte aber nicht bloß jenes Interregnum ausfüllen, sondern auch die Reputation von Rossini vernichten, den die Regence am meisten fürchtete und also auch am meisten haßte. Meyerbeer galt damals für einen Nachahmer Rossinis, und der Dr. Marx behandelte ihn mit einer gewissen Herablassung, mit einer leutseligen Oberhoheitsmiene, worüber ich jetzt herzlich lachen muß. Der Rossinismus war damals das große Verbrechen Meyerbeers; er war noch weit entfernt von der Ehre, um seiner selbst angefeindet zu werden. Meyerbeer war in der Tat damals ganz ein Nachahmer der Italiener geworden. Der Mißmut gegen den feuchtkalten, verstandeswitzigen, farblosen Berlinianismus hatte frühzeitig eine natürliche Reaktion in ihm hervorgebracht; er entsprang nach Italien, genoß fröhlich seines Lebens, ergab sich dort ganz seinen Privatgefühlen und komponierte dort jene köstlichen Opern, worin der Rossinismus mit der süßesten Übertreibung gesteigert ist; hier ist das Gold noch übergüldet und die Blume mit noch stärkeren Wohldüften parfümiert. Das war die glücklichste Zeit Meyerbeers; er schrieb im vergnügten Rausche der italienischen Sinnenlust, und im Leben wie in der Kunst pflückte er die leichtesten Blumen.

Aber dergleichen konnte einer deutschen Natur nicht lange genügen. Ein gewisses Heimweh nach dem Ernste des Vaterlands ward in ihm wach: während er unter welschen Myrten lagerte, beschlich ihn die Erinnerung an die geheimnisvollen Schauer deutscher Eichenwälder; während südliche Zephyre ihn umkosten, dachte er an die dunklen Choräle des Nordwinds. Signor Giacomo ward plötzlich wieder ein Deutscher und schloß sich wieder an Deutschland, nicht an das alte, morsche, abgelebte Deutschland des engbrüstigen Spießbürgertums, sondern an das junge, großmütige, weltfreie Deutschland einer neuen Generation, die alle Fragen der Menschheit zu ihren eigenen gemacht hat, und die, wenn auch nicht immer auf ihrem Banner, doch desto unauslöschlicher in ihrem Herzen, die großen Menschheitsfragen eingeschrieben trägt.

Bald nach der Julirevolution trat Meyerbeer vor das Publikum mit einem Werke, das während den Wehen jener Revolution seinem Geiste entsprossen, mit ‹Robert le Diable›, dem Helden, der nicht genau weiß, was er will, der beständig mit sich selber im Kampfe liegt, ein treues Bild des moralischen Schwankens damaliger Zeit, einer Zeit, die sich zwischen Tugend und Laster so qualvoll unruhig bewegte, in Bestrebungen und Hindernissen sich aufrieb und nicht immer genug Kraft besaß, den Anfechtungen Satans zu widerstehen!

Man hat damals Meyerbeer mit Recht ein ängstliches Genie genannt; es mangelte ihm der siegreiche Glaube an sich selbst, er zeigte Furcht vor der öffentlichen Meinung, der kleinste Tadel erschreckte ihn, er schmeichelte allen Launen des Publikums und gab links und rechts die eifrigsten Poignées de main, als habe er auch in der Musik die Volkssouveränität anerkannt und begründe sein Regiment auf Stimmenmehrheit im Gegensatz zu Rossini, der als König von Gottes Gnade im Reiche der Tonkunst absolut herrschte.

In den ‹Hugenotten› offenbart sich endlich Meyerbeer ohne Scheu; mit unerschrockenen Linien zeichnete er hier seinen ganzen Gedanken, und alles, was seine Brust bewegte, wagte er auszusprechen in ungezügelten Tönen.

Man hat die ‹Hugenotten› mehr noch als ‹Robert le Diable› eines Mangels an Melodien zeihen wollen. Dieser Vorwurf beruht auf einem Irrtum. ‹Vor lauter Wald sieht man die Bäume nicht.› Die Melodie ist hier der Harmonie untergeordnet, und bereits bei einer Vergleichung mit der Musik Rossinis, worin das umgekehrte Verhältnis stattfindet, habe ich angedeutet, daß es diese Vorherrschaft der Harmonie ist, welche die Musik von

Meyerbeer als eine menschheitlich bewegte, gesellschaftlich moderne Musik charakterisiert. An Melodien fehlt es ihr wahrlich nicht, nur dürfen diese Melodien nicht störsam schroff, ich möchte sagen egoistisch, hervortreten, sie dürfen nur dem Ganzen dienen, sie sind diszipliniert statt daß bei den Italienern die Melodien isoliert, ich möchte fast sagen außergesetzlich, sich geltend machen, ungefähr wie ihre berühmten Banditen. Man merkt es nur nicht; mancher gemeine Soldat schlägt sich in einer großen Schlacht ebenso gut wie der Kalabrese, der einsame Raubheld, dessen persönliche Tapferkeit uns weniger überraschen würde, wenn er unter regulären Truppen, in Reih und Glied sich schlüge. Ich will einer Vorherrschaft der Melodie beileibe ihr Verdienst nicht absprechen, aber ich muß; als eine Folge derselben sehen wir in Italien jene Gleichgültigkeit gegen das Ensemble der Oper, gegen die Oper als geschlossenes Kunstwerk, die sich so naiv äußert, daß man in den Logen, während keine Bravourpartien gesungen werden, Gesellschaft empfängt, ungeniert plaudert, wo nicht gar Karten spielt. Die Vorherrschaft der Harmonie in den Meyerbeerschen Schöpfungen ist vielleicht eine notwendige Folge seiner weiten, das Reich des Gedankens und der Erscheinungen umfassenden Bildung. Das Gelernte ward bei ihm Natur, und die Schule der Welt gab ihm die höchste Entwicklung; er gehört zu jener geringen Zahl Deutscher, die selbst Frankreich als Muster der Urbanität anerkennen mußte. Solche Bildungshöhe war vielleicht nötig, wenn man das Material, das zur Schöpfung der ‹Hugenotten› gehörte, zusammenfinden und sicheren Sinnes gestalten wollte. Aber ob nicht, was an Weite der Auffassung und Klarheit des Überblicks gewonnen ward, an anderen Eigenschaften verloren ging, das ist eine Frage. Die Bildung vernichtet bei dem Künstler jene scharfe Akzentuation, jene schroffe Färbung, jene Ursprünglichkeit der Gedanken, jene Unmittelbarkeit der Gefühle, die wir bei rohbegrenzten, ungebildeten Naturen so sehr bewundern.» [121]

MITTEN IM LEBEN VOM TOD UMFANGEN

Bologna, Florenz – Bologna, Florenz 1831–1848

«Der Tod ist besser, als so zu leben.»

Der Kopf wird über das Herz siegen: die Wissenschaft wird die Kunst zugrunde richten, und unter dem Übermaß von Noten wird, was man instrumental nennt, das Grab der Stimmen und des Gefühls werden. Möge es nicht dazu kommen!!!»[122]

Es kam, wie es kommen mußte.

Mit der begeisterten Aufnahme, die Meyerbeers «Übermaß an Noten» in der Oper «Robert le Diable» am 21. November 1831 erlebte, tat sich vor Rossini schon das «Grab der Stimmen» auf – und auch sein eigenes. Die Frucht seiner Bemühungen um den gefühlvollen Belcanto war faulig geworden. Die neue Leitung der Grand Opéra hatte Rossini fallengelassen – wie einen überreifen Apfel, der sich neben den neuen Trieben nicht mehr am Ast eines Baumes halten konnte, dessen Wurzeln noch im Boden seiner musikalischen Heimat gründeten.

Darauf besann er sich nun. Am Théâtre Italien kümmerte er sich um den Nachwuchs, protegierte Donizetti und warnte Bellini, «sich nicht von den deutschen Harmonien zu sehr verführen zu lassen, sondern sich immer bei der Struktur auf einfache Melodien zu verlassen, die am wirkungsvollsten sind»[123].

Die Befürchtung, daß «der Kopf über das Herz siegen» könnte, wurde für Rossini selbst umgekehrt, dafür aber um so bitterer wahr. «Rossini ist nicht so glücklich, wie er sein sollte», erkannte später eine Freundin; «dieser Mann dachte, daß er sein Herz durch seinen Verstand vernichten kann. Jetzt will das Herz seine Rechte zurückfordern und sucht nach den Gefühlen der Zuneigung, die es nicht finden kann. Nun siegt das Herz über den Verstand!»[124] Diesen drohten ihm die immer öfter wiederkehrenden Depressionen und seine Krankheit tatsächlich zu rauben. Von seiner Frau hatte er sich inzwischen endgültig getrennt – was sein Gefühl der Verlassenheit noch verstärkte. Und das unerfreuliche Gerangel um seine Rente verstärkte noch die Verzweiflung, die den berühmten Opernkomponisten auf dem Abstellgleis überfiel.

Die Verehrung, die er nach wie vor genoß, konnte ihm Liebe und Zuneigung, die er so sehr vermißte, ebensowenig ersetzen wie seine Gefräßigkeit, die ihn immer dicker und unansehnlicher werden ließ.

Die Rettung aus dem seelischen Tief kam schließlich in Gestalt einer dreiunddreißigjährigen Frau, die als unehelich Geborene ihr Leben schon früh selbst in die Hand nehmen oder besser situierten Herren anvertrauen mußte: Olympe Pélissier. Auf der Suche nach einem Vater, den sie nie hatte, und nach Liebe, die sie bei ihren zahlreichen «Gönnern» nicht fand, traf sie auf Rossini. Dieser war als Liebhaber zwar untauglich geworden, da seine Urethritis als Folge einer unausgeheilten Gonorrhöe den Geschlechtsapparat blockierte – doch nach all den letztlich deprimierenden Affären ihres Lebens und nach einer Choleraepidemie, die 1832 in Paris fast dreizehntausend Menschen dahingerafft hatte, richtete sich ihr Blick auf etwas viel Wesentlicheres: ihre und Rossinis Heilung.

Die Zuneigung Olympes und ein kurzer Aufenthalt in Castenaso stellten den kranken Mann so weit wieder her, daß er an den Abendunterhaltungen der Pariser Salons wieder teilnehmen und diese mit neuen Liedern und Duetten bereichern konnte. Auch der Verleger Troupenas profitierte davon und gab 1835 eine Sammlung «Soirées musicales» heraus, die in der Folgezeit zahlreiche Komponisten – darunter Liszt und Wagner – zur Bearbeitung inspirierten.

Die Geschäfte des Komponisten, an denen auch Lionel Rothschild und seine Bank regen Anteil nahmen, trugen zur allgemeinen Zufriedenheit bei, und Rossini fand auf einer Reise nach Frankfurt zur Hochzeit seines vermögenden Freundes sogar seine «liebenswürdigste Sonntagslaune» wieder. Felix Mendelssohn, der dieses konstatierte und von Rossinis «Geist, Lebendigkeit und Witz» sehr angetan war, heimste bei ihrer Frankfurter Begegnung reichlich Lob ein. «Wenn man die jungen Talente nicht ermutigt, wenn man ihnen nicht Gelegenheit gibt, sich Erfahrungen zu sammeln, so kann ja nichts daraus werden», meinte Rossini später Hiller gegenüber und fügte mit Bedauern hinzu: «Sie fangen gewöhnlich bei der Instrumentalmusik an, was es ihnen vielleicht schwer macht, sich später den Bedingungen der Gesangsmusik zu fügen. Sie haben Mühe, einfach zu werden, während es den Italienern schwer wird, nicht platt zu sein.»[125]

Sosehr ihm der Rheinwein auch behagte, so trat Rossini doch bald den Rückzug in seine Heimat an und traf im Juni 1834 wieder in Bologna ein. «Ich fand hier meinen Vater gesund vor und, wie Sie sich denken können, glücklich, mich zu sehen. Meine Frau ist gesund und vernünftig.»[126]

Isabella mußte einsehen, daß es kein Zurück in diese Ehe mehr gab, die auch Rossinis Vater einigen Kummer verursachte. An seinen Sohn hatte er schon zwei Jahre zuvor geschrieben: «Wie soll man denn mit einer Frau in Liebe auskommen, die sich stolz und schändlich aufführt, eine Verschwenderin, die sich immer bemüht, boshaft zu sein, und das nur, weil man sich nicht ihrer Großmannssucht und ihren Verrücktheiten unterordnen will. Sie erinnert sich nicht mehr, wo sie herkommt, daß sie schließlich auch nur die Tochter eines armen Trompeters ist und eine Schwester in Madrid hat, die sie mit Briefen bombardiert. Sie erinnert sich nicht an die Zeit, als Crescentini ihr aus Mitleid, als sie in Madrid lebten, Stunden gab und so viele andere Sachen, die ich erwähnen könnte, wenn ich wollte. Ich will nur sagen: Evviva den Venezianern dafür, daß sie sie einmal zu Tode ausgepfiffen haben. Es wäre besser gewesen, wenn sie dies durchgeführt hätten. Dann wäre meine arme Frau nicht aus Gram gestorben, und wenn alles so weitergeht, werde ich auch noch verrückt werden. Du kannst Dich glücklich schätzen, so weit weg zu sein, und ich hoffe, daß Gott dafür sorgt, daß Du immer in Ruhe lebst und den Frieden genießt, den Du wohl bei ihr nicht haben könntest. Sie kann dem Himmel tausendmal dafür danken, Dich zum Mann genommen zu haben. Denn wenn sie jemand geheiratet hätte, der so wie sie denkt, wären sie beide heute schon im Armenhaus.»[127]

«Ruhe und Frieden» erhoffte sich Rossini nun im Zusammensein mit Olympe, die er nach Bologna nachkommen ließ, um sie zu gegebener Zeit «irgendwo in Italien... auf meine Weise glücklich zu machen»[128].

Die erste Station auf der Reise ins erhoffte Glück war eine Wohnung in Mailand, wo Gioachino und Olympe für die ehemals besten Sänger Italiens und ihre durchlauchten Bewunderer musikalische Gesellschaften gaben. Die berühmte Pasta sang jetzt in Rossinis Wohnstube, während in Paris die Salle Louvois, die bis dahin das Théâtre Italien beherbergte, ein Raub der Flammen wurde. Nicht anders war es ein Jahr zuvor dem Teatro La Fenice ergangen.

Das Denkmal Rossinis jedoch überlebte im Kokon der guten Gesellschaft Mailands, wo man das Entree des Opernhauses, wie schon in Pesaro, mit seiner Büste schmückte, während in Bologna Gioachinos Namenstag zum offiziellen Festtag erklärt wurde.

Mit der Verklärung hielt auch der Tod in Rossinis Leben Einzug.

Bellini war vierunddreißigjährig in Paris gestorben; Severini kam beim Brand des Italienischen Theaters ums Leben – und Giuseppe Rossini segnete am 29. April 1839 das Zeitliche.

Das Ableben des Vaters bedeutete für den Sohn den Verlust seiner letzten vitalen Bindung an seine Herkunft, der er auch im nervenaufreibenden Opernkrieg der Pariser Jahre nie abgeschworen hatte. Und nun kappte dieser freche Tod die Ankerleine und überließ den haltlos Gewordenen einem trüben Gedankenmeer, aus dem die Klippe des Wahnsinns bedrohlich emporragte.

«Ich habe alles, was mir am wertvollsten auf der Erde war, verloren. Ohne Illusion, ohne Zukunft, stellen Sie sich vor, wie ich die Tage verlebe! Mein Arzt will, daß ich nach Neapel gehe, um Moorbäder, Seebäder und eine Kur mit zusammengebrauten Medizinen durchzumachen. Ich habe einen derart grausamen

Winter hinter mir, daß ich diese Reise unternehmen muß, die mir unter anderen Umständen ein Vergnügen sein würde, nun aber in meinem Zustand der Trauer vollständig gleichgültig ist. Wenn ich wenigstens von meinen Drüsenleiden und Gliederschmerzen geheilt würde, die mich den ganzen Winter quälten.»[129]

Die Qualen und Tränen wollten kein Ende nehmen. An Schlaf war nicht zu denken. Nachts warf er sich vom Rücken auf den Bauch; hier setzten ihm die Ärzte Blutegel an die Hämorrhoiden, dort führten sie ihm Katheter in die verstopfte Harnröhre ein. Nichts half. Hatte er sich vor Wochen aus der Depression heraus in neue Krankheiten gefressen, so versagte dem «Gourmet» nun auch der Verdauungsapparat seinen Dienst, und erneut stellte sich der Trübsinn ein.

Wenn ihm auch von allen Seiten Anträge gemacht wurden, wieder als Opernkomponist an die Öffentlichkeit zu treten, so scheute er in seinem Zustand doch davor zurück, seinen Ruf zu verscherzen. Sein Ansehen war das einzige, was ihm noch blieb, und den eigenen Nachruf wollte er mit einer Oper, die unweigerlich aus der Mode fallen mußte, nun doch nicht schreiben.

Noch als sein Vater im Sterben lag, hatte er sich entschlossen, das Angebot des Liceo Musicale in Bologna anzunehmen und im Rahmen einer ehrenamtlichen Beratertätigkeit an der Neubildung der Schule, der er dreißig Jahre zuvor den Rücken gekehrt hatte, mitzuarbeiten.

Im Januar 1840 stand vor dem Schulorchester ein abgemagerter und alt gewordener Mann, der seinen Arm kaum über die Schulter hinaus bewegen konnte – was ein Achselzucken verursachte, das für sich selbst sprach.

Nicht seine eigenen Werke, sondern Mendelssohn und Weber empfahl er zum Studium, und als Lehrmeister wollte er Donizetti gewinnen, der allerdings ablehnte.

«Rossini ist ein anderer Mensch geworden, als er früher war, und ist jetzt ein ernsthafter Mann»[130], ließ der belgische Musikwissenschaftler François Fétis in der «Revue et Gazette musicale» verlauten. Ihm hatte Rossini seine mangelhafte Ausbildung und derzeitige Unlust auf die Musik gestanden, und auf den Einwand des Journalisten, daß das Verlangen danach sich gewiß wieder rühren würde, antwortete er: «Wie kann es wiederkehren, wenn es niemals vorher in mir existierte? ...»[131]

Während einer Aufführung des «Stabat Mater», das Donizetti im März 1842 in Bologna dirigierte, «bewegten ihn verschiedene Gefühle so sehr, daß er zu zittern begann und einen Schweißausbruch erlitt, der erst allmählich nachließ, so daß er in der Lage war, als die Schlußnummer wiederholt worden war, den Beifall entgegenzunehmen, in den Saal und aufs Podium zu gehen und Donizetti zu umarmen und zu küssen, womit er diesem einen großen Teil des Erfolgs des ‹Stabat› zuschreiben wollte. Inzwischen riefen die Leute auf der Piazza laut nach Rossini. Von einem Fenster aus wurde bekanntgegeben, daß der große Maestro sich nicht wohlfühle, und die beifallspendende Menge zerstreute sich ...»[132]

Auch die Ärzte waren am Ende ihrer Kunst. Olympe drängte nun darauf, Heilung in Paris zu suchen, wo sie mit Gioachino denn auch die Sommermonate des Jahres 1843 in ärztlich verordneter Zurückgezogenheit verbrachte.

Als ruchbar wurde, daß Rossini nach vierjähriger Abwesenheit wieder in der Stadt war, bildeten sich bald Menschenschlangen vor seiner Tür. Jeder wollte den ehemaligen Star noch einmal sehen, sich in der Aura von Geist und Witz baden, die dem nun bleichen und hohlwangigen Maestro noch immer aus den eingefallenen Augen blitzten, bevor er gänzlich zum Denkmal versteinern würde.

Mit einem Galaabend und Opernausschnitten flocht ihm sogar die Grand Opéra einen Kranz, als wäre es der Lorbeer, welcher einst den römischen Cäsaren über ihr Haupt gehalten wurde mit den Worten: «Bedenke, daß du sterblich bist!»

Zwischen Ruhm und Tod liegt die Einsamkeit, die dem einstigen Sieger hier, wo ihn die Krankheit zu Ruhe und Enthaltsamkeit zwang, schmerzhaft bewußt wurde.

«Als letzterer [Rossini] voriges Jahr nach Paris kam, besuchte er auch die Trattoria seines ehemaligen Dieners, und nachdem er dort gespeist, blieb er vor der Türe lange Zeit stehen, in tiefem Nachdenken das große Operngebäude betrachtend. Eine Träne trat in sein Auge, und als jemand ihn frug, weshalb er so wehmütig bewegt erscheine, gab der große Maestro zur Antwort: Paolo habe ihm sein Leibgericht, Ravioli mit Parmesankäse, zubereitet wie ehemals, aber er sei nicht imstande gewesen, die Hälfte der Portion zu verzehren, und auch diese drücke ihn jetzt; er, der ehemals den Magen eines Straußes besessen, könne heutzutage kaum soviel vertragen wie eine verliebte Turteltaube.

Wir lassen dahingestellt sein, inwieweit der alte Spottvogel seinen indiskreten Frager mystifiziert hat, und begnügen uns heute, jedem Musikfreunde zu raten, bei Broggi eine Portion Ravioli zu essen und nachher, ebenfalls einen Augenblick vor der Türe der Restauration verweilend, das Haus der großen Oper zu betrachten. Es zeichnet sich nicht aus durch brillanten Luxus, es hat vielmehr das Äußere eines sehr anständigen Pferdestalles, und das Dach ist platt. Auf diesem Dach stehen acht große Statuen, welche Musen vorstellen. Eine neunte fehlt, und ach! das ist eben die Muse der Musik. Über die Abwesenheit dieser sehr achtungswerten Muse sind die sonderbarsten Auslegungen im Schwange. Prosaische Leute sagen, ein Sturmwind habe sie vom Dache heruntergeworfen. Poetischere Gemüter behaupten dagegen, die arme Polyhymnia habe sich selbst hinabgestürzt, in einem Anfall von Verzweiflung über das miserable Singen von Monsieur Duprez. Das ist immer möglich; die zerbrochene Glasstimme von Duprez ist so mißtönend geworden, daß es kein Mensch, viel weniger eine Muse, aushalten kann, dergleichen anzuhören. Wenn das noch länger dauert, werden auch die anderen Töchter der Mnemosyne sich vom Dach stürzen, und es wird bald gefährlich sein, des Abends über die Rue Lepelletier zu gehen.»[133]

Rossini war froh, im Herbst einigermaßen erholt wieder in Bologna zu sein und sich als Direktor des Liceo Musicale dem italienischen Nachwuchs widmen zu können. Ein Freund erinnerte sich:

«Als wir auf dem Wege zum Wohnsitz des großen Komponisten waren, trafen wir ihn unterwegs bei einem Spaziergang mit einigen Freunden. Er sah wie ein Philosoph der Antike aus, umgeben von Jüngeren, die an seinen Worten hingen. Wir stellten uns ihm vor und wurden freundlichst und warm willkommen geheißen. Er nahm uns beim Arm und führte uns bei seinem Haus vorbei, wobei er ganz vertraut über Frankreich und den jetzigen Zustand des Musiklebens sprach. Man würde sich irren zu glauben, daß Rossini desinteressiert daran ist, was im Kunstleben vorgeht... Nachdem ich offen gesagt hatte, daß ich die italienischen Theater im beklagenswerten Zustand vorfand, fügte er hinzu: ‹Sie haben ganz recht. Es ist jetzt nicht eine Frage, wer besser, sondern wer lauter singt. In ein paar Jahren wird es in Italien keine Stimmen mehr geben.›»[134]

Wozu sollte Rossini also noch komponieren?! «Jetzt gehöre ich zu den Invaliden und muß musikalisch stumm bleiben.»[135] Er hatte sich damit abgefunden, als Objekt der Verehrung Malern und Bildhauern Gelegenheit zum Verdienst zu geben, und befriedigte das gleiche Bedürfnis seines Verlegers in Paris, indem er mit Widerwillen die Chöre seines Jugendwerks «Edipo Coloneo» zu den «Trois chœurs religieux» ausarbeitete.

1846 starb Papst Gregor XVI., und die Schlüssel von Sankt Peter nahm nun ein sich zunächst reformbereit gebender Kirchenfürst in die Hand: Pius IX. Seine Berufung zum Oberhaupt der römischen Kirche hatte der neue Papst einer Reforminitiative angesehener Bürger von Bologna zu verdanken, die nun Rossini nötigten, eine Kantate für den neuen Herrscher in Rom zu schreiben. Rossini mußte einwilligen, war er doch für die Ehrungen, die ihm von der Bologneser Gesellschaft so zahlreich zuteil wurden, eine Gegenleistung schuldig.

Fürs erste sollte ein bearbeiteter Chor aus «La Donna del lago» mit neuem Text genügen, und der «Grido di esultatione» ließ denn auch die Zuhörer der Aufführungen in Bologna und Mailand jauchzen.

Doch damit nicht genug. Das öffentliche Ansehen des neuen Papstes bedurfte weiterer Huldigungen, und sosehr er sich auch sträubte, Rossini wurde ein weiteres Mal in die Pflicht des Dankes genommen.

Eine andere Geste des Dankes hatte indessen Olympe Pélissier für die Kritik übrig, die ein Rossini-Pastichio an der Pariser Oper der Geschmacklosigkeit zieh: Sie schickte an das «Journal des Débats» zwei riesenhafte Eselsohren. «Die Ohren sind in Heu eingepackt. All dies hat mich unendlich viel Zeit gekostet: . . . ich wollte eine Imitation schaffen, die beim Aufmachen der Schachtel Heiterkeit erregt . . . Ich hoffe, daß man die Schachtel vor den Augen des Direktors oder der Angestellten des ‹Débats› öffnen wird. Es ist ganz unmöglich, daß dieses Geschenk nicht die richtige Adresse erreichen wird, da ich den beiden Ohren den Artikel vom 17. Januar angeheftet habe . . . Rossini weiß nichts von all dem, sein Charakter ist so ganz von meinem verschieden, und ich habe mich derart aufgeregt, daß ich mich unwohl fühle.»[136]

Am 7. September 1845 war Isabella Colbran nach schwerer Krankheit gestorben.

Nun stand der Heirat mit Olympe Pélissier nichts mehr im Wege, und die gequälte Seele des vierundfünfzigjährigen Rossini fand endlich ein Refugium.

Nach der Eheschließung am 16. August 1846 zog sich das Paar aus der zu groß gewordenen Welt der Spötter und Verehrer in eine Mietvilla zurück, um hin und wieder in ausgewählter Gesellschaft zu musizieren.

Rossini zog seine Kreise enger. Sie sollten jedoch bald gestört werden.

In den Schöngesang seiner Gäste mischten sich von der Straße her die Parolen der radikalen Patrioten, die auf dem Weg zu den Kampfplätzen der Revolution waren. Das republikanische Fieber, das in Frankreich ausgebrochen war und in der Schweiz einen Bürgerkrieg entfesselte, der den Eidgenossen schließlich zur neuen Verfassung und nationaler Autonomie verhalf, grassierte nun auch wieder in Italien.

Die Fremdherrschaft der Österreicher, welche den italienischen Fürsten und dem Papst wieder zu ihrer traditionellen Vormachtstellung verholfen hatte, sollte endgültig abgeschüttelt werden und ein «junges Italien» aus den vereinigten Provinzen Mittelitaliens erwachsen.

Die anfängliche Reformpolitik Pius' IX., den man gern als den Retter aus nationaler Not gesehen hätte, öffnete die Schleusen für eine Bewegung, die sich mit der Milderung der Zensur wieder republikanisch artikulieren konnte. Und die aus dem Exil heimkehrenden Schriftsteller taten das Ihrige, dem «Bewußtsein einer zukünftigen Welt», wie es Byron formulierte, Auftrieb zu geben. Die klassische Literatur mußte vor der engagierten, gegenwartsbezogenen, romantischen in Deckung gehen.

Ebenso der Musiker Rossini. In Bologna wurde geschossen, und der als «reicher Reaktionär» verschriene Komponist konnte sich nicht mehr aus dem Haus wagen. Das Revolutionsjahr 1848 war angebrochen.

Während auf der politischen Bühne die Wiedergeburt Italiens, das Risorgimento, gespielt wurde, sah die Welt der Oper ihrem Untergang entgegen. In Paris plünderten zu gleicher Zeit die um ihre revolutionären Ideale Betrogenen einen Theaterfundus. Mit Holzschwertern, Lanzen und Rüstungen aus Pappmaché stürmten sie gegen die verhaßte «Garde municipale» an, um der Monarchie endgültig den Garaus zu machen. Wenn sich das Theater schon den primären Bedürfnissen des kleinen Bürgertums verschloß, so sollten wenigstens seine «Waffen» dessen Interessen durchsetzen.

In Frankreich, Deutschland und Österreich rang man um eine demokratische Verfassung und in den italienischen Opernhäusern die Hände. Die Theater waren leer. Was die Wirtschaftskrise des Jahres 1847 angerichtet hatte, vertilgte nun die Revolution. Auch die bewährten Zugpferde im Repertoire der italienischen Oper brachten nach Einbruch der Dunkelheit keinen Zuschauer mehr auf die lebensgefährlichen Straßen. Infolgedessen konnte mancher Impresario die Künstlergagen nicht mehr bezahlen, mußte die Vorstellungen für eine Saison aussetzen oder gleich Konkurs anmelden. Außerdem verloren die meisten Theaterleiter mit den vielerorts erzwungenen Veränderungen der gesellschaftlichen Machtstrukturen ihre Lobby, und da nun das öffentliche Leben zur «Res publica» geworden war und neue Druckerzeugnisse von der Zeitschrift bis zum Roman die neuen Themen neu definierten, mußte das Theater, in erster Linie aber die Oper, in Italien aus dem Zentrum des gesellschaftlichen Lebens rücken.

Rossini flüchtete nach Florenz. Seine notorische Angst war stärker als seine Liebe zu Bologna. Hatte er gehofft, hier in seiner Wahlheimat Zuflucht vor den Verunsicherungen finden zu können, die ihm durch das Theaterleben außerhalb Italiens zugefügt worden waren, so erschrak er nun über diesen Aufruhr, der sich mit Gesang nicht mehr besänftigen ließ.

Also verpackte er seine Notenblätter und Erinnerungsstücke zusammen mit den übrigen Habseligkeiten eiligst in Kisten und überließ diese der Hoffnung auf baldige Wiederkehr.

Am 28. April saß Rossini neben seiner Frau in der Postkutsche nach Florenz und ließ sich in die düstere Welt seiner Gedanken treiben. Gewiß, Olympe sprach ihm Mut zu, aber die Anfeindungen und Verleumdungen, ein «kalter Egoist und Verächter von allem außer Geld»[137] zu sein, machten ihn taub für ihren Trost.

In Florenz zog er das Bett den gesellschaftlichen Anlässen vor und dachte nur daran, die «Gastfreundschaft, Freunde, das Beste von allem Guten und die Ruhe der letzten Lebensjahre»[138] in Bologna wiederzufinden.

Ein gewisser Padre Ugo Bassi machte ihm neue Hoffnung. Als Patriot von Gottes Gnaden und vehementer Verteidiger Rossinis gab er diesem Gelegenheit, mit einer weiteren Hymne auf den Papst sich als wahrer Bologneser zu zeigen. Obwohl die anhaltende Schwermut seine Inspiration lähmte, nahm der Komponist an. «Ich bin auch tief gerührt und befriedigt zu hören, daß Sie, o Signore, die Idee vorgeschlagen und die Bologneser sie angenommen haben, mir die Gelegenheit zu bieten, mich wieder mit dem von mir aufgegebenen Beruf zu beschäftigen und eine von Ihnen geschriebene Hymne zu vertonen. Als wahrer und begeisterter Italiener werde ich mich sehr bemühen, die Musik zu schreiben, zur Begeisterung von ganz Italien, das unserem großen und wohltätigen Oberhaupt, Papst Pius IX., Beifall spendet. Empfangen Sie, oh Signore, die Versicherung der hohen Achtung, mit der ich die Ehre habe, Ihr ergebener Diener zu sein. Gioachino Rossini.»[139]

Bologna und seine Bürgerwehr nahmen die Partitur samt Widmung dankend an, und die Zuhörerschaft wünschte bei der Aufführung am 21. Juni sogar eine Wiederholung. Aber Rossini mußte später erfahren, daß er im Kreis der italienischen Patrioten zur Persona non grata erklärt worden war.

Im September 1850 kam er unter Polizeischutz nach zweieinhalbjähriger Abwesenheit wieder nach Bologna, um Geschäfte abzuwickeln und die Überführung seiner dort verbliebenen Habe nach Florenz zu organisieren. Hatte er bei dieser Gelegenheit erst nur eine bedrückende Atmosphäre in der Stadt wahrgenommen, so wurde ihm im folgenden Februar die Lage der Nation um so klarer. Er war ein zweites Mal nach Bologna gereist, um seine Sachen abzuholen, wozu er die Bewilligung des österreichischen Gouverneurs Graf Nobili brauchte. Als Rossini an einem dieser Tage mit einigen Freunden zusammensaß, tauchte der Statthalter als unerwarteter Gast bei ihm auf. Die patriotischen Freunde fühlten sich kompromittiert und verließen demonstrativ das Haus des Komponisten.

Da saß er nun, heimatlos und verlassen, zwischen den Kisten und Truhen, welche die Erinnerungen an ein Leben bargen, das seines nicht mehr war. «Der Tod ist besser, als so zu leben», gestand er Filippo Mordani, «und alle Illusionen des Lebens sind mir abhanden gekommen.»

Unter diesen Umständen machte auch die Arbeit am «Liceo» keinen Sinn mehr. Er verabschiedete sich endgültig von Bologna, verkaufte seine Besitztümer und begab sich nach Florenz, wo er die folgenden Monate in tiefen Depressionen verbrachte.

«Das Licht seiner hohen Intelligenz scheint im Begriff zu

erlöschen . . ., einige der regelmäßigen Besucher sagten mir, wie er in laute Klagen und Seufzer ausbricht, unerwartet anfängt, heftig zu schluchzen, oft in den Spiegel sieht und sich der Feigheit anklagt, und dann sagt: ‹Wo bin ich hingekommen, und was war ich in dieser Welt? Und was werden die Leute sagen, wenn sie mich so hilflos sehen, daß ich von einer Frau wie ein kleiner Junge herumgeführt werden muß?›» [140]

Tatsächlich mußte Olympe befürchten, daß der geistig und körperlich hinfällig Gewordene sich selbst den so oft beschworenen Tod geben würde, um von dieser Welt, von der er sich verlassen wähnte, endgültig Abschied zu nehmen.

«Die Nacht war gekommen . . .» Emilia Branca Romani erinnerte sich an einen Abend, als es der Sängerin Matilde Juva gelang, den kranken Maestro zur Begleitung am Klavier zu überreden: «Der Maestro ließ sich, sozusagen, mitreißen, aber unter der Bedingung, daß er im Dunkeln blieb. Zu der kleinen Gruppe kamen noch die üblichen Freunde zum Abend hinzu . . . Alle begaben sich in den Salon, in dem die einzige Beleuchtung durch die Tür aus dem Speisesaal hineinschien, wo eine Lampe auf dem Tisch brannte. Rossini saß am Pianoforte, seine Matildina neben ihm stehend, bereit zu singen, und Romani zu seiner linken Seite. Der große Maestro ließ seine Finger in Arpeggios über die Tasten gleiten, trillerte, gab seiner Phantasie und Laune im Vorspiel der berühmten ‹Romanza› aus ‹Otello› nach, vervierfachte, verhundertfachte es, produzierte eine ‹Fantasia alla Thalberg› großartig, erstaunlich, verblüffend.

Man hätte sagen können, daß er, weit entfernt davon, träge zu sein, nichts tat, als auf den Klaviertasten zu üben. Die Bewunderung der privilegierten Zuhörer war ungeheuer, aber niemand wagte, sie zu zeigen; denn Signora Pélissier war mit den Fingern an den Lippen, als Zeichen des Schweigens, vor ihnen allen vorbeigegangen. Sie hatte Angst, den Maestro zu stören. Als das Vorspiel vorüber war, sagte Rossini zu Signora Juva: ‹Jetzt sind Sie an der Reihe, liebe Desdemona.› Sie war fast zu Tränen gerührt und sang so ausdrucksvoll, so leidenschaftlich, so genau, daß sie kaum fertig war, als Rossini, von einer eigenartigen

Empfindsamkeit ergriffen, krampfhaft zu weinen und wie ein kleiner Junge zu schluchzen anfing. Er schüttelte sich... Die Anwesenden waren verlegen..., aber dann beruhigte Romani zusammen mit seiner Frau mit einigen Worten den Maestro, der am Pianoforte sitzen blieb und immer wieder die Hände der talentierten Sängerin küßte. Ruhe war wiederhergestellt, und Rossini ließ seine Finger wieder über die Tasten gleiten, lockte zauberhafte Töne hervor und schlug der neben ihm stehenden Frau vor, daß sie die Kavantine aus ‹Semiramide› singen solle. Signora Juva stimmte begeistert zu, fürchtete jedoch, daß sie sich nicht genau erinnern könne. ‹Trotzdem, liebe Matildina, müssen Sie es ohne Noten singen, denn ich möchte kein Licht haben... Ich will Ihr Souffleur sein›, fügte er hinzu. Und dann spielte er mit der Brillanz eines großen Pianisten, änderte das Vorspiel und den vorhergehenden Chor mit neuen geschmackvollen Passagen ab, wie in der ‹Romanza› aus ‹Otello›, und so wurde die Kavantine von Anfang bis Ende ohne Zwischenfall aufgeführt und rief große Bewunderung bei allen hervor, besonders bei dem Maestro, der diesmal in befriedigter Stimmung seine Semiramide, wie er sagte, umarmen und küssen wollte und ihr unzählige Komplimente machte. ‹Siehe da, Rossini hat sich mit der Musik ausgesöhnt›, riefen die Freunde einstimmig aus und beglückwünschten sich gegenseitig. Madame Pélissier drückte in tiefer Dankbarkeit Romani und Juva die Hände und umarmte die Schwestern Branca und ihre Freunde zum Dank für alles Gute, das sie ihr angetan hatten... Von diesem Abend an wurde immer ein wenig Musik im Hause Rossini gemacht, verständlicherweise Musik von Rossini oder sehr alte klassische Musik, d.h. so lange, wie die Familien Romani und Juva in Florenz blieben, was ungefähr ein Monat war. Der lichte Augenblick in Rossinis Gemüt war nicht von langer Dauer, die hypochondrisch-nervösen Störungen fingen wieder an und blieben mit mehr oder weniger starker Heftigkeit bestehen.»[141]

DEM ENDE ENTGEGEN

Paris 1855–1868

«Oh, ich hatte eine leichte Hand und viel Instinkt.»

Dem desolaten Zustand Rossinis war in Italien nicht mehr beizukommen, also setzte Olympe noch einmal alle Hoffnung auf Paris. Im Glauben an die heilende Kraft der neuen Umgebung und der französischen Ärzte, die den Leiden ihres Mannes schon einmal Linderung verschafft hatten, ließ sie am 26. April 1855 die Pferde vor den Reisewagen spannen.

Die Fahrt war abscheulich. Über einen ganzen Monat zog sie sich hin, da der Patient den Anstrengungen, die das Reisen im Wagen mit sich brachte, kaum mehr gewachsen war. Anhaltende Durchfälle, Schmerzen und Harnzwang, dem nur der Katheter Abhilfe schaffen konnte, erforderten längere Unterbrechungen.

Im März 1855 hatten das Ehepaar Rossini und seine beiden Bediensteten endlich Paris erreicht. Die Fahrt zum Quartier Montmartre, wo man fürs erste in der rue Basse-du-Rempart wohnen sollte, ging an schmucken Fassaden mit kannelierten Säulen und schmiedeeisernen Geländern vorbei. Hier und da hatten noch vereinzelte Parolen, die von «Liberté», «Egalité» und «Fraternité» kündeten, auf schlecht verputzten Mauern überlebt, und die brüchigen Häuser rückten verschämt zusammen vor den Atlanten und Karyatiden, die zwischen ebenso riesigen Fenstern die Balkone trugen.

Paris im «Seconde Empire»

Die napoleonische «Transformation du Paris» war in vollem Gange, und das «Seconde Empire» begann sein Gesicht zu zeigen.

«Wenn ich Herr und Meister Frankreichs wäre, würde ich Paris nicht nur zur schönsten Stadt machen, die es gibt und die es je gegeben hat, sondern auch zur schönsten Stadt, die es überhaupt je geben könnte.»[142]

Der neue Kaiser Louis Napoléon war es seinem Großonkel Bonaparte, der dieses sprach, schuldig, der Hauptstadt seines Reichs neues Ansehen in Europa zu verschaffen und dem Mythos des Bonapartismus, der durch alle Schichten der Pariser Bevölkerung geisterte, endlich Gestalt zu verleihen.

Nicht nur die hygienischen und infrastrukturellen Mißstände geboten eine grundlegende Modernisierung der Metropole, sondern auch die Sicherung der politischen Macht. Diese war nur mit einer Neuorganisierung der Verkehrswege, deren Knotenpunkte die Bahnhöfe als «die neuen Tore von Paris» werden sollten, und einer Regulierung des Straßennetzes gewährleistet, das den Streitkräften im Falle kriegerischer oder revolutionärer Auseinandersetzungen den Zugriff auf den Feind erleichtern sollte. Der Planungsarchitekt Haussmann, seit 1853 Präfekt des Seine-Départements, würdigte seine eigenen Leistungen mit den Worten: «Man schlitzte dem alten Paris, dem Quartier der Aufstände und Barrikaden, mittels einer großen, zentralen Schneise den Bauch auf, indem man Stück für Stück dieses fast unpassierbaren Gewirrs von Gassen durchbrach und Querverbindungen anlegte, deren Fortsetzung das derart begonnene Werk vollendeten.»[143]

Wo nicht «aufgeschlitzt» wurde, kesselte man die potentiell aufrührerischen Quartiere mit breit angelegten Boulevards ein und säumte diese mit Verwaltungsgebäuden und Bürgerhäusern, deren ausladende Fassaden keine Schlupfwinkel mehr boten und unverkennbar demonstrierten, wer hier den Ton angab: die Geldbourgeoisie. Armut und Elend waren in kurzer Zeit erfolgreich an die Peripherie der Stadt oder in die Hinterzimmer verbannt worden.

Die meisten politisch aktiven Intellektuellen gingen indessen freiwillig ins Exil. Nach der Revolution von 1848, die dem skandalumwitterten Thron Louis Philippes und seinem selbstgefälligen Ministerium ein Ende bereitet hatte, hofften sie vergebens auf «Gleichheit und Brüderlichkeit».

Die bürgerliche Mitte trug bei den Wahlen zur gesetzgebenden Versammlung den Sieg davon und betitelte die radikaldemokratische Linke als «Kommunisten». Als die Nationalwerkstätten geschlossen und Massen von Arbeitern beschäftigungslos wurden, gingen diese auf ihre eigenen Barrikaden. Doch Armee und Nationalgarde waren stärker.

Zur Wiederherstellung von Ruhe und Ordnung bedurfte es nun eines Präsidenten der Republik, der die Interessen der Wirtschaftsbourgeoisie ebenso wahrte, wie er die Sehnsucht der kleinen Bürger nach napoleonischer Größe befriedigen konnte. Die Wahl fiel auf Louis Napoléon Bonaparte – ein Affront für die Republikaner, die jedoch nicht verhindern konnten, daß der «Fürst-Präsident» das Rad der Geschichte mit einem Staatsstreich zurückdrehte und schließlich am 2. Dezember 1852 das Zweite Kaiserreich ausrufen ließ.

Nachdem 1815 das fortschrittliche Europa Napoleons von der antiliberalen Reaktion der Heiligen Allianz verraten worden war, sollte die Tat nun endlich gesühnt und Napoleons erstes Reich rehabilitiert werden.

Am «Seconde Empire» sollte die Welt gesunden – und auch Rossini, der sein Leben nicht endigte, ohne eine «Hymne auf Napoleon III. und sein tapferes Volk» geschrieben zu haben. Seine wundersame Genesung hatte der Zweiundsechzigjährige allerdings seiner Frau und den französischen Ärzten zu verdanken, die ihn als erstes zur Kur in die Normandie schickten.

Die heißen Sommermonate konnte der kranke Mann unmöglich im stickigen und lärmenden Paris verbringen. Der Seebadeort Trouville versprach dagegen Ruhe, und «kein Wölkchen am blauen Himmel – ein frischer Ostwind kräuselt die Wogen der See, welcher es wohlzutun scheint, ein wenig aufgerüttelt zu werden. Die anmutigen Landhäuser am Strande und auf den Höhen erscheinen wie vergoldet von den Strahlen der Sonne, die reizenden Gärten mit ihren üppigen Blumenbeeten schillern in den lebhaftesten Farben. Große Fischerbarken schaukeln umher auf der graulichen Woge mit weit aufgeblähten Segeln. Dort drüben die weißen Häuser von Havre le Grace, woher eben das schwarze Dampfschiff herbeieilt, links die grünen Hügel, die sich über dem kleinen Lokalflusse, dem Touck hinziehen, und in der Mitte die unendliche gerade blaue mystische Linie, auf welcher in langen Zwischenräumen dem spähenden Blicke ein Segel oder eine leichte Rauchwolke erscheint. Ein beglückender Anblick, erheiternd und erhebend zu gleicher Zeit.»[144]

Hier spricht ein deutscher Romantiker, der sich die Gelegenheit nicht entgehen lassen wollte, seine Erfahrungen als Komponist, Dirigent und Leiter des Kölner Konservatoriums mit dem berühmten Italiener auszutauschen.

Für die «Plaudereien mit Rossini» hätte Ferdinand Hiller keinen idealeren Ort, geschweige denn Zeitpunkt wählen können als diesen Sommer in Trouville, da Rossini sich vom Grabe weg wieder den Menschen zuwandte, die ihm in «wahrhaft liebevoller Teilhabe» begegneten. Es war vor allem der kränkelnde Adel aus der Umgebung, der sich hier beim Promenieren und Dominospiel in Vornehmheit übte, während ein deutscher General und ein englischer Herzog sich in der erlauchten Damenwelt als Salonlöwen hervortaten.

«Der eigentliche Löwe aber unter den hier weilenden Gästen war und blieb der ‹Schwan von Pesaro›, Gioachino Rossini. Er ist seit einem viertel Jahrhundert für die Franzosen unbedingt der größte musikalische Name, und weder seine Abwesenheit von Frankreich noch seine Untätigkeit haben daran etwas geändert. Die sogenannte musikalische Revolution datiert man von seinem Auftreten in Paris, und zu ihrem Lobe vereinigen sich Ultraroyalisten und rote Republikaner. Indes gibt es ja in allen Ländern, in welchen westeuropäische Musik getrieben wird, keinen verbreiteteren Namen als den seinen, und eine populärere Oper als der Barbier von Sevilla ist wohl noch nie dagewesen. Neben all der Liebe und Verehrung, welche wir Deutschen unseren großen Meistern zuwenden, wird auch der eingefleischteste Klassiker nicht ungerecht genug sein, das große Genie Rossinis nicht anzuerkennen, und die Vorwürfe, welche wir ihm von unserem teils nationalen, teils idealen Standpunkt aus machen, werden sehr abgeschwächt, wenn wir ihn als italienischen Komponisten seinen Vorgängern und Landsleuten gegenüber beurteilen... Seine alle Herzen gewinnende Persönlichkeit und dazu sein leidender Zustand machten Groß und Klein ihm zugetan. Die Neuankommenden und Durchreisenden warteten den Moment ab, wo sie ihn sehen konnten... Bei Konzerten und dergleichen räumte man ihm stets den Mittelplatz auf der vordersten Reihe ein; wenn er sich auf der Terrasse hinsetzte, versammelten sich die hübschesten und elegantesten Frauen um ihn, um ihn zu verhätscheln... Wahrhaft komisch ist die Geschichte eines Schneiders, Monsieur Cuiller, der die Ehre hatte, für Rossini ein paar Beinkleider zu machen. Als er ihm diese überbrachte, bat er ihn schüchtern um Erlaubnis, auf seinem Schilde sich den Ehrentitel: Schneider des Herrn Rossini zuzulegen. Was fällt Ihnen ein? sagte letzterer, sehen Sie mich doch an! Ich sehe aus wie ein Butterverkäufer. Sie kommen um Ihren Künstlerruf, wenn Sie das tun. Der Schneider ließ sich aber nicht irremachen – er bat und drang, der Maestro lachte, und der Schneider siegte, und der Reisende sieht jetzt auf der Hauptstraße von Trouville ein Aushängeschild mit der Aufschrift: Cuiller Tailleur de M. G. Rossini.

Ich war Rossini vorgestellt worden, als ich als ganz junger Mensch nach Paris kam. Sowohl dort wie später in Mailand habe ich ihn sehr viel gesehen, und er hat sich mit mir immer und überall im höchsten Grade wohlwollend und teilnehmend gezeigt. Während der zwei bis drei Wochen, die ich in Trouville verlebte, habe ich den größten Teil der Zeit in seiner Gesellschaft zugebracht. – Wir gingen stundenlang auf der kleinen Terrasse am Meer hin und her und unterbrachen dieses Geschlender höchstens, um eine Partie Domino zu spielen. Das Gespräch hörte auch bei diesem ernsten Spiele kaum auf, und Rossini war ebenso unerschöpflich in seinen Mitteilungen als unersättlich in seinen Fragen und Erkundigungen über Zustände und Persönlichkeiten, über welche ich ihm Auskunft geben konnte. Wenn ich auch bei dem Mangel eines guten Instrumentes nur wenige Male dazu kam, ihm Musik zu machen, so gaben doch Musik und Musiker den Hauptstoff zu unseren Unterhaltungen. Rossinis Gedächtnis ist, wie ich schon früher erwähnte, ganz ungemein stark – seine Kenntnis der verschiedenartigsten Werke und Komponisten viel größer, als die meisten deutschen Musiker voraussetzen dürften – sein Urteil schien mir von jeher scharf, verständig und unparteiisch, er weiß in alles einzugehen und allem gerecht zu werden.»[145]

Die «Gesprächstherapie» schlug an, und Rossini fand trotz seines chronischen Leidens wieder jenen ironischen Witz, mit dem er sich vor den Menschen schützte, die ihm – selbst untertänigst – zu nahe kamen.

Den Sommer des folgenden Jahres verbrachte er im Schwarzwald-Kurort Wildbad, wo er dem Münchner «Theaterjournal» zufolge die «Aufmerksamkeit aller Badenden» auf sich zog. «Er war ein älterer Mann, ein wenig nervös in seinen Bewegungen, aber mit offenem Gesichtsausdruck und lebhaften Augen, der sich ins Hotelregister unter dem Namen Rossini, Komponist, eintrug. Er benimmt sich sehr höflich allen denen gegenüber, die sich um ihn bemühen. Ein junger Mann, der diesen berühmten Musiker sehr bewunderte, stellte sich ihm vor und sagte ihm, daß er sich nicht entschließen könne, aus Wildbad abzureisen, ohne ihn gesehen zu haben. ‹Eh bien›, antwortete ihm der Maestro auf französisch. ‹Monsieur, regardez moi! Vous voyez ça un vieux rococo!›» [«Also, sehen Sie mich an, mein Herr! Sie sehen vor sich einen alten Rokoko-Mann!»][146]

Der alte, scheinbar aus der Zeit gefallenene Komponist zog es auch in den folgenden Jahren vor, in den Hitzemonaten sein Schattendasein außerhalb der umtriebigen Hauptstadt zu fristen. Eine kleine Villa in Passy, die ihm der Musikverleger Heugel vermietete, wurde für das Ehepaar Rossini zum sommerlichen Reduit und für zahlreiche Künstler und Musikliebhaber zum Wallfahrtsort. Da das Italien, nach welchem sich der Ruhebedürftige stets gesehnt hatte, ebensowenig wie das himmlische Paradies ein Ort, sondern vielmehr ein Zustand war, stellte der Heimatlose diesen, so gut es ging, in Passy am Boulevard de Italien her. Zu den Möbeln, die er sich teilweise in Paris kaufte, kamen die Requisiten seines Lebens aus Italien, und den Eindruck des Museums verstärkten ein Rossini-Porträt des Wiener Malers Mayer sowie ein Pleyel-Flügel im großen Salon, dem etliche Urnen einen fast sakralen Anstrich verliehen.

Der Komponist war wieder «zu Hause», wohlversorgt von seiner kleinen, rundlichen, aber äußerst lebhaften Frau Olympe, für die er nach zehnjähriger Enthaltsamkeit wieder die ersten Noten schrieb.

Zu ihrem Namenstag am 5. April 1857 schenkte er ihr eine «Musique anodine» (Harmlose Musik), bestehend aus einem Klaviervorspiel und sechs Liedern, die er alle mit dem gleichen Text von Metastasio für verschiedene Singstimmen mit Klavierbegleitung versehen hatte. Als Nachschrift merkte er an: «Ich biete diese bescheidenen Lieder meiner lieben Frau Olympe dar, als ein bescheidenes Zeichen der Dankbarkeit für die liebevolle und kluge Fürsorge, die sie auf mich während meiner viel zu langen und schrecklichen Krankheit verwendet hat. – Die medizinische Fakultät mag sich schämen.»

Das Eis war gebrochen. Seiner wiedergewonnenen geistigen Regsamkeit gab er außerdem in zahlreichen Briefen Ausdruck, über die er mit der Musikwelt Europas fleißig korrespondierte, wenn er ihre Vertreter nicht gar persönlich in seinem Alterssitz empfing.

Das gesellschaftliche Leben Rossinis spielte sich aber vor allem an den Samstagabenden ab, wenn er seine Freunde, zu denen Maler, Literaten und Musiker gleichermaßen zählten, zum Essen einlud. Im Anschluß daran wurde im großen, aber nicht weniger erlesenen Kreis musiziert. Wer im gesellschaftlichen, kulturellen oder wirtschaftlichen Leben von Paris eine Rolle spielte, war erpicht darauf, zu einem dieser «Samedi soirs» eingeladen zu werden, um sich nicht nur an den Darbietungen der Künstler, sondern vor allem an den geistvoll-witzigen Kommentaren des Meisters zu ergötzen. So konnte er etwa eine Sängerin, die gerade eine Arie aus seinem «Barbier» auf allzu eigenwillige Weise interpretiert hatte, mit freundlichen Worten loben, um sie dann zu fragen: «Von wem ist diese Arie, die Sie gerade für uns gesungen haben?» Eine andere wiederum entschuldigte sich für ihren recht verunglückten musikalischen Vortrag mit den Worten: «Verzeihen Sie, lieber Maestro, aber ich habe etwas Angst gehabt.» Worauf Rossini ihr antwortete: «Ich auch.»

Das Programm für diese begehrten Samstagsveranstaltungen, deren erste am 18. Dezember 1858 stattfand, wurde vom Gastgeber persönlich sorgsam zusammengestellt. Die übrigen Abende der Woche widmete Rossini nur den engsten Freunden, die gewöhnlich so spät kamen, daß ihm genügend Zeit zum Essen und Ruhen blieb.

Gewiß, der Italiener in Paris legte größten Wert auf die Qualität seines Hauptnahrungsmittels Makkaroni und ließ oft Schinken aus Sevilla, Käse aus Gorgonzola und Mortadella nebst Wein aus Bologna kommen. Doch konnte weder von Schwelgerei noch von exquisiter Kochkunst die Rede sein. Das erstere ließ sein defekter Verdauungsapparat nicht zu, und letzteres erschöpfte sich im Aufwärmen von Wasser für die Pasta und dem Zerhakken von Trüffeln zum Zweck der Verfeinerung von Gänseleber und Teigwaren; vorzugsweise aber stippte er Brotstücke in eine große Tasse Milchkaffee.

Rezepte von Rossini gibt es nicht – mit Ausnahme einer Salatkreation, die er in einem Brief an seine erste Frau anläßlich seines Erfolgs mit dem «Barbier von Sevilla» 1815 erwähnte: «Aber mehr als meine neue Oper wird Sie, teure Angélique, ein neuer Salat interessieren, den ich unlängst, zur Freude aller Feinschmecker, erfunden habe. Ich beeile mich, Ihnen das Rezept mitzuteilen: Nehmen Sie eine Schüssel, tuen Sie Provençeöl, englischen Senf, französischen Essig, etwas Zitronensaft, Pfeffer und Salz hinein, reiben Sie dies alles bis zur vollkommenen Mischung durcheinander, und würzen Sie es dann durch kleingeschnittene Trüffel. Diese verleihen dem Salat einen Feingeschmack, der jeden Gourmand zur Bewunderung hinreißt. Der Kardinalstaatssekretär, dessen Bekantschaft ich unlängst gemacht, erteilte mir für diese Erfindung seinen apostolischen Segen ...»[147]

Man mag es versuchen und dabei zum Feinschmecker werden, aber daß Rossini zu einer «Säule der Eßkultur in Frankreich» geworden ist, wie es eine Kulturgeschichte der Gastronomie aus dem Jahr 1894 behauptet, entspricht nur der Verlängerung einer posthumen Anekdotenreihe, die dem Bild eines feisten, gemütlich zurückgelehnten Bonvivants, dem das Komponieren zu anstrengend geworden war, eine epikureische Lebenshaltung zuordnete. Eine dieser Anekdoten beschreibt den Besuch Rossinis bei einem Pariser Pastahändler, der seinen Kunden nicht erkannte. Als man ihn darüber aufklärte, daß es der große Komponist Rossini gewesen sei, der seine Makkaroni trotz der Beteuerung des Händlers, diese seien aus Neapel, verschmähte, antwortete dieser: «Ich kenne ihn nicht; aber wenn er von Musik so viel versteht wie von Makkaroni, muß er sehr schöne Sachen schreiben.» Der Augenzeuge Michotte spricht von «Makkaroni», der Kolporteur macht daraus «Kochkunst». Als Beleg für diese müssen Karikaturen herhalten, die Rossini als Koch zeigen. Die Ironie liegt aber gerade darin, daß der Gourmet lediglich Spaghetti durchs Wasser zieht, während das wirkliche «Grande bouffe» in den einschlägigen Restaurants der Pariser Boulevards vonstatten ging. Hier Koch oder auch nur Kellner zu werden war nicht weniger schwierig, als ins Parlament einzuziehen. In der «Grande cuisine» offenbarte sich die aufwendige Lebensart der «Monde Parisienne» der Bankiers und Industriellen, der Repräsentanten des Großbürgertums und des neonapoleonischen Adels.

Die Zeit der Parvenüs hatte ihre Hochblüte, und wer Geld besaß, mußte dieses auch zeigen. Dazu war der Gesellschaft des «Seconde Empire» jeder Luxus recht, wenn er nur den vom Vortag übertrumpfte. Wer sich gestern noch mit einer Dame beim Essen sehen ließ, kam heute mit zweien an. Die Pariser «Monde» der Lebemänner hatte Konjunktur, und die «Demi-Monde» zog mit. Die Damen der «Grande bicherie» waren nicht etwa Huren, sondern Investitionsobjekte für die gesellschaftliche Reputation ihres Käufers. Da mußten die anständigen Bürgerinnen schon einige Stunden vor dem Spiegel verbringen, um ins gelobte Land dieses Sündenbabels mit einziehen zu dürfen. Jegliche Moral hatte sich verkehrt, und der Journalist Edmond Goncourt konnte nur noch konstatieren: «Ich stehe dem, was kommt, wie dem, was ist, als Fremder gegenüber, wie jenen neuen Boulevards, die nicht mehr von der Welt Balzacs künden, sondern von London, von irgendeinem zukünftigen Babylon.»[148]

Der rekonvaleszente Rossini wußte, warum er sein Haus nur noch für Spaziergänge in den Bois de Bologne verließ und seine gesellschaftlichen Aktivitäten auf das eigene Haus beschränkte, denn «die Abendessen, die Spazierfahrten auf den Champs Elysées, auf den Boulevards, die Besuche bei Tag und die Soireen kann man sich gar nicht vorstellen, in welchem Maße einen alle diese Dinge beschäftigten, trotz der Leere, die sie in einem hinterlassen. Es sind nichtige Absurditäten, nur Gelärm, immer nur Gelärm. Will man sich an irgend etwas erinnern, dann kann man sich an nichts von Belang entsinnen, und dennoch liebt man dieses Leben, vielleicht weil alles so schnell vorüberzieht und einen jene Langeweile vergessen läßt, die jeder neue Tag unweigerlich mit sich bringt.»[149]

Die Klage dieses französischen Grafen kam Rossini samstäglich aus vielerlei Munde zu Ohren. Und er, der schon einmal dem Wahnsinn nahe war, er, Rossini, der Lieferant schöner Melodien und Musical-Clown der besseren Gesellschaft, war aufgefordert, sein Heilswerk nun an den kranken Gemütern einer im Wohlstand verelendenden Gesellschaft zu vollenden, indem er stets noch schönere Melodien erfand. Er tat es, wenn auch auf seine Weise: ohne Überheblichkeit, aber mit jener Ironie, mit der er schon immer die Menschen – und auch Kritiker sind solche – auf Distanz hielt.

Klavierwerke – «Sünden des Alters»

In den Pariser Jahren, den letzten seines Lebens, beging er die «Sünden des Alters», als er neben zahlreichen Gesangsstücken mit Klavierbegleitung phänomenale Miniaturen für Klavier schrieb.

Diese Klavierstücke als Gelegenheitsarbeiten eines alten Komponisten abzutun entspricht weder ihrem Umfang noch ihrem Inhalt. Es ist zu hoffen, daß sich die Pianisten unserer Zeit wieder auf diese Kompositionen besinnen.

Ein Teil von ihnen wurde von Rossini selbst in vier Bänden zusammengefaßt: als «von allem etwas. Eine Sammlung von 56 halbkomischen Klavierstücken. Den Pianisten der vierten Klasse gewidmet, zu denen zu gehören ich die Ehre habe».

Aus diesen Zeilen klingt seine Angst, als anspruchsvoller Komponist entlarvt zu werden und aufs neue der Kritik zum Opfer zu fallen, die niemals begriffen hätte, daß Rossini die «nichtigen Absurditäten», von denen der Comte de Grandève sprach, musikalisch thematisierte. Im Blick auf diese Wirklichkeit der «Monde Parisienne» sprachen die Titel und ironischen Zwischenbemerkungen dieser Stücke tatsächlich Bände.

In ihren Titeln und ihren mitunter bizarren Textkommentaren weisen sie geradewegs auf Erik Satie. Neben «normalen» Barkarolen und Romanzen, Walzern und Märschen finden sich Stücke wie «Quatre Hors d'œuvres» (Radieschen, Anchovis, Cornichons, Butter) oder «Quatre mendiants» (Studentenfutter) mit trockenen Feigen, Mandeln, Nüssen und Rosinen. Im Album für die aufgeweckten Kinder treiben eine asthmatische Etüde und die Fehlgeburt einer Polka ihr Unwesen – man lauscht einem gefolterten Walzer und einem «Valse antidansant». Pianistische Virtuosität fordert der Rizinuswalzer, und das hygienische Präludium am Morgen darf getrost als Vorspiel zu Saties «Tagesablauf eines Musikers» interpretiert werden.

Neben diesen Titeln fallen oft die merkwürdigen Kommentare in den Noten auf. Satie schuf mit diesen Möglichkeiten ein kleines Gesamtkunstwerk: «Sports et Divertissements». Rossini schickt seinen kleinen Vergnügungszug auf die Reise. Aber was auf dieser Reise passiert, ist keineswegs nur vergnüglich; an der ersten Haltestelle reichen die Pariser Gentilhommes ihren Täubchen die Hand zum Aussteigen. Bei der Weiterfahrt jedoch entgleist der Zug schrecklich: Es gibt Verletzte und Tote, von denen der erste mit einem aufsteigenden Arpeggio ins Paradies kommt, der zweite mit einem absteigenden in die Hölle stürzt. Dem Trauermarsch folgt ein übermütiger Tanz mit der Bemerkung: «bitterer Schmerz der Erben».

Die satirische Tendenz ist deutlich, und das in doppeltem Sinne – nicht nur hinsichtlich des geschilderten Themas, sondern auch als Spott über eine Musik, die sich erdreistet, alles und jedes in Töne zu setzen.

Aber auch das intensive Bemühen um Ausdruck bleibt nicht verschont, etwa durch extreme Fingersätze und dynamische Vortragszeichen bis zum ppppppp. Das Satirische wird aber nie spielverderberisch – hinter der Spottlust bemerkt man den Spaß an der Sache. Alle diese Stücke sind halbkomisch, aber eben nur halb: Hinter ihnen steckt eine Mischung aus Spiellaune und Alberei, bei einer völligen Beherrschung der musikalischen Stilmittel – aber auch große Melancholie.

Dieser läßt Rossini in «Marches et Reminiscences pour mon dernier voyage» freien Lauf. Er schildert darin sein Erscheinen im Himmel. Das Himmelstor ist verschlossen, und Rossini klopft an. Nach mehrmaligem vergeblichem Klopfen geht er weiter, um anderswo sein Glück zu versuchen. Petrus soll durch Anklänge aus den Opern «Tancredi», «Cenerentola», «Donna del lago», «Semiramide», «Comte Ory», «Guillaume Tell», «Otello» und «Barbiere» bewogen werden, den Komponisten einzulassen. Der Versuch mißlingt. Da stellt sich Rossini selbst vor – mon portait, grazioso e leggero, es wird geöffnet: Requiem.

Von einem anderen Geist getragen sind die «Quelques riens pour Album». Die Anzahl von genau vierundzwanzig Stücken, zwar nicht tonartlich geordnet, aber doch fast alle Tonarten einbeziehend, stellt Rossini seine «kleinen Nichts» in die Reihe des «Wohltemperierten Klaviers» von Johann Sebastian Bach und der «Préludes» von Frédéric Chopin. Beide Werke waren Rossini bekannt – er war Subskribent der Gesamtausgabe der Werke Bachs – und sind von ihm kompositorisch verarbeitet worden. Chopin stand Pate bei den vielen Walzern der Sammlung, und Bach wird in Nummer sechs, Allegro brillante, mit einer Fuge, allerdings à la Rossini, eine Reverenz erwiesen.

Freilich wäre Rossini nicht er selbst, würde er sich dieser Tradition nicht mit dem Titel der Sammlung gleich wieder verweigern.

Gleichgültig waren ihm diese späten Klavierwerke, die er als beinahe elfhundert Notenblätter in einem Schrank sorgsam verschlossen hielt, aber keineswegs, und er schaute seinem Kopisten gründlich auf die Finger, damit dieser manche harmonischen Kühnheiten nicht zugunsten des Wohlklangs glättete.

Als oft beanspruchte Instanz für musikalische Fragen hielt sich der «Inspecteur general du chant» mit seinen eigenen Klangexperimenten allerdings bescheiden zurück. Tonangebend für das öffentliche Musikschaffen war er nur noch als Präsident einer Regierungskommission, die den Stimmton A auf 435 Schwingungen festsetzte.

Indessen diente dieses A Richard Wagner gerade als Auftakt zu einem Akkord, der die harmonische Welt seines Jahrhunderts erzittern ließ und den Weg zu einer neuen Tonsprache freisprengte. Mit der Beendigung des zweiten Aktes von «Tristan und Isolde» hatte er am selben Tag das Fundament für die dramatische Musik der Zukunft errichtet, an dem Rossini den Grundstein für seine eigene Villa in Passy legte, in der er ein Jahrzehnt später auch sterben sollte.

Im März des folgenden Jahres hielt sich Rossini wieder in Paris auf, während der Bau seines neuen Heims in Passy erstaunlich rasch fortschritt. Zwei italienische Spezialisten waren schon damit beschäftigt, die Deckenkartuschen zu modellieren, aus denen künftig Palestrina und Mozart, Beethoven, Haydn und

Boieldieu gnädig auf den «letzten unter den Klassikern», wie Rossini sich in einem Brief an den Grafen Fay einmal bezeichnete, herabschauen sollten.

Währenddessen saß Rossini in seiner Stadtwohnung an der Chaussée d'Antin dem Propheten der «Zukunftsmusik» gegenüber: Richard Wagner.

Dieser war nicht etwa nach Paris gekommen, um Rossini zu besuchen, dessen abfällige Meinung über ihn er nur von boshaften Gerüchten her kannte, sondern um sich ein neues Terrain für sein Musikdrama zu erschließen.

Noch ein Deutscher: Richard Wagner

Es bedurfte der Hartnäckigkeit des gemeinsamen Freundes Edmond Michotte, Wagner zu dieser Begegnung mit dem berühmten Italiener, den er selbst so oft geschmäht hatte, zu überreden. Da sich Rossini über den Vorschlag Michottes äußerst erfreut zeigte, kam bald eines der interessantesten Gespräche zur Bestimmung der musikalischen Positionen im 19. Jahrhundert zustande. Michotte selbst, der dieses ahnte, begleitete den deutschen Musiker zu dieser Unterhaltung, nicht ohne vorher den Bleistift gespitzt und reichlich Papier eingesteckt zu haben. Mit der Akribie eines Protokollführers schrieb er Satz für Satz dieser halbstündigen Unterhaltung zwischen den zwei Koryphäen der Musikgeschichte mit:

Als Michotte und Wagner angemeldet wurden, beendete Rossini gerade sein Frühstück, und die Besucher mußten so einige Minuten im großen Salon warten. Da fiel der Blick Wagners auf ein Porträt, das Rossini bis zur Brust in natürlicher Größe darstellte, im grünen Mantel, das Haupt bedeckt mit einer roten Mütze. «Diese geistreiche Physiognomie, dieser ironische Mund, ganz der Komponist des ‹Barbier›», meinte Wagner, der weiterhin fragte: «Dieses Bild muß doch wohl zur Zeit der Komposition dieser Oper entstanden sein?»

«Vier Jahre später», erwiderte Michotte, «es wurde von Mayer im Jahre 1820 in Neapel gemalt.»

«Er war ein hübscher junger Mann, und dort am Vesuv, wo die Frauen leicht entflammt sind, hat er wohl manchen Streich verübt», fügte Wagner lächelnd hinzu.

«Wer weiß», meinte Michotte, «hätte er gleich Don Juan einen so gewissenhaft zählenden Diener wie Leporelo besessen, so wäre vielleicht in seinem Verzeichnis die Zahl mille e tre überschritten worden.»

«Oh! Das glauben Sie», versetzte Wagner, «tausend gäb' ich zu, aber noch drei, das ist entschieden zu viel!»

In diesem Augenblick meldete der Diener, daß Rossini die beiden Besucher erwartete. Das darauffolgende Gespräch schilderte Michotte folgendermaßen:

«‹Ah› – so begrüßte der Maestro den Deutschen –, ‹Herr Wagner, als neuer Orpheus fürchten Sie sich hoffentlich nicht, diese schreckliche Schwelle zu überschreiten›, und ehe Wagner antworten konnte, fügte er hinzu: ‹Ich weiß, daß man mich bei Ihnen übel angeschwärzt hat... Man sagt mir manchen boshaften Scherz über Sie nach, den ich wirklich nicht gemacht habe. Und warum sollte ich so handeln! Ich bin kein Mozart oder Beethoven. Ich habe auch nicht den Ehrgeiz, für gelehrt zu gelten, und hüte mich, einen Musiker zu beleidigen, der wie Sie – so hat man mir versichert – sich bemüht, die Grenzen unserer Kunst zu erweitern. Jene boshaften Menschen, die sich gerne mit mir beschäftigen, sollten mir wenigstens, von anderen Verdiensten abgesehen, zugestehen, daß ich gesunden Menschenverstand habe. Um Ihre Musik zu mißbilligen, müßte ich sie erst kennen; um sie kennenzulernen, müßte ich sie im Theater hören; denn nur im Theater, nicht aber bei der bloßen Lektüre der Partitur kann man ein gerechtes Urteil über dramatische Musik fällen. Die einzige Komposition, die ich von Ihnen kenne, ist der Marsch aus dem Tannhäuser. Ich habe ihn vor drei Jahren in Kissingen, wo ich zur Kur war, einige Male gehört. Er wirkte sehr, und – ich sage es in vollem Ernst – ich persönlich halte ihn für sehr schön.

Und nun, wo hoffentlich jedes Mißverständnis zwischen uns beseitigt ist, sagen Sie mir, wie es Ihnen in Paris geht. Sie stehen, wie ich weiß, in Verhandlungen, um Ihren Tannhäuser aufführen zu lassen?›

Auf Wagner schien dies liebenswürdige Präludium großen Eindruck gemacht zu haben, zumal es in einem schlichten Ton und mit dem Ausdruck großer Güte vorgebracht wurde. Voll Ehrerbietung erwiderte er: ‹Gestatten Sie, berühmter Meister, Ihnen für diese wohlwollenden Worte zu danken, die mich sehr bewegen und mir beweisen, wie sehr sich Ihr Charakter – woran ich nie gezweifelt habe – edel und groß zeigt bei dem freundlichen Empfang, den Sie mir bereitet haben. Vor allem seien Sie bitte überzeugt, daß ich mich nicht im mindesten beleidigt fühlen würde, selbst wenn Sie ein strenges Urteil über mich gefällt hätten. Ich weiß, daß meine Schriften zu irrigen Auslegungen Anlaß geben. Vor der Auseinandersetzung eines ungeheuren Systems von neuen Gedanken können selbst Richter mit den besten Absichten sich über seine Bedeutung irren, und deswegen sehne ich mich danach, den logischen und vollständigen Beweis für meine Bestrebungen zu führen durch vollständige und möglichst vollkommene Ausführungen meiner Opern.›

Rossini: ‹Das ist nicht mehr als billig, denn Taten wiegen mehr als Worte.›

Wagner: ‹Und, um den Anfang zu machen, gelten jetzt alle meine Bemühungen in diesem Augenblick der Aufführung des Tannhäuser. Ich habe ihn vor kurzem Herrn Carvalho [damals Direktor des Théâtre Lyrique] vorgespielt, der einen starken Eindruck davon hatte und sich ziemlich geneigt zeigte, das Abenteuer zu wagen; aber es ist noch nichts wirklich entschieden. Leider droht das Übelwollen, das seit langem in der Presse gegen mich wütet, zu einer wirklichen Kabale auszuarten, und ich muß fürchten, daß Carvalho dadurch beeinflußt wird ...›

Bei dem Wort Kabale unterbrach Rossini den Meister lebhaft: ‹Welcher Komponist hat sie nicht erdulden müssen, angefangen beim großen Gluck selbst? Was mich betrifft, so glauben Sie mir, auch ich bin nicht von einer Menge Kabalen verschont geblieben.

Am Abend der Uraufführung des Barbier, wo ich – nach dem damals in der Opera buffa herrschenden Brauch – die Rezitative am Cembalo im Orchester begleitete, mußte ich vor dem wirklich wütenden Publikum flüchten. Ich glaube, man wollte mich umbringen. Hier in Paris, wo ich, von der Direktion des Italienischen Theaters berufen, zum erstenmal im Jahre 1824 weilte, wurde ich mit dem Spitznamen Monsieur Vacarmini [Herr Radau] begrüßt, der mir geblieben ist. Und man hat mich gehörig mitgenommen im Lager gewisser Musiker und Kritiker, die zu einem Akkord verbunden waren, der ebenso vollkommen ist wie der Dreiklang in Dur!

Das war auch in Wien nicht anders, als ich im Jahre 1822 dorthin kam, um meine Oper Zelmira aufzuführen. Ohne Unterlaß verfolgte mich selbst Weber, der übrigens schon seit langem scharfe Artikel gegen mich veröffentlicht hatte, anläßlich der Aufführungen meiner Opern im Italienischen Hofoperntheater . . .›

‹Aber›, fuhr Rossini fort, ‹wir sprachen von Kabalen. Dies ist meine Meinung darüber: Man muß ihnen nur Schweigen und Trägheit entgegensetzen; das ist viel wirkungsvoller als Antworten, Entgegnungen und Zorn. Die Zahl der Übelwollenden ist Legion; wer als einzelner sich herumstreiten oder, wenn Sie lieber wollen, kämpfen will mit diesem Lumpengesindel, wird niemals Sieger bleiben. Ich für meinen Teil pfeife auf diese Angriffe – je mehr man mich anpackte, desto mehr antwortete ich mit Rouladen, den Spitznamen setzte ich meine Triolen entgegen; den schlechten Witzen meine Pizzicati, und das ganze von den Gegnern meiner Musik angerichtete Getöse hat, bei meinem Eid, nicht vermocht, ihnen einen Paukenschlag in meinen Crescendi weniger zu versetzen; noch mich gehindert, wenn es mir paßte, sie mit einer Felicita mehr in meinen Finali zu ärgern. Und wenn Sie mich mit einer Perücke sehen, so sind sicher nicht jene Dummköpfe daran schuld, um derentwillen ich kein einziges Haar verloren habe.›

Wagner war im ersten Augenblick über diese temperamentvollen Äußerungen verblüfft, in denen sich der italienische Meister, bis dahin ernst und nachdenklich, plötzlich ganz anders gab, mußte aber sich dann gewaltsam beherrschen, um nicht in lautes Lachen auszubrechen: ‹Oh, was das betrifft› – mit einer Geste an den Kopf deutend –, ‹wurde dank dem, was Sie da haben, diese Trägheit, von der Sie reden, nicht vielmehr eine wirkliche Kraft, eine von der Öffentlichkeit bestätigte Macht so erhabener Art, daß man wirklich die Toren beklagen mußte, die sich daran stießen!›

Rossini berichtete dann über seine schon erwähnte Begegnung mit Beethoven und fuhr fort:

‹Allerdings habe ich wirklich immer mehr Begabung für die komische Oper besessen; ich behandele viel lieber komische Stoffe als ernste. Aber ich durfte meine Libretti nicht selbst wählen, sondern sie wurden mir von einem Impresario aufgezwungen. Wie oft habe ich da nur einen Teil des Szenariums erhalten, immer nur einen Akt, zu dem ich die Musik schreiben mußte, ohne die Fortsetzung oder den Schluß des Stoffes zu kennen! Man bedenke: Ich mußte den Lebensunterhalt für mich, meine Mutter und meine Großmutter verdienen! Von Stadt zu Stadt wandernd wie ein Nomade, schrieb ich drei, vier Opern im Jahr. Und glauben Sie mir, selbst mit dem Geld, das ich damit verdiente, konnte ich keineswegs als großer Herr leben. Ich habe für den Barbier 1200 Francs ein für allemal bekommen und außerdem noch einen braunen Rock mit Goldknöpfen, den mir mein Impresario schenkte, damit ich anständig im Orchester auftreten konnte. Dieser Rock hatte vielleicht einen Wert von 100 Francs, im ganzen erhielt ich also 1300 Francs. Ich habe nur 13 Tage für die Niederschrift der Partitur dieses Werkes gebraucht, und so rechnete ich mir aus, daß ich 100 Francs für den Tag erhalten hätte.›

‹Sie sehen›, fügte er lächelnd hinzu, ‹daß ich trotzdem eine ziemlich hohe Gage bezog. Ich war auch darauf stolz, denn mein Vater verdiente nur zweieinhalb Francs am Tag, als er Posaunenbläser in Pesaro war.›

Wagner: ‹Dreizehn Tage! Das ist wirklich einzig! Aber ich bewundere Sie, Maestro, wie Sie in solcher Lage, zu einem solchen Zigeunerleben gezwungen, solche Sachen schreiben konnten, wie Otello oder Mosè, in denen sich hervorragende Stellen finden, die nicht nach Improvisation aussehen, sondern den Stempel überlegter Arbeit tragen, wie sie nur aus der Konzentration aller Geisteskräfte hervorgehen . . .›

Rossini: ‹Oh, ich hatte eine leichte Hand und viel Instinkt. Da ich keine tiefe musikalische Bildung besaß – wo hätte ich sie mir übrigens in Italien aneignen können? –, so habe ich das wenige, das ich wußte, aus deutschen Partituren gelernt. Ein Musikliebhaber in Bologna besaß einige davon: Die Schöpfung, die Hochzeit des Figaro, die Zauberflöte . . . Er lieh sie mir, und da ich mit fünfzehn Jahren nicht die Möglichkeit hatte, mir die Werke aus Deutschland gedruckt kommen zu lassen, so kopierte ich sie selbst mit Heißhunger. Meist habe ich erst die Singstimme ganz allein abgeschrieben, ohne mir die Orchesterbegleitung anzusehen. Dann komponierte ich auf einem losen Blatt selbst nach meinem Geschmack eine Begleitung, die ich darauf mit der von Haydn oder Mozart verglich. Schließlich vervollständigte ich meine Kopie, indem ich die Originalbegleitung abschrieb. Mit Hilfe dieses Arbeitssystems habe ich mehr gelernt als in allen Unterrichtsstunden des Bologneser Konservatoriums. Oh, wenn ich meine Studien hätte in Deutschland machen können, ich fühle, ich hätte bessere Werke als die jetzt von mir bekannten hervorbringen können.›

Wagner: ‹Sicherlich keine besseren, wenn ich an Ihre Finsternisszene im Mosè, die Verschwörung in Wilhelm Tell und, in anderer Art, an Quando corpus morietur denke.›

Rossini: ‹Sie erwähnen da allerdings glückliche Viertelstunden meines Schaffens. Aber was ist das alles gegen das Werk eines Mozart, eines Haydn! Ich kann Ihnen nicht sagen, wie sehr ich bei diesen Meistern jene geschmeidige Technik, jene natürliche, sichere Schreibarbeit bewundere. Ich habe sie immer darum beneidet, aber all dies muß man auf den Schulbänken lernen, und außerdem muß man noch ein Mozart sein, um daraus Nutzen ziehen zu können . . .

Was Bach betrifft – um noch weiter von deutschen Meistern zu reden –, so ist er ein geradezu erdrückendes Genie. Wenn Beethoven ein Wunder der Menschheit ist, so ist Bach ein Gotteswunder! Ich habe auf die große Gesamtausgabe seiner Werke subskribiert. Hier, Sie sehen gerade auf meinem Tisch den letzten erschienenen Band. Soll ich Ihnen bekennen, daß der Tag, an dem ein neuer Band ankommt, selbst für mich noch ein Tag unvergleichlicher Freude ist? Wie sehr wünschte ich, bevor ich sterbe, noch eine vollständige Aufführung seiner großen Passion zu hören. Aber hier, bei den Franzosen, darf man an so etwas nicht denken ...

Aber wir haben nun wohl, meine ich, genug von mir und den anderen geredet, die das Vergangene und sogar das Tote darstellen. Sprechen wir ein wenig von der Gegenwart und, Herr Wagner, wenn es Ihnen recht ist, besonders von der Zukunft, da ja in der Öffentlichkeit Ihr Name beinahe untrennbar von diesem Beiwort scheint. Ich sage das selbstverständlich ohne die mindeste Absicht einer Bosheit ... Vor allem sagen Sie mir: Bleiben Sie endgültig in Paris? Was Ihren Tannhäuser betrifft, so glaube ich sicher, daß Sie seine Aufführung durchsetzen werden. Man macht zuviel Lärm um das Werk, als daß die Pariser darauf verzichten würden, es zu hören. Ist die Übersetzung fertig?›

Wagner: ‹Sie ist noch nicht vollendet; ich arbeite eifrig daran mit einem sehr geschickten und vor allem sehr geduldigen Mitarbeiter. Es geht nämlich, wenn der musikalische Ausdruck vollkommen verstanden werden soll, darum, gewissermaßen jedes französische Wort mit dem entsprechenden Sinn des deutschen Wortes unter die gleichen Noten zu bringen.›

Rossini: ‹Aber warum schreiben Sie nicht nach dem Vorbild Glucks, Spontinis und Meyerbeers gleich eine Oper auf ein französisches Buch? Sie sind doch jetzt imstande, sich über den hiesigen Geschmack und über das besondere französische Temperament in theatralischen Dingen an Ort und Stelle zu informieren! So habe ich es gemacht, als ich Italien verließ, meine italienische Laufbahn aufgab und mich in Paris niederließ.›

Wagner: ‹Mir persönlich, Maestro, ist das nicht möglich. Nach Tannhäuser habe ich Lohengrin, denn Tristan und Isolde geschrieben. Diese drei Werke stellen sowohl dichterisch als auch musikalisch eine logische Steigerung meiner Einsicht in die endgültige und absolute Gestalt des musikalischen Dramas dar. Mein Stil hat die unvermeidlichen Wirkungen dieser Entwicklung erfahren. Und wenn es mir heute möglich ist, andere Werke im Stile des Tristan zu schaffen, so muß ich mich für absolut unfähig erklären, meinen Tannhäuser-Stil wieder aufzunehmen. Wenn ich also für Paris ein Werk auf französische Dichtung komponieren sollte, so könnte und dürfte ich keine andere Bahn einschlagen als die, welche mich zur Konzeption des Tristan geführt hat. Nun wird aber ein Werk wie dieses, das eine solche Abweichung von den gewöhnlichen Opernformen in sich schließt, sicher unverstanden bleiben und hätte gegenwärtig nicht die mindeste Möglichkeit, von den Franzosen günstig aufgenommen zu werden.›

Rossini: ‹Erklären Sie mir bitte, von welchem Punkte Ihre Reformen ausgehen.›

Wagner: ‹Das System ist nicht so ohne weiteres zu entwickeln. Meine Zweifel beziehen sich auf meine ersten Versuche, die mich nicht befriedigten; und viel mehr in der dichterischen als in der musikalischen Konzeption hat sich der Keim zu diesen Reformen zuerst meinem Geist enthüllt. Meine ersten Arbeiten hatten in der Tat vor allem ein literarisches Ziel. Ich beschäftigte mich dann mit der Erwägung, wie ich die Kunstmittel durch die so eindringliche Hinzufügung des phonetischen Ausdrucks erweitern könnte, und mußte so mit Bedauern erkennen, wie sehr die Unabhängigkeit, mit der sich meine Gedanken in der idealen Sphäre bewegten, sich angesichts der Forderungen verminderte, die mir durch die Routine bei der Formung des musikalischen Dramas auferlegt wurden. Diese Bravourarien, diese abgeschmackten Duette, die immer nach den gleichen Mustern hergestellt werden sollten, und all das andere Beiwerk, das sinnloserweise die szenische Handlung unterbrach! Dann die Septette! In jeder anständigen Oper muß ja ein Septett vorkommen, in dem Personen des Dramas, aus dem Geist ihrer Rolle fallend, sich in einer Linie vor der Rampe aufpflanzen, um – alle in holder

Eintracht! – auf einem gemeinschaftlichen Akkord (und oft auf welchen Akkorden, großer Gott!) dem Publikum eine jener faden Abgeschmackheiten herzuleiern ...›

Rossini (ihn unterbrechend): ‹Und wissen Sie, wie wir das zu meiner Zeit in Italien nannten? Artischockenreihe! Ich gestehe, daß ich vollkommen die Lächerlichkeit der Sache empfand. Ich hatte immer den Eindruck einer Horde von Lastträgern, die mit ihrem Gesang um ein Trinkgeld betteln. Aber was soll man machen? Es ist einmal so üblich: eine Konzession, die man dem Publikum machen mußte, sonst hätte es uns faule Äpfel an den Kopf geworfen ... oder gar noch andere Dinge!›

Wagner (fortfahrend, ohne der Unterbrechung durch Rossini große Aufmerksamkeit zu schenken): ‹Und dann das Orchester – diese klischeehafte Begleitung ohne Farbe, die hartnäckig die gleichen Formeln wiederholt, ohne auf die Verschiedenheit der Personen und Situationen zu achten; mit einem Wort, diese Konzertmusik, die, der Handlung fremd, keine andere Existenzberechtigung hat als die Konvention; eine Musik, die an manchen Stellen die besten Opern hemmt. Alles das erschien mir vernunftwidrig und unvereinbar mit der hohen Mission einer edlen Kunst, die dieses Namens würdig sein will.›

Rossini: ‹Unter anderem haben Sie auf die Bravourarien angespielt. Wem sagen Sie das! Sie waren für mich immer ein Schreckgespenst. Zugleich die Primadonna, den Ersten Tenor und den Ersten Baß befriedigen! Es gab darunter Subjekte – nicht zu vergessen das schreckliche Femininum dieses Begriffes –, die wirklich die Taktzahl ihrer Arien zählten und mir dann erklärten, sie sängen sie nicht, weil einer ihrer Kollegen eine Arie mit soundsoviel Takten mehr habe, ungerechnet die größere Zahl von Trillern und Doppelschlägen ...›

Wagner (belustigt): ‹Das heißt nach der Elle messen! Da blieb dem Komponisten ja nur noch übrig, als Stütze seiner Inspirationen ein musikalisches Metermaß zu benutzen.›

Rossini: ‹Sagen wir also kurz, ein Ariameter. Wenn ich an diese Leute denke, sie waren wirklich unersättlich. Sie allein sind schuld daran, daß ich frühzeitig kahl geworden bin, denn sie haben meinen Kopf zum Schwitzen gebracht. Aber lassen wir das, und kommen wir auf Ihre Ausführungen zurück! Ihre Meinung ist tatsächlich und ohne Widerspruch die, man solle ausschließlich die vernünftige, rasche und regelmäßige Entwicklung der szenischen Handlung berücksichtigen. Nur eines: Wie kann man diese Unabhängigkeit, welche die dichterische Konzeption verlangt, aufrechterhalten in Verbindung mit der musikalischen Form, die lediglich Konvention ist? Sie haben selbst das Wort gebraucht. Denn wenn man im Geiste der absoluten Logik bleiben muß, versteht es sich von selbst, daß man sich nicht singend unterhält; der zornige Mensch, der Verschwörer, der Eifersüchtige singen nicht! (Scherzhaft:) Eine Ausnahme machen vielleicht nur die Liebenden, die man, strenggenommen, girren lassen kann ... Aber mehr noch: Geht man singend zum Tode? Die Oper besteht also vom Anfang bis zum Ende aus Konvention. Und die Instrumentation? Wer kann bei einem entfesselten Orchester genau den malerischen Unterschied zwischen einem Gewitter und einer Feuersbrunst feststellen? Überall finden wir Konvention!›

Wagner: ‹Gewiß, Maestro, drängt sich die Konvention – und sogar in sehr breitem Maße – auf, wenn wir nicht das musikalische Drama und sogar die musikalische Komödie völlig aufgeben wollen. Es versteht sich indes, daß die Konvention, nachdem sie zur Höhe der Kunstform erhoben wurde, so gefaßt werden muß, daß ihre absurden und lächerlichen Übertreibungen vermieden werden. Und nur gegen den Mißbrauch eifere ich. Aber man hat absichtlich meine Gedanken verfälscht. Stellt man mich nicht als einen hochmütigen Menschen dar, der über Mozart lästert?›

Rossini (mit etwas Humor): ‹Mozart, der Engel der Musik! Wer könnte es wagen, an ihm zu rühren, ohne eine Blasphemie zu begehen!›

Wagner: ‹Man beschuldigt mich, daß ich – mit Ausnahmen weniger Meister wie Gluck und Weber – die gesamte Opernmusik verachten würde. Man will aus Parteihaß meine Schriften durchaus mißverstehen. Und auf welche Weise noch dazu! Ich bin weit entfernt davon, nicht im höchsten Maße den rein musikalischen Zauber so vieler bewunderungswürdiger Stellen in mit Recht berühmten Opern zu empfinden. Wenn aber die Musik dazu verurteilt ist, als rein erheiternde Nebensache zu dienen, oder wenn sie, eine Sklavin der Routine und der szenischen Handlung fremd, sich systematisch nur als sinnlicher Ohrenkitzel gebärdet, dann lehne ich mich gegen diese Rolle auf und will dagegenwirken.

Meiner Meinung nach muß eine Oper in ihrem mehrseitigen Wesen einen Organismus bilden, in dem sich die vollkommene Vereinigung aller sie bildenden Künste konzentriert: der Dichtkunst, der Musik, der dekorativen und plastischen Künste; und heißt es da nicht die Mission des Musikers erniedrigen, wenn man ihn zwingen will, nur einfacher Instrumental-Illustrator eines beliebigen Librettos zu sein, das ihm eine numerierte Sammlung von Arien, Duetten, Szenen, Ensembles aufnötigt... mit einem Wort: Stücke, die er nur in Noten übersetzen soll, ungefähr wie jemand, der schwarzgedruckte Bilder zu kolorieren hat? Gewiß, es gibt zahlreiche Fälle, in denen Komponisten, inspiriert durch eine erregende dramatische Situation, unsterbliche Stellen geschrieben haben. Aber wie viele andere Partiturseiten sind von geringerem Wert oder gänzlich wertlos, nur des unsinnigen Systems wegen, das ich dargelegt habe... Nun, solange diese Irrtümer dauern, solange man nicht eine gegenseitige vollständige Durchdringung der Musik und der Dichtung fühlen wird, noch jene doppelte, gleich in einem einzigen Gedanken verschmolzene Konzeption, so lange kann das wahre musikalische Drama nicht existieren.›

Rossini: ‹Das heißt also, wenn ich Sie recht verstehe, daß – um Ihr Ideal zu verwirklichen – der Komponist sein eigener Textdichter sein muß? Das scheint mir aus sehr vielen Gründen eine beinahe unerfüllbare Bedingung zu sein.›

Wagner (sehr lebhaft): ‹Und warum? Warum sollten die Komponisten, wenn sie sich mit dem Kontrapunkt beschäftigen, nicht auch gleichzeitig literarische Studien machen, die Geschichte erforschen, Sagen lesen? Das dürfte sie unbewußt dazu bringen, sich irgendeinen ihrer Eigenart gemäßen Stoff anzueignen, mag jener heiter oder tragisch sein. Und wenn ihnen die Geschicklichkeit oder Erfahrung abgeht, um die dramatische Handlung zu gestalten, hätten sie da nicht die Möglichkeit, sich an einen berufenen Dramaturgen zu wenden, mit dem sie zusammenarbeiten können?

Übrigens gibt es unter den dramatischen Komponisten wenige, glaube ich, die nicht gelegentlich instinktiv bemerkenswerte literarische und poetische Fähigkeiten gezeigt hätten, indem sie den Text umstellen oder nach ihrem Belieben die Ordnung einer Szene umarbeiten, die sie anders empfinden und besser verstehen als ihre Textdichter. Wir brauchen nicht lange zu suchen. Sie selbst, Maestro – nehmen wir zum Beispiel die Verschwörungsszene im Tell –, sagen Sie mir, sind Sie wirklich sklavisch Wort für Wort dem Text gefolgt, den Ihre Mitarbeiter geliefert haben? Ich glaube es nicht. Bei näherer Betrachtung ist es nicht schwer, an manchen Stellen Wirkungen der Deklamation und Steigerungen zu erkennen, die in solchem Maße den Stempel der Musikalität, der spontanen Inspiration tragen, daß man ihre Entstehung unmöglich der textlichen Unterlage, die Sie vor Augen hatten, allein zuschreiben kann. Ein Librettist, und mag er noch so geschickt sein, kann nicht – besonders in Ensembleszenen – die Reihenfolge erfassen, die der Komponist zur Verwirklichung seines musikalischen Freskos, wie es vor seiner Phantasie steht, braucht.›

Rossini: ‹Das ist zutreffend. Tatsächlich wurde jene Szene von Grund auf und nicht ohne Mühe nach meinen Angaben umgearbeitet. Ich habe den Tell auf dem Landgut meines Freundes Aguado, wo ich den Sommer verbrachte, komponiert. Dort hatte ich meinen Librettisten nicht zur Hand. Zufällig befanden sich Armand Marrast und [Adolphe] Crémieux gleichfalls auf Aguados Gut und halfen mir bei der nötigen Umformung und Versifizierung des Textes, um so, wie es sich für mich als notwendig erwies, den Plan meiner eigenen Verschwörer gegen Geßler zu erarbeiten.›

Wagner: ‹In diesem sich aus den Umständen ergebenden

Geständnis ist teilweise schon die Bestätigung meiner früheren Behauptung enthalten. Es genügt, das Prinzip weiter zu fassen, um festzustellen, daß meine Ideen nicht so absurd, nicht so unmöglich zu verwirklichen sind, wie es zuerst den Anschein hatte. Ich versichere Ihnen, daß mit logischer Notwendigkeit eine ganz natürliche, wenn auch vielleicht langsame Entwicklung zwar nicht die Geburt jener Zukunftsmusik (von der man stets behauptet, ich allein wolle sie erzeugen), wohl aber die des musikalischen Dramas herbeiführen wird; an dieser Zukunft wird die allgemeine Bewegung teilnehmen, und damit wird sich eine ebenso fruchtbare wie neue Richtung in der Konzeption der Komponisten auch bei den Sängern und dem Publikum entwikkeln.›

Rossini: ‹Also schließlich eine radikale Umkehrung? Und glauben Sie, daß die Sänger – um zunächst von ihnen zu reden –, die an ein virtuoses Zurschaustellen ihres Talentes gewöhnt sind, das, wenn ich recht verstehe, durch eine Art von deklamatorischer Gesangssprache ersetzt werden soll, glauben Sie, daß das ans vieux jeu gewöhnte Publikum sich schließlich diesen so alles Vergangene zerstörenden Neuordnungen unterwerfen wird? Ich zweifle sehr daran.›

Wagner: ‹Sicher gehört dazu eine langsame Erziehung, aber sie wird kommen. Was das Publikum betrifft, bildet es eigentlich die Meister, oder bilden nicht die Meister das Publikum? Eine weitere Feststellung, für die ich in Ihrem Werk einen hervorragenden Beweis erblicke: Hat nicht tatsächlich Ihr ganz persönlicher Stil in Italien alle Ihre Vorgänger der Vergessenheit überliefert? Hat dieser Stil Ihnen nicht mit unerhörter Schnelligkeit eine beispiellose Popularität verschafft? Und wird Ihr Einfluß, die Grenzen überschreitend, nicht in ganz Europa wirksam?

Was aber die Sänger betrifft, mit deren Widerstand Sie argumentieren, so werden diese sich gerne Bedingungen unterwerfen, die ihre Bedeutung im übrigen ja hervortreten lassen. Allerdings wird das musikalische Drama in seiner neuen Form ihnen nicht die leichten Erfolge bieten, die sie bisher der Kraft ihrer Lunge oder einer schönen Stimme verdanken. Aber sie werden einsehen, daß nunmehr die Kunst von ihnen eine höhere Mission verlangt. Sie müssen sich nicht mehr in dem engen persönlichen Rahmen ihrer Rolle isolieren, sondern werden sich dafür um so lieber mit dem philosophisch-ästhetischen Geist des Gesamtwerkes in Übereinstimmung bringen. Sie werden in einer Atmosphäre leben – wenn ich mich so ausdrücken darf –, in der nichts nebensächlich bleiben kann, weil jedes Glied notwendig zum Ganzen gehört. Weiterhin werden sie sich die allseitigen Erfolge einer kurzlebigen Virtuosität abgewöhnen; und wenn sie nicht mehr ihre Stimmen qualvoll zu unsinnigen, in banale Reime gebrachten Worten mißbrauchen müssen, werden sie einsehen, in welchem Maße sie bestimmt sind, ihre Namen mit einem ruhmvolleren und dauerhafteren Nimbus zu verewigen. Dieser wird ihnen zuteil werden, wenn sie die dramatischen Personen mit voller psychologischer und menschlicher Hingabe verkörpern; wenn sie sich auf das tiefe Studium der Gedanken, Sitten und des Charakters jener Epoche stürzen, in der die Handlung spielt; wenn sie eine tadellose Aussprache mit einer vollendeten Deklamation voller Wahrheit und Vornehmheit verbinden.›

Rossini: ‹Hinsichtlich der reinen Kunst sind das ohne Zweifel weite Ausblicke, verführerische Perspektiven. Aber in bezug auf die besondere musikalische Form bedeutet es, wie ich schon sagte, die fatale Enge der deklamatorischen Gesangssprache – die Leichenrede der Melodie! Wie wollen Sie sonst die ausdrucksvolle Notierung sozusagen jeder Silbe der Sprache mit der melodischen Form verbinden, deren Physiognomie bestimmt wird durch präzisen Rhythmus und symmetrische Übereinstimmung?›

Wagner: ‹Gewiß, Maestro, wäre ein System unerträglich, das mit solcher Strenge durchgeführt würde. Aber wenn Sie mich recht verstehen wollen, so bedenken Sie: Es fällt mir gar nicht ein, die Melodie zu verschmähen – im Gegenteil, ich brauche sie in hohem Maße. Ist die Melodie nicht die Blüte jedes musikalischen Organismus? Ohne Melodie gibt es nichts und kann nichts sein. Nur müssen wir uns über folgendes klar sein: Ich brauche und benötige eine andere Art Melodie, als jene es ist, die, in die engen Grenzen konventioneller Arbeit eingezwängt, sich dem Joch systematischer Perioden, obstinater Rhythmen, bestimmter harmonischer Schritte und obligatorischer Kadenzen fügt. Ich will die freie, unabhängige Melodie ohne Hindernisse, eine Melodie, die in ihrer charakteristischen Linie nicht nur jede einzelne Person derart zeichnet, daß sie nicht mit einer anderen verwechselt werden kann, sondern sogar diese Tat, jene Episode, so wie sie im Zusammenhang des Dramas erscheinen; eine Melodie von präziser Form, die, indem sie sich ganz mit tausendfältiger Abänderung dem Sinn der Dichtung anschmiegt, sich erweitern, verengern, verbreitern kann, ganz nach dem Belieben des Komponisten, der bestimmte musikalische Wirkungen erstrebt. Und was diese Art von Melodie betrifft, so haben Sie selbst, Maestro, von ihr ein ausgezeichnetes Beispiel festgelegt in der Szene Sois immobile des Tell, wo der ganz freie Gesang, jedes Wort akzentuierend und gestützt von den seufzenden Figuren der Celli, sich zu den höchsten Gipfeln musikalischen Ausdrucks erhebt.›

Rossini: ‹So hätte ich also da unbewußt Zukunftsmusik gemacht?›

Wagner: ‹Maestro, Sie haben da Musik für alle Zeiten gemacht, und das ist die beste.›

Rossini: ‹So möchte ich Ihnen gestehen: Das stärkste Gefühl in meinem Leben war die Liebe zu meinen Eltern; und sie haben mir sie wahrlich mit Zinsen vergolten. Ich glaube, darum habe ich den rechten Ton für die Apfelszene im Tell gefunden.

Aber noch eine Frage, Herr Wagner, wenn Sie gestatten: Wie können Sie nach Ihrem System zwei und mehr Stimmen oder Chöre gleichzeitig singen lassen? Logischerweise müßten Sie das doch unterlassen?›

Wagner: ‹Tatsächlich wäre es streng konsequent, wenn der musikalische Dialog nach dem Muster der gesprochenen Rede verführe und so den Personen nur nacheinander das Wort erteilte. Aber andererseits muß man zugeben, daß beispielsweise zwei verschiedene Personen in einem gegebenen Augenblick sich in der gleichen psychischen Verfassung befinden können. Sie können also ein gemeinsames Gefühl teilen und folglich Stimmen miteinander verbinden, um sich in einem Gedanken zu finden. Ebenso können mehrere Personen, wenn ihre Empfindungen einander widerstreiten, sich doch vernünftigerweise gleichzeitig äußern, wenn nur jede einzelne ihren individuellen Gefühlsausdruck behauptet. Und verstehen Sie nun, Maestro, welche ungeheuren, unendlichen Hilfsmittel dem Komponisten zu Gebote stehen, wenn dieses System auf jede Person, jede Situation des Dramas angewendet wird – mit Hilfe eines im Verlauf der Handlung abwandelbaren Melodietypus – und dabei doch seinen ursprünglichen Charakter ganz bewahrt, wenn es auch den verschiedensten, sehr ausgedehnten Entwicklungen dient? Nun werden diese Ensembles, in denen jede Person zwar individuell erscheint, doch alle diese Elemente sich in einer der Handlung angegliederten Polyphonie verbinden und nicht mehr – ich wiederhole es – den Anblick jener absurden Ensembles bieten, in denen die von den gegensätzlichsten Leidenschaften beseelten Personen sich in einem gegebenen Augenblick ohne Sinn und Verstand dazu verurteilt sehen, ihre Stimmen in einer Art von Largo-Apotheose zu vereinen, deren patriarchalische Harmonien uns nur daran denken lassen, daß man im Schoß seiner Familie am besten aufgehoben ist.

Was die Chöre betrifft, so gibt es eine psychologische Wahrheit: Menschenmassen gehorchen viel energischer einer bestimmten Empfindung als der einzelne; so ist es zum Beispiel mit dem Erschrecken, der Wut, dem Mitleid. Man muß also logischerweise zugeben, daß die Menge in ihrer Gesamtheit diese Zustände in der Tonsprache der Oper ausdrücken kann, ohne die Vernunft zu verletzen. Überdies ist die Mitwirkung der Chöre, sobald sie vom logischen Gang der Handlung verlangt wird, eine Macht ohnegleichen und einer der schätzenswertesten Faktoren der Theaterwirkung. Es gibt dafür zahllose Beispiele. Erinnern Sie sich an den Ausdruck der Angst in dem Chor Corriamo, fuggiamo in Idomeneo, ohne Ihr bewundernswertes Fresko im Mosè, den so traurigen Finsternischor, zu vergessen.›

Rossini: ‹Schon wieder! Ich hatte also wirklich einiges Talent zur Zukunftsmusik! Sie machen mir wirklich Lust dazu. Wenn ich nicht zu alt wäre, würde ich noch mal anfangen, und dann ... Wehe dem Ancien régime!›

Wagner: ‹Oh, Maestro, wenn Sie nicht mit siebenunddreißig Jahren die Feder weggelegt hätten, nach dem Wilhelm Tell – es war ein Verbrechen! Sie wissen selbst nicht, was Sie noch alles geschaffen hätten! Sie hätten nur anfangen müssen!›

Rossini: ‹Was wollen Sie? Ich hatte keine Kinder. Wenn ich welche gehabt hätte, würde ich ohne Zweifel weiter gearbeitet haben. Aber, um Ihnen die Wahrheit zu sagen, nachdem ich mich fünfzehn Jahre lang abgeplagt und während dieser selbstverständlich so arbeitsreichen Periode vierzig Opern geschrieben hatte, empfand ich das Bedürfnis nach Ruhe und zog mich nach Bologna zurück, um da still zu leben. Übrigens war damals der Zustand der italienischen Theater, die schon während meiner Laufbahn viel zu wünschen übrigließen, in vollem Niedergang begriffen; die Gesangskunst war zugrunde gegangen. Das war vorauszusehen.›

Wagner: ‹Welchem Umstand schreiben Sie eine so unerwartete Erscheinung zu, in einem Lande, wo die schönen Stimmen im Überfluß vorhanden sind?›

Rossini: ‹Dem Verschwinden der Kastraten. Man kann sich keine Vorstellung machen von dem Reiz der Stimme und der vollendeten Virtuosität, die – mangels eines gewissen Etwas – diese braven Leute als wohltätigen Ausgleich besaßen. Sie waren auch unvergleichliche Gesangslehrer. Ihnen war allgemein der Gesangsunterricht in den den Kirchen angegliederten und auf deren Kosten unterhaltenen Schulen anvertraut, von denen einige berühmt waren. Die Schüler strömten ihnen in Mengen zu, und eine Anzahl von ihnen verließ häufig den Singchor, um sich der Theaterlaufbahn zu widmen. Aber im Verlauf der neuen politischen Ordnung, die in ganz Italien von meinen unruhigen Landsleuten eingeführt wurde, wurden diese Schulen aufgehoben und durch einige Konservatorien ersetzt, in denen man, was die Tradition betrifft, vom Belcanto rein nichts konserviert.

So verschwanden die Kastraten, und die Sitte des Verschneidens hörte auf. Darin aber lag die Ursache des unaufhaltsamen Verfalls der Gesangskunst. Mit ihrem Niedergang war auch das Schicksal der komischen Oper besiegelt. Und die ernste Oper? Das Publikum, das schon zu meiner Zeit wenig Lust hatte, sich zur Höhe der großen Kunst zu erheben, bezeugte nicht das mindeste Interesse an dieser Gattung. Die Plakatankündigungen einer ernsten Oper hatten die einzige Wirkung, ein paar vollblütige Zuhörer herbeizulocken, die fern von der großen Menge erfrischende Luft atmen wollten. Sie sehen, aus welchen Gründen – und noch einigen anderen – ich meinen Entschluß faßte, zu schweigen. Ich schwieg also, und so endete die Komödie [così finita la commedia].›

Rossini erhob sich, drückte Wagner herzlich die Hand und fügte noch hinzu: ‹Mein lieber Herr Wagner, ich kann Ihnen nicht genug danken für Ihren Besuch und besonders für die so klare und interessante Darlegung, die Sie mir von Ihren Ideen gütigst gegeben haben. Ich, der ich nicht mehr setze und in einem Alter bin, wo man sich eher zersetzt, in Erwartung, daß ich mich noch einmal für alles Gute auseinandersetzen werde – ich bin zu alt, um meine Blicke nach neuen Horizonten zu richten; aber Ihre Gedanken – was immer auch Ihre Feinde sagen mögen – sind dazu geschaffen, der Jugend zu denken zu geben. Von allen Künsten ist die Musik ihres idealen Wesens wegen am meisten zu Neuerungen bestimmt, und es gibt da keine Grenzen. Nach Mozart – wer hätte Beethoven geahnt! Nach Gluck – wer Weber! Und auch nach diesen ist es gewiß nicht zu Ende. Jeder sollte also danach trachten, wenn nicht vorwärtszukommen, so doch wenigstens Neues zu suchen, ohne sich die Sage eines gewissen Herkules zu vergegenwärtigen, der, offenbar ein großer Reisender, an einen Ort kam, wo er nichts mehr sehr deutlich erkennen konnte, dort seine Säule hinstellte, wie man erzählt, und schleunigst umkehrte.›

Wagner: ‹Vielleicht war es nur eine Warnungstafel wie bei Privatjagden, damit andere sich nicht weiter hineinwagen?›

Rossini: ‹Wer weiß! Ohne Zweifel haben Sie recht, denn man versichert, er habe eine kolossale Vorliebe für die Löwenjagd gehabt. Hoffen wir immerhin, daß unsere Kunst niemals von einem Säulensetzer dieser Art begrenzt wird. Was mich betrifft, ich gehörte meiner Zeit an. Die Aufgabe anderer, besonders eines Mannes wie Sie, den ich kraftvoll durchdrungen von so meisterlichen Bestrebungen sehe, ist es, Neues zu machen und damit Erfolg zu haben, was ich Ihnen von ganzem Herzen wünsche.›»

Mit der Verabschiedung Wagners durch seinen Gastgeber trennten sich die Wege der beiden Komponisten für immer. Wagner ging ins Desaster seiner Pariser «Tannhäuser»-Aufführung und Rossini zurück nach Passy in die Gesellschaft seiner «Klassiker», die ihn von den Decken und Wänden seines neuen Palazzos willkommen hießen.

«Nach seinem Aussehen hätte man ihn nicht für einen Künstler und eines der größten Genies unserer Zeit gehalten. Die rötlichblonde Perücke, die seine Stirn und Schläfen nur von ungefähr zeigte, stach eigenartig von seinem ziemlich bleichen und sorgsam rasierten Gesicht ab. Seine starke Phantasie zeigte sich nur in seinen lebhaften und durchdringenden Augen, gerade so wie man von seinen Lippen vermuten kann, die dünn und leicht ins Sardonische geformt waren, daß er ein Mann von ungewöhnlicher Intelligenz war. Es war kein Anzeichen von Arroganz oder von einer wuchtigen Art und Weise zu sehen, wie man sie nicht selten bei berühmten Leuten findet.»[150]

Der Kunstmaler De Sanctis verweilte des öfteren in Passy, wo er einen äußerst gewissenhaften und ordnungsliebenden Rossini kennenlernte, und er war überrascht von der «Regelmäßigkeit seiner Gewohnheiten, ganz zu schweigen von der symmetrischen Ordnung, in der er die Möbel und Gegenstände um sich herum angeordnet hatte. Das Zimmer, das er gewöhnlich viele Stunden am Tage sowohl zum Empfangen wie zum Arbeiten benutzte, war sein Schlafzimmer. Dort befand sich der Schreibtisch in der Mitte, und auf ihm lagen in tadelloser Ordnung die Papiere, seine unentbehrlichen Schabemesser, die Federn, das Tintenfaß und was er sonst noch zum Schreiben benötigte. Drei oder vier Perücken befanden sich in einer Reihe in regelmäßigen Abständen voneinander auf dem Kaminsims. An den weißen Wänden hingen einige japanische Miniaturen auf Reispapier, und eine Anzahl orientalischer Gegenstände befand sich wie Trophäen auf der Kommode. Das Bett an der Wand war immer ordentlich; einige einfache Stühle standen im Zimmer umher. Alles sah ordentlich und gepflegt aus. Was sehr erfreulich erschien, einem aber nicht den Eindruck gab, daß ein Künstler dort wohnte, von dem man leicht annehmen sollte, daß er unordentlich wäre. Als ich, von der tadellosen Ordnung überrascht, dem Maestro mein Erstaunen zeigte, sagte er mir: ‹Ah, mein lieber Freund, Ordnung ist Reichtum.›»[151]

Ein Blick auf die Notenschrift Rossinis macht diesen «Reichtum» deutlich, der sich eben nicht nur in den musikalischen Einfällen, sondern auch in der routinierten Genauigkeit niederschlug, mit der er innerhalb von wenigen Tagen ganze Opern zu Papier gebracht hatte.

In seinem Ordnungssinn spiegelte sich aber auch die ständige Furcht vor dem Unregelmäßigen und dem inneren Chaos, das sein Leben in Gefahr zu bringen drohte. Bewegungen, deren Dynamik er nicht selbst steuern konnte, machten ihm angst; die Eisenbahn war ihm ebenso suspekt wie politischer Aufruhr. Nur in seiner Musik, im geordneten Tonraum, den er beherrschte, spielte er leidenschaftlich gern mit dem Feuer und brachte immer wieder ein Perpetuum in Gang, das nur er stoppen konnte. Oft zu früh, so daß seine musikalischen Perioden gern in Turbulenzen gerieten, nie zu spät, denn Langeweile war seinem Ordnungsprinzip fremd.

In Verwirrtheit zu geraten, wie während seiner Krankheit, war ihm ein Greuel, wohingegen Verwirrung zu stiften ihm die reinste Lust bereitete.

Als die Pariser Oper im Dezember 1861 ein Gedenkkonzert für den verstorbenen Cherubini gab, war Rossini, der sonst keine Aufträge mehr annahm, mit einem Titanengesang dabei, der «die Zuhörer sehr erstaunte», wie die Presse zu berichten wußte.

«Rossini hat sich nie von dieser gewaltigen Seite gezeigt, und man hatte etwas ganz anderes erwartet. Man verlangte einstimmig eine Wiederholung. Das Orchester fing wieder von vorn an, und dann verstand man die Komposition etwas besser.»[152]

Ob dem so war, steht zu bezweifeln, denn vom altehrwürdigen Melodiker Rossini hatte man bestimmt andere Töne erwartet als das Brüllen wildgewordener Titanen, die mit den Schreien «Guerre! Massacre! Mort! Carnage!» den Olymp stürmten.

Die Götter des europäischen Musikhimmels saßen indessen unbehelligt in Rossinis Salon und delektierten sich an den musikalischen Leckerbissen der «Samedi soirs». Verdi war dabei, eher schweigsam; um so gesprächiger Auber – «ein großer Komponist, der allzu kleine Musik macht», wie der Gastgeber meinte –, Saint-Saëns, Gounod – und Liszt, der einige von Rossinis letzten Kompositionen so brillant vom Blatt spielte, daß den Anwesenden der Mund offenstehen blieb und selbst Rossini nur noch herausbrachte: «Dieser Mann ist ein Besessener.» Neben vielen jungen Talenten gesellte sich auch der Pianist Louis Diémers hinzu. «Ich wurde Rossini von Herrn Heugel vorgestellt. Der Maestro bat mich, ihm seine Komposition vorzuspielen, und ich willigte ein. Auf diese Weise wurde ich zum regelmäßigen Klavierspieler bei seinen wöchentlichen Soireen und spielte jeden Sonnabend seine neuen Stücke – ich mußte sie in seinem Hause üben, weil er sie niemandem anvertrauen wollte. Nach zwei- oder dreimaligem Durchspielen hatte ich die Werke, die am Abend gespielt werden sollten, memoriert. Er hatte eine große Anzahl geschrieben . . .»[153]

«Als Kritzeleien, die ich zu meinem Vergnügen zu Papier gebracht habe», bezeichnete sie Rossini seinem Verleger Ricordi gegenüber – so als fürchtete er, daß sich zuletzt doch noch ein Schatten auf seinen Ruhm legen könnte, wenn diese Arbeiten den Kritikern zum Fraß vorgeworfen würden.

Auf die Berühmtheit, die ihn mehr und mehr zu langweilen begann – «ma célébrité m'embête» –, war das «göttliche Genie» selbst zwar nicht angewiesen, aber um so mehr die Schar seiner Gläubigen; und Ruhm verpflichtet, vor allem zu Zeiten, da die

Religion ins Wanken gekommen war, weil sie auf die drängenden Fragen einer entwurzelten Gesellschaft, die sich zu lange auf Barrikaden und Boulevards herumgetrieben hatte, keine Antwort mehr wußte.

Von Rossini erwartete man solche nicht, genausowenig wie von einem Heiligen, dessen vornehmste Aufgabe es ist, die Anbetung über sich ergehen zu lassen. Ricordi berichtete anläßlich einer Soiree von einer Menschenmenge, die so groß war, «daß etwa dreißig Gäste auf den Stufen der Treppe sitzen mußten! ... Rossini war ... von tout Paris umgeben ..., ich kann mich nicht mehr der Namen all der Duchesses, Marquises und Baronesses erinnern, die dem berühmten Maestro den Hof machten: da waren Minister, Botschafter; in einer Ecke des Raumes war der Kardinal-Legat des Papstes in einem violetten Gewand, umgeben von vielen Personen ...»[154]

Von der Speisung der Massen ging der göttliche Meister zum Abendmahl über. Die Einweihung der Privatkapelle des Comte Pillet-Will schien Rossini der richtige Anlaß für eine letzte große Anstrengung zu sein: seine »Petite Messe Solennelle».

Innerhalb von zwei Monaten komponierte er sein musikalisches Testament für Solisten, Chor, zwei Klaviere und Harmonium, wobei er auf dem Titelblatt vermerkte: «Zwölf Sänger der drei Geschlechter – Männer, Frauen und Kastraten – genügen für ihre Aufführung, d. h. acht für den Chor und vier für die Soli, im ganzen zwölf Cherubin. Oh Gott, verzeihe mir die folgende Zusammenstellung. Zwölf ist auch die Zahl der Apostel in der berühmten ‹Kinnbackenhandlung›, dem von Leonardo als Fresko gemalten sogenannten letzten Abendmahl: wer würde es glauben! Unter deinen Jüngern waren einige, die einen falschen Ton anschlugen!! Gott, sei versichert, ... bei meinem Frühstück wird es keinen Judas geben, und meine Jünger werden richtig und mit Liebe deine Lobpreisungen und diese kleine Komposition singen, die leider die letzte Todsünde meines Alters ist.»

Doch in diese «Todsünde» packt Rossini noch einmal sein ganzes musikalisches Kredo. Da ist einmal der klangvolle virtuose Klaviersatz, durchaus keine Selbstverständlichkeit für einen

Opernkomponisten. Da ist die alte Kunst (stilo antico) des polyphonen A-cappella-Satzes im Christe eleison, die neue Kunst (stilo nuovo) des harmonisch-homophonen im Sanctus. Da ist der gediegene Kontrapunktiker, der im Offertorium ein Präludium nebst Fuge vorlegt; der mit Chorfugen im Credo und Gloria brilliert, sich aber den Spaß macht, letzteres mit einer can-canhaft hüpfenden Achtelbewegung zu unterlegen: Palestrina in Paris.

Da ist der aufgeklärte Spötter, der das Credo mit der Tempobezeichnung «Allegro cristino» versieht. Da ist der große Melodiker, der den Solisten in ihren Arien Zucker gibt. Und da ist der italienische Meßdiener, der dem lieben Gott ein Stück schreibt und zwischen Sanctus und Agnus Dei den Fronleichnamshymnus «O salutaris hostia» einfügt, einen Lobgesang zur Feier der Anwesenheit des Herrn in der Hostie nach der Wandlung.

Wer also von dem zweiundsiebzigjährigen Rossini in Anbetracht seines baldigen Todes einen mozartisch-verinnerlichten Requiemton erwartete, sah sich enttäuscht. «Das ist keine Kirchenmusik für Euch Deutsche. Meine ernsteste Musik ist immer noch nur semiseria.»

Trotzdem konnte Meyerbeer, der bei den ersten Aufführungen im März 1864 zugegen war, seine Tränen nicht zurückhalten und bedankte sich in einem überschwenglichen Brief «an den Jupiter Rossini» und «göttlichen Meister ... für das riesige Vergnügen, das Sie mir dadurch verschafft haben, daß ich Ihre herrliche neue Schöpfung zweimal anhören durfte. Der Himmel möge Sie bis zum 100. Jahr bewahren, damit Sie wieder so ein ähnliches Meisterwerk schaffen können, und Gott möge mir ein ähnliches Alter gewähren, damit ich auch diese neuen Aspekte Ihres unsterblichen Genies hören und bewundern kann! ...»[155]

Meyerbeer starb sechs Wochen später im Alter von dreiundsiebzig Jahren.

Verdi nahm das Werk, das er zu einem späteren Zeitpunkt in der Orchesterfassung gehört hatte, gelassener hin, lobte Rossinis technische Fortschritte, wollte ihm aber geraten haben, «diese Musik zu vergessen und lieber noch einen ‹Barbiere› zu schreiben».

Rossini hatte aber auch solcher Kritik in dem für ihn typischen Understatement von vornherein den Wind aus den Segeln genommen, indem er sich in einem Nachsatz auf der letzten Partiturseite gleich beim Allmächtigen selbst entschuldigt: «Lieber Gott, da ist sie, die arme kleine Messe. Ist es wirklich geistliche Musik, die ich da geschrieben habe, oder am Ende gar Musik des Teufels? Ich bin für die Opera buffa geboren, wie Du genau weißt. Ein wenig Geschick, ein wenig Herz – das ist alles. Sei also gesegnet und gewähre mir den Einzug ins Paradies . . .»[156]

Bevor ihm der liebe Gott aber diesen Wunsch erfüllte, mußte Rossini noch die Früchte seines Ruhms auf dieser Welt ernten – und das war nicht immer leichte Arbeit, wie der deutsche Musikforscher Eduard Hanslick zu berichten weiß: «Wenige Menschen auf Erden werden in solchem Ausmaß verehrt – und nur verehrt. In seinem Zimmer fehlte es nie an Besuchern; die größten Namen des Adels, der Reichen, der Kunstwelt kommen und gehen. Er wird mit kostbaren Geschenken und zartfühlenden Aufmerksamkeiten überschüttet; von hundert Besuchern fühlen sich neunundneunzig verpflichtet, ihm zu schmeicheln. Wenn Rossini alle diese bewundernden Redensarten mit dem selbstzufriedenen, eitlen und gleichzeitig bescheiden scheinenden Lächeln, das so viele berühmte Leute an sich haben, annehmen würde – als ob er mit einer Hand zurückweist, was er mit der anderen annimmt –, so könnte man es in seinem Hause keine fünfzehn Minuten aushalten. Der Weihrauch würde einem den Atem nehmen. Ernstes Mißbilligen und Ärger passen nicht zu Rossinis Persönlichkeit; daher zieht er es vor, das Weihrauchfaß dem Bewunderer mit Hilfe heiterer Selbstverspottung aus der Hand zu stoßen und sich dann über dessen Verlegenheit zu freuen. ‹Wie soll ich Sie nur anreden?› fragte ihn eine attraktive Dame kürzlich mit angehaltenem Atem. ‹Großer Meister? Fürst der Musik?

Oder göttliches Genie?› Rossini antwortete: ‹Mir wäre es am liebsten, wenn Sie mich mon petit lapin! nennen würden.›. . . »[157]

Das Möchtegern-«Kaninchen» wurde jedoch zum Großritter des Ordens der italienischen Krone geschlagen, wofür sich der geehrte Komponist mit einer Militärfanfare bedanken mußte; die Ehrenlegion Napoleons III. ernannte ihn zum «Grand Officier», die Stadt Lugo drängte ihm ein Adelspatent auf, Pesaro goß ihn in Bronze, und Bologna meißelte sein Andenken in Stein, so daß Rossini sich nun rühmen durfte, «versteinert zu sein»[158].

Nun mußte nur noch gestorben werden. Das «göttliche Genie», dem das Atmen in soviel Weihrauch immer schwerer fiel und das die gereizten Nerven und ein chronischer Katarrh kaum mehr schlafen ließen, war schon auf dem qualvollen Weg dahin. Den ersten Kranz erhielt er am 10. Februar seines letzten Lebensjahres vom Ensemble der Pariser Oper: «Für Rossini zur Erinnerung an die 500ste Aufführung von ‹Guillaume Tell›; die Künstler der Opéra, 1829–1868».

Rossini wurde nun endgültig klar, daß er nur noch als musikhistorisches Faktum existierte, und so verabschiedete er sich am 26. September mit einem letzten «Samedi soir» von seiner Gemeinde und begann ein qualvolles Sterben, dem auch zwei Enddarmoperationen keinen Aufschub gönnten. Der Krebs hatte sich gnadenlos in seinen Leib gefressen, und eine Wundrose bedeckte den ganzen Körper.

Am Abend des 13. November, es war ein Freitag, rief der Sterbende ein letztes Mal die Muttergottes an, sprach den Namen seiner Frau – Olympe – aus und hatte endlich Ruhe.

Man erspare uns die Beschreibung der unzähligen Totenfeiern und das Zitieren von Nekrologen. Ein Satz sei uns nur noch gegönnt, und den entnehmen wir noch einmal dem Munde Richard Wagners – nicht etwa, weil dieser der unbestechlichste und freimütigste Verkünder von Rossinis Lob gewesen wäre, im Gegenteil: Es ist diese fatale Faszination am Undeutschen, die sich auch des deutschesten unter den Musikern seines Jahrhunderts bemächtigte; ein Gutdünken, das allerdings nicht unwidersprochen bleiben durfte, hätte es doch den Verrat an der deutschen Seele bedeutet, die Tieferes im Sinn zu haben hatte. Daß dieses «Tiefere» auch in der unbeschwerten Höhe einer italienischen Melodie wohnt – weil sie ganz einfach Musik ist –, war dem programmatisch-absichtsvollen Verstand des deutschen Komponisten freilich fremd, obwohl sein Herz durchaus ein anderes Einsehen hatte.

Nach jenem denkwürdigen Besuch bei Rossini sagte er noch auf der Treppe zu Michotte: «Ich gestehe, daß ich in Rossini nicht den Mann erwartet habe, den ich tatsächlich vor mir sah ... Wie Mozart besitzt er in höchstem Grade die Gabe melodischer Erfindung. Dazu kommt, daß diese Gabe von seinem Instinkt für die Bühne und den dramatischen Ausdruck auf wunderbare Weise ergänzt wird. Was hätte er nicht alles hervorbringen können, wenn er eine ernstliche und vollkommene musikalische Erziehung erhalten hätte? Besonders, wenn er, weniger Italiener und Skeptiker, in sich den Glauben an seine Kunst gefühlt hätte? Es kann kein Zweifel darüber bestehen, daß er im Fluge die höchsten Gipfel erreicht hätte. Mit einem Wort, er ist ein Genie, das seinen Weg verloren hat, weil es keine gute Vorbildung hatte und nicht die Umgebung fand, in der seine großen schöpferischen Fähigkeiten hätten gedeihen können. Aber ich muß bekennen: Von allen Musikern, die ich in Paris getroffen habe, ist er der einzige wahre große ...»[159]

ANHANG

Anmerkungen

[1] Lebère Duchesne, zitiert nach: Fischer Weltgeschichte, Frankfurt/M. 1988
[2] Urban VIII., Maffeo Bardelini, Papst 1623–1644, vollendete den Petersdom zu Rom
[3] Gazzetta di Pesaro, Juni 1798
[4] Edmond Michotte, zitiert nach Radiciotti: «Gioacchino Rossini», Tivoli 1927–1929
[5] Rossini, zitiert nach Hiller: «Plaudereien mit Rossini», 2. Band, Leipzig 1868
[6] Anonymer Berichterstatter, zitiert nach Weinstock: «Rossini», Adliswil 1981
[7] Rossini-Brief vom 18. 10. 1868, Paris, an L. G. Ferrucci in Florenz
[8] Rossini, zitiert nach Hiller, a. a. O.
[9] Rossini zu Edmont Michotte, zitiert nach Radiciotti, a. a. O.
[10] Rossini war 1806 als Sänger in die Accademia Filarmonica di Bologna aufgenommen worden
[11] Rossini, zitiert nach Hiller, a. a. O.
[12] Rossini, zitiert nach Hiller, a. a. O.
[13] Weinstock, «Rossini», a. a. O.
[14] Rossini, zitiert nach Hiller, a. a. O.
[15] Rossini, zitiert nach Hiller, a. a. O.
[16] Stendhal, zitiert nach Wendt: «Rossini's Leben und Treiben», Leipzig 1824
[17] Rossini, zitiert nach Hiller, a. a. O.
[18] Rossini, zitiert nach Hiller, a. a. O.
[19] Rossini, zitiert nach Hiller, a. a. O.
[20] Brief Wolfgang Amadeus Mozarts vom 13. 10. 1781 aus Paris an seinen Vater in Salzburg
[21] Brief L. A. Muratoris an A. Zeno, August 1701, zitiert nach: «Geschichte der italienischen Oper»
[22] Brief L. A. Muratoris an A. Zeno, zitiert nach: «Geschichte der italienischen Oper»
[23] Rossini, zitiert nach Hiller, a. a. O.
[24] Gaetano Rossi in einem Brief vom 29. 7. 1832 an Giacomo Meyerbeer, zitiert nach: «Geschichte der italienischen Oper»
[25] Gaetano Rossi in einem Brief vom 8. 4. 1832 an Giacomo Meyerbeer, zitiert nach: «Geschichte der italienischen Oper»
[26] Rossini, zitiert nach Hiller, a. a. O.
[27] Gian Battista Giusti in seinem Vorwort zu «Edipo Coloneo», zitiert nach: «Neue Kritische Gesamtausgabe der Werke Rossinis»
[28] Gaetano Rossi in «Memorie storiche della vita di G. Foppa», zitiert nach: «Geschichte der italienischen Oper»
[29] Johann Wolfgang von Goethe, «Gesammelte Werke»

[30] Les Frères Escudier, zitiert nach Weinstock, a. a. O.
[31] Rossini, zitiert nach Hiller, a. a. O.
[32] Louis Hérold, zitiert nach Weinstock, a. a. O.
[33] Rossini, zitiert nach Hiller, a. a. O.
[34] Nuova Osservatore Veneto vom 27. 12. 1814
[35] Rossini, zitiert nach Hiller, a. a. O.
[36] Rossini, zitiert nach Hiller, a. a. O.
[37] Lalande: «Romanische Welt», 1765
[38] Rossini, zitiert nach Hiller, a. a. O.
[39] Rossini, zitiert nach Hiller, a. a. O.
[40] Rossini, zitiert nach Hiller, a. a. O.
[41] Brief Rossinis an Seitivaux vom 22. 3. 1860, Paris
[42] Bericht von der Uraufführung, zitiert nach Azevedo: «Rossini: Sa vie et ses œvres», Paris 1864
[43] Rossini, zitiert nach Michotte: «Souvenirs: Une Soirée chez Rossini à Beau-Séjour», Paris 1858
[44] Giornale di Napoli, August 1816
[45] Lady Sidney Morgan, Italy III, Neapel 1820
[46] Stendhal «Rom, Neapel und Florenz», 17. 3. 1817
[47] Stendhal, a. a. O., 12. 1. 1817
[48] Stendhal, a. a. O., 9. 1. 1817
[49] Stendhal, a. a. O., 19. 1. 1817
[50] Stendhal, a. a. O., 18. 2. 1817
[51] Stendhal, a. a. O., 19. 2. 1817
[52] Stendhal, a. a. O., 17. 2. 1817
[53] Stendhal, a. a. O., 18. 2. 1817
[54] Stendhal, a. a. O., 18. 2. 1817
[55] Giacomo Ferretti, zitiert nach Weinstock, a. a. O.
[56] Geltrude Righetti-Giorgi, zitiert nach Weinstock, a. a. O.
[57] Giacomo Ferretti, zitiert nach Weinstock, a. a. O.
[58] Eugène Delacroix, Tagebucheintrag vom 31. 3. 1853, zitiert nach Weinstock
[59] «Corriere della Serra», 7. 6. 1817
[60] Honoré de Balzac: «Massimilla Doni»
[61] Giuseppe Mazzini: «Filosofia della musica», Rom – Mailand 1954
[62] Giacomo Meyerbeer, Brief an seinen Bruder in Berlin, 27. 9. 1818, Mailand
[63] Rossini, zitiert nach Hiller, a. a. O.
[64] Brief Rossinis an Carlo di Chiaro in Wien, 17. 4. 1823, Bologna
[65] Giacomo Meyerbeer, Brief an seinen Bruder in Berlin, 27. 9. 1818, Mailand
[66] Conte Francesco Cassi in einem Brief an Conte Giulio Perticari in Rom, 25. 5. 1819, Pesaro
[67] «Giornale», Neapel
[68] «Giornale», Neapel, 18. 5. 1819
[69] Carl von Miltitz, zitiert nach Wendt, a. a. O.
[70] Giacomo Leopardi in einem Brief an seinen Bruder in Rom, 25. 2. 1832, Neapel

71 Zitiert nach Weinstock, a. a. O.
72 «Giornale», Neapel, Januar 1822
73 Rossini, zitiert nach Michotte, a. a. O.
74 Richard Wagner: «Gesammelte Schriften und Dichtungen», Leipzig 1871/1911
75 Rossini, zitiert nach Hiller, a. a. O.
76 Wagner, a. a. O.
77 Wagner, a. a. O.
78 Brief Rossinis an den Grafen Fay, 14. 2. 1854, Florenz
79 Ludwig van Beethoven, Heiligenstätter Testament
80 Rossini, zitiert nach Hiller, a. a. O.
81 Rossini, zitiert nach Hiller, a. a. O.
82 Étienne-Jean Delécluze: «Le ‹Stabeuf› de Rossini», Paris o. J.
83 Tagebuch Thomas Moore, zitiert nach Weinstock
84 Rossini, zitiert nach Hiller
85 «Journal des Débats», 19. 6. 1825, zitiert nach Weinstock, a. a. O.
86 Kurt Hall: «Musikkritik», Berlin – Zürich 1934
87 Franz Liszt, zitiert nach L. Ramann
88 John Ebers in: «Seven Years of the King's Theatre», zitiert nach Weinstock, a. a. O.
89 Auguste Laget, in: «Le chant et les chantes», Paris – Toulouse 1874
90 «La Revue Musicale», April 1828
91 «Le Globe», 5. 8. 1828
92 Hector Berlioz, in: Radiciotti, a. a. O., Seite 137
93 Friedrich von Schiller: «Dichter über Dichtung»
94 Friedrich von Schiller, a. a. O.
95 Friedrich von Schiller, a. a. O.
96 Vincenzo Bellini an seinen Onkel in Catania, 28. 8. 1829, Mailand
97 Brief Rossinis an Rochefoucauld in Paris, 4. 5. 1830, Castenaso
98 Rossini, zitiert nach Hiller, a. a. O.
99 Blanc: «Histoire de dix ans», Band 1
100 Eduard Dolléans: «Histoire du mouvement ouvrier», Paris 1936
101 Brief Rossinis an Emilio Loup in Bologna; Paris 8. 11. 1830
102 Rossini, zitiert nach Hiller, a. a. O.
103 Brief Rossinis an Lauro Rossi in Mailand; Paris, 21. 6. 1867
104 Stendhal, zitiert nach Wendt, a. a. O.
105 Karl von Miltitz, zitiert nach Wendt, a. a. O.
106 Richard Wagner, a. a. O.
107 Heinrich Heine: «Sämtliche Werke», hrsg. v. E. Elster, Leipzig – Wien
108 Heinrich Heine, a. a. O.
109 Heinrich Heine, a. a. O.
110 Heinrich Heine, a. a. O.
111 Heinrich Heine: «Studien»
112 Heinrich Heine, a. a. O.
113 Heinrich Heine, a. a. O.

114 Heinrich Heine, a. a. O.
115 Heinrich Heine, a. a. O.
116 Georg Wilhelm Friedrich Hegel: «Sämtliche Werke», Bd. II, «Ästhetik», Stuttgart 1927
117 Georg Wilhelm Friedrich Hegel, a. a. O.
118 Heinrich Heine: «Studien»
119 Heinrich Heine, a. a. O.
120 Ludwig Börne: «Briefe aus Paris», Frankfurt/Main 1979
121 Heinrich Heine an August Lewald, Paris 1837
122 Brief Rossinis an Luigi Crisostomo Ferruci in Florenz; Paris 1852
123 Brief Rossinis an Filippo Santocanale in Palermo; Paris 24. 1. 1835
124 Giuseppina Strepponi an Giuseppe Verdi in Mailand; Livorno 17. 1. 1853
125 Rossini, zitiert nach Hiller, a. a. O.
126 Brief Rossinis an Sarlo Severini in Paris; Bologna, 28. 11. 1836
127 Giuseppe Rossini an seinen Sohn in Paris; Bologna, 18. 4. 1833
128 Rossini, zitiert nach Hiller, a. a. O.
129 Brief Rossinis an einen unbekannten Freund, 1837
130 «Revue et Gazette musicale», Nr. 61, 1841
131 «Revue et Gazette musicale», Nr. 61, 1841
132 Antonio Zanolini: «Biografia di Gioacchino Rossini», Paris 1836
133 Heinrich Heine: «Sämtliche Werke», a. a. O.
134 «Iberia Musical», Mai 1845
135 Brief Rossinis an Giuseppe Spada in Rom; Paris, 6. 8. 1846
136 Olympe Pélissier an Léon Pillet, Paris 1847
137 Bottrigari-Chronik, Bologna 1848
138 Brief Rossinis an Padre Ugo Bassi in Bologna; Florenz, 1. 5. 1848
139 Brief Rossinis an Padre Ugo Bassi in Bologna; Florenz, 1. 5. 1848
140 Filippo Mordani: «Della Vita privata di Giovacchino Rossini», Imola 1871
141 Emilia Branca Romani, zitiert nach Weinstock, a. a. O.
142 Napoleon Bonaparte, zitiert nach Vincent: «Souvenir de sexagénaise», Bd. 4, Paris 1833
143 Georges Eugène Haussmann: «Memoires»
144 Ferdinand Hiller: «Plaudereien», a. a. O.
145 Ferdinand Hiller, a. a. O.
146 «Theaterjournal» München
147 Brief Rossinis an Isabella Colbran
148 Edmont und Gil de Goncourt: «Journal. Memoire de la vie se tener 1851–1863», Paris 1956
149 Arthur Comte de Grandève: «Paris sous Napoleon III», Paris 1879
150 Guglielmo De Sanctis: «Gioacchino Rossini», Rom 1878
151 Guglielmo De Sanctis, a. a. O.
152 «La Revue et Gazette musicale», Paris 1861
153 «Le Ménestrel», Paris, 30. 7. 1920
154 Giulio Ricordi: «La Gazzetta musicale di Milano», 20. 2. 1892
155 Brief Giacomo Meyerbeers an Rossini, Paris 1864

[156] Rossini, Nachsatz zur «Petite Messe Solennelle»
[157] Eduard Hanslick: «Aus meinem Leben», Kassel 1987
[158] Brief Rossinis an Vincenzo Alberti in Bologna; Paris 2. 9. 1864
[159] Wagner, zitiert nach Michotte, a. a. O.

Zeittafel

1792 Geburt am 29. Februar in Pesaro. Der Vater Giuseppe ist Stadttrompeter und Hornist, die Mutter Anna, geborene Guidarini, tritt als Sängerin auf.

1798 Die Eltern verdienen ihren Lebensunterhalt als reisende Musiker. Engagements in der Emilia-Romagna und den Marken. Gioacchino wird der Großmutter anvertraut.

1801 Gioacchino erhält Hornunterricht bei seinem Vater. Er erlernt auch Klavier und Viola.

1802 Die Familie zieht nach Lugo. Musikalische Unterweisung durch Giuseppe Malerbi.

1804 «Sei Sonate a quattro» für zwei Violinen, Violoncello und Kontrabaß. Erster Auftritt des Zwölfjährigen als Sänger und Instrumentalist.

1805 Umzug nach Bologna. Gioacchino erhält den ersten Kompositionsunterricht bei Padre Angelo Tesei.

1806 Beginn des Studiums am Liceo Musicale (Violoncello, Klavier und Kontrapunkt bei Padre Stanislao Mattei). Erste Oper «Demetrio e Polibio».

1808 Tätigkeit als «Maestro al Cembalo»; Komposition der Kantate «Il Pianto d'Armonia sulla morte di Orfeo» und der «Sinfonia D-Dur».

1810 Rossini verläßt das Liceo Musicale. Komposition und Aufführung von «La Cambiale di matrimonio» (Venedig, Teatro San Moisè).

1811 Kantate «La Morte di Didone». «L'Equivoco stravagante» für das Teatro del Corso in Bologna.

1812 Fünf Opern: «Ciro in Babilonia» (Ferrara), «La Pietra del paragone», «La Scala di seta», «L'Inganno felice» und «L'Occasione fa il ladro» (Venedig, Teatro San Moisè).

1813 «Il Signor Bruschino» (Venedig, Teatro San Moisè), «L'Italiana in Algeri» (Venedig, Teatro San Benedetto), «Tancredi» (Venedig, Teatro La Fenice) und «Aureliano in Palmira» (Mailand, Teatro alla Scala).

1814 Ende der napoleonischen Ära. Wiener Kongreß. «Il Turco in Italia» (Mailand, Teatro alla Scala), «Sigismondo» (Venedig, Teatro La Fenice).

1815 «Torvaldo e Dorliska» (Rom, Teatro Valle), «Elisabetta, Regina d'Inghilterra» (Neapel, Teatro San Carlo).

1816 Das Teatro San Carlo brennt in der Nacht vom 13. zum 14. Februar ab. 20. Februar: Stürmische Premiere von «Almaviva» im Teatro Argentina (Rom). Nach anfänglichem Mißerfolg wird die Oper unter dem Namen «Il Barbiere di Siviglia» bald bejubelt. In Neapel entstehen «Le Nozze di Teti e di Peleo», «La Gazzetta» und «Otello».

1817 Rom: «La Cenerentola» (Teatro Valle) und «Adelaide di Borgogna» (Teatro Argentina); Neapel: «Armida»; Mailand: «La Gazza ladra».

1818 «Mosè in Egitto» (Neapel), «Ricciardo e Zoraide» (Neapel). Vertrag mit der Oper in Lissabon für «Adina» (Uraufführung 1826). Beginn der Verhandlungen mit Paris.

1819 Umarbeitung des «Mosè in Egitto»; «Ermione» (Neapel), «Eduardo e Cristina» (Venedig), «La Donna del lago» (Neapel) und «Bianca e Falliero» (Mailand).

1820 «Messa di Gloria» (Neapel); «Maometto II» (Neapel).

1821 «Matilde (di) Shabran» (Rom, Teatro Apollo).

1822 Heirat mit Isabella Colbran. «Zelmira» (Neapel). Rossinis Erscheinen in Wien (13. April bis 8. Juli) löst in der Öffentlichkeit einen ungeheuren Wirbel aus. Besuch bei Beethoven; Kongreß von Verona. Rossini schreibt auf Einladung Metternichs mehrere Kantaten, darunter «Il vero omaggio» und «La Santa Alleanza».

1823 «Semiramide» (Venedig, Teatro La Fenice) als letzte italienische Oper. Einladung, am King's Theatre in London mehrere alte Werke zu dirigieren und ein neues zu schreiben. Reise nach Paris und London.

1824 Aufenthalt in London. Kantate «Il Pianto delle muse in morte di Lord Byron». Leitung der Italienischen Oper. – Kurzer Besuch in Bologna. – Stendhals «Vie de Rossini» erscheint.

1825 Zur Krönung König Charles' X. wird «Il Viaggio a Reims» aufgeführt.

1826 «Le Siège de Corinthe».

1827 Die Mutter stirbt in Bologna; Rossini holt seinen Vater nach Paris. «Moïse et Pharaon».

1828 «Le Comte Ory».

1829 Uraufführung des letzten Bühnenwerks, «Guillaume Tell».

1830 Während der ersten Jahreshälfte in Bologna. Pläne für eine neue Oper, Vertonung von «Faust». Ab September Reise nach Spanien mit einem Freund, dem Bankier Alexandre-Marie Aguado.

Auftrag von Fernandez Varela, ein «Stabat Mater» zu komponieren.

1831 Im März Rückkehr nach Paris. Trennung von Isabella Colbran. Nervenkrise. Einzelne Teile des «Stabat Mater», Fahrt mit Aguado nach Südfrankreich.

1832 Rossini lernt Olympe Pélissier kennen und widmet ihr die Solokantate «Giovanna d'Arco». Aus Krankheitsgründen Besuch der verschiedensten Ärzte und Kurorte.

1833 Vollendung des «Stabat Mater». Publikation der «Soirées musicales».

1834 Während des Sommers in Bologna. Ende August Rückkehr nach Paris. Weitere Stücke für «Soirées musicales». Einigung im Rechtsstreit mit der französischen Regierung um Rossinis finanzielle Versorgung.

1836 Reisen durch Belgien und Deutschland mit dem befreundeten Baron Rothschild. Zusammentreffen mit Felix Mendelssohn-Bartholdy. Nach kurzem Parisaufenthalt wieder in Bologna.

1837 Formelle Trennung von Isabella Colbran. Rossini und Olympe Pélissier reisen nach Mailand. Treffen mit Franz Liszt.

1838 Rückkehr nach Bologna, wo der Vater schwer erkrankt ist.

1839 Giuseppe Rossini stirbt am 20. April. Vertrag als ständiger Berater des Liceo Musicale. Der Gesundheitszustand verschlechtert sich. Aufenthalt in Neapel. Arbeit an «Stabat Mater».

1840 Paganini stirbt.

1841 Reise nach Venedig und Kuraufenthalte.

1842 Nach langem Rechtsstreit Premiere des «Stabat Mater» am 7. Januar in Paris (Théâtre Italien).

1843 Mai bis September in Paris zur ärztlichen Behandlung. Rückkehr nach Bologna.

1845 Tod von Isabella Colbran-Rossini.

1846 Rossini übernimmt als Direktor das Liceo Musicale in Bologna. 16. August Heirat mit Olympe Pélissier in Bologna. Zwei Kantaten zu Ehren des Papstes Pius IX.

1847 «Tantum ergo».

1848 Angesichts der revolutionären Ausschreitungen in Bologna flüchtet Rossini nach Florenz.

1849 Andauern der Krankheit und Depressionen.

1850 Rückkehr nach Bologna.

1851 Verkauf der Bologneser Besitzungen.

1853 Die seelische Niedergeschlagenheit verstärkt sich; Selbstmordgedanken.

1853/54 Anhaltend schlechter nervlicher und gesundheitlicher Zustand: Nervosität, Depressionen und Schlaflosigkeit.

1855 Am 26. April endgültiger Rückzug aus Italien. Ende Mai Ankunft in Paris. Treffen mit Ferdinand Hiller.

1856 Rossini und seine Frau mieten neben der Pariser Stadtwohnung eine kleine Villa in Passy. Kuraufenthalte in Wildbad und Bad Kissingen.

1857 Besserung des Gesundheitszustands. Als Dank an seine Frau schreibt Rossini die «Musique anodine». Komposition der «Sünden des Alters» («Péchés de vieillesse»).

1858 Mit dem «Samedi soir» am 18. Dezember Beginn einer langen Reihe musikalischer Zusammenkünfte im Salon des Ehepaars Rossini, die zu begehrten künstlerischen und gesellschaftlichen Ereignissen werden. –

1859 Grundsteinlegung für eine eigene Villa in Passy.

1860 Rossini empfängt Eduard Hanslick und Richard Wagner.

1864 «Petite Messe Solennelle». Tod Giacomo Meyerbeers.

1865 Besuch von Max Maria von Weber.

1866 Besuch von Franz Liszt.

1867 Arbeit an der Instrumentierung der «Petite Messe Solennelle». «Hymne à Napoleon III et à son Vaillant Peuple». Aufführung am 1. Juli im Palais de l'industrie.

1868 Fünfhundertste Aufführung von «Guillaume Tell» an der Pariser Oper. Letzter «Samedi soir» am 26. September. Anfang November Operationen an einer Darmfistel. Am Freitag, dem 13. November, stirbt Rossini.

Werkverzeichnis

Ausgaben: Neue kritische Gesamtausgabe der Werke Rossinis. Mailand/ Pesaro 1979.

Quaderni Rossiniani. A cura della Fondazione Rossini. Pesaro 1954.

Einzelausgaben bei Ricordi, Mailand; Garland Publishing, New York, u. a.

I. Opern

Demetrio und Polibio (Demetrio e Polibio)

Dramma serio in zwei Akten

Text: Vincenzina Viganò Mombelli
Uraufführung: 18. Mai 1812, Rom, Teatro Valle
Besetzung: Demetrio (Tenor), Polibio (Baß), Lisinga (Sopran), Siveno (Mezzo)

Handlung: Im königlichen Schloß der Partherhauptstadt erklärt König Polibio dem jungen Fremden Siveno, daß er ihn wie einen eigenen Sohn behandeln wolle und ihm seine Tochter zur Frau gebe.

Demetrio, der König von Syrien, stellt sich im Schloß unter dem Namen Eumene, Botschafter des Königs Demetrio, vor. Er bietet Polibio ewige Treue und große Reichtümer an. Als Gegenleistung soll Polibio Siveno ziehen lassen, da dessen Vater, ein Freund Demetrios, gestorben sei. Polibio weigert sich, diesem Ansinnen nachzukommen, und Demetrio droht ihm mit Gewalt.

Im Tempel findet die Hochzeit von Lisinga und Siveno statt. Polibio erzählt Siveno von Demetrio, woraufhin Siveno sich zum Kampf bereit erklärt.

Mittlerweile ist Demetrio heimlich zurückgekommen und entführt Lisinga. Siveno und Polibio nehmen die Verfolgung auf und stellen Demetrio. Dieser erkennt in Siveno seinen eigenen Sohn.

Die verzweifelte Lisinga will Siveno mit Waffengewalt zurückholen;

jener jedoch hindert sie an der Bluttat. Demetrio vereint die beiden Liebenden, gibt sich als König zu erkennen und bietet Polibio seine Freundschaft an.

Der Heiratswechsel (La Cambiale di matrimonio)

Farsa comica in einem Akt

Text: Gaetano Rossi
Uraufführung: 3. November 1810, Venedig, Teatro San Moisè
Besetzung: Norton (Bariton), Fanny (Sopran), Tobia Mill (Bariton), Edoardo (Tenor), Slook (Buffo), Clarina (Mezzo)

Handlung: Der englische Kaufmann Tobia Mill ist sehr erfreut, weil ihm der reiche amerikanische Händler Slook ein gutes Geschäft vorgeschlagen hat: eine hohe Summe Geld für eine schöne Frau. Er will dem reichen Slook seine Tochter Fanny zukommen lassen. Diese erfährt von Norton, dem Diener und Buchhalter ihres Vaters, und Clarina, ihrer Kammerzofe, von diesen Plänen. Fanny liebt heimlich den mittellosen Edoardo Milfort.

Slook kommt höchstpersönlich nach Europa, um sicherzustellen, daß der geplante Handel nach Wunsch abläuft. Fanny und Edoardo, die sich nunmehr mit Norton und Clarina verbündet haben, bedrohen den Amerikaner, damit er auf seine Ansprüche verzichte. Der eingeschüchterte Slook will das geplante Geschäft wieder aufkündigen, kann Mill jedoch nicht seine wahren Beweggründe nennen. Mill reagiert wütend auf diese Absage und fordert Slook auf, Fanny zu heiraten oder sich mit ihm zu duellieren. Nachdem Slook gewahr wird, daß Fanny und Edoardo ein Paar sind, und die wahren Hintergründe des Handels erfährt, überschreibt er den Heiratswechsel auf Edoardo und setzt die beiden Liebenden als seine Erben ein.

Bei dem geplanten Duell tritt Fanny dazwischen. Nun klärt Slook Mill darüber auf, daß dessen Tochter einen anderen Mann liebe, den er – Slook – als Erben eingesetzt habe. Das stimmt Mill versöhnlich, und alles endet mit einem Sextett.

Der wunderliche Irrtum (L'Equivoco stravagante)

Dramma giocoso in zwei Akten

Text: Gaetano Gasparri
Uraufführung: 26. Oktober 1811, Bologna, Teatro del Corso
Besetzung: Ernestina (Mezzo), Buralicchio (Bariton), Ermanno (Tenor), Gamberotto (Bariton), Frontino (Tenor), Rosalia (Mezzo)

Handlung: Der junge Ermanno stellt sich im Schloß des vermögend gewordenen Bauern Gamberotto vor, um Ernestina, der Tochter des Eigentümers, den Hof zu machen und ihr schließlich seine Gefühle zu enthüllen. Er wird von seinem Komplizen, dem Diener Frontino, begleitet.

Gamberotto, der von Knechten und Schmarotzern umgeben ist, kommt aus seinem Zimmer und beklagt sich über die lästigen Insekten im Haus. Frontino stellt Ermanno als Philosophielehrer für Ernestina vor. Als Neureicher ist Gamberotto an dem Engagement des vermeintlichen Lehrers interessiert, weil er so das übergroße Verlangen der Tochter nach Bildung unterstützt.

Frontino erkennt das Problem, daß der Vater einen sehr reichen Bewerber, nämlich Buralicchio, ermutigt und Ermanno in dieser Hinsicht nicht mithalten kann. Buralicchio, der sich für unwiderstehlich hält, bittet den vermeintlichen Schwiegervater, Ernestina sehen zu dürfen.

Ernestina blättert in Philosophiebänden. Ihr Vater stellt ihr gleichzeitig den Bräutigam und den Philosophielehrer vor. Das Mädchen erklärt, dem ersteren die Materie (den Körper), dem letzteren den Geist anzuvertrauen. Ermanno küßt ihr die Hand, Buralicchio ist gekränkt.

Die Bediensteten Frontino und Rosalia denken darüber nach, wie sie Ermanno helfen können. Frontino schreibt einen Brief, den er Buralicchio zukommen läßt: Es ist eine Warnung an Gamberotto, den Sohn, den er als kleines Kind hatte kastrieren lassen und den er unter dem Namen Ernestina beziehungsweise Ernesto als Frau verkleidet im Haus hält, gut zu verstecken, um ihn vor dem Militärdienst zu bewahren. Frontino beschwört den entsetzten Buralicchio, das Familiengeheimnis nicht auszuplaudern und die Verlobung zu lösen.

Beim Eintreffen von Ernestina ist Buralicchio angewidert von ihren Schmeicheleien und antwortet sehr sarkastisch auf ihr Angebot, ihm etwas vorzusingen. Ernestina fühlt sich beleidigt durch sein Benehmen, und es kommt fast zu Handgreiflichkeiten. Buralicchio rennt zur Polizei, um «Ernesto» als Fahnenflüchtigen zu verraten. Ermanno wird von Gamberotto entlassen. Ernestina tröstet den Verzweifelten mit vielen philosophisch-literarischen Gedanken. Gamberotto bekommt das zärtliche Duett mit und wird wütend. Die Polizei verhaftet Ernestina.

Ermanno besorgt für Ernestina eine Soldatenuniform, so daß sie entfliehen kann. Sie schwört ihm ewige Liebe. Die Bauern des Schlosses wollen, geführt von Gamberotto, Buralicchio für seine Tat zur Verantwortung ziehen. Frontino gesteht seine Lüge. Buralicchio verzichtet; Ermanno und Ernestina verloben sich mit dem Segen Gamberottos.

Glückliche Begegnung (L'Inganno felice)

Farsa in einem Akt

Text: Giuseppe Foppa
Uraufführung: 8. Januar 1812, Venedig, Teatro San Moisè
Besetzung: Isabella (Sopran), Tarabotto (Baß), Bertrando (Tenor), Batone (Bariton), Ormondo (Tenor)

Handlung: Tarabotto, der Anführer der Bergleute, hat vor Jahren ein armes Mädchen zu sich genommen, das er als seine Nichte ausgibt.

Nisa ist jedoch in Wirklichkeit Isabella, die Gattin des Herzogs, dem das Bergwerk gehört. Sie gilt aufgrund einer Intrige Ormondos und Batones als tot.

Der Herzog hat erneut geheiratet, aber seine zweite Gemahlin ist ebenfalls schon gestorben. Der Herzog, Ormondo und Batone kommen zum Bergwerk. Batone glaubt in Nisa seine ehemalige Herrin wiederzuerkennen.

Tarabotto weiß es einzurichten, daß der Herzog die junge Nisa sieht. Beide, der Herzog und Nisa, sind zutiefst voneinander angetan.

Tarabotto belauscht ein Gespräch zwischen Ormondo und Batone: Die beiden planen, ihm die allzusehr der totgeglaubten Herzogin ähnelnde Nichte zu entführen. Batone ist sich unschlüssig. Als Tarabotto ihn zur Rede stellt, will er die Intrige jedoch nicht eingestehen.

Tarabotto berichtet dem Herzog, daß seiner Nichte Gefahr drohe. Ormondo will sich zur Sühne seiner Übeltaten das Leben nehmen.

Aber Nisa, die endlich als Isabella wiedererkannt und nochmals glückliche Gemahlin wird, hindert ihn daran, und die Oper schließt in allgemeiner Freude und Fröhlichkeit.

Cyrus in Babylonien (Ciro in Babilonia)

Dramma con cori in zwei Akten

Text: Francesco Aventi
Uraufführung: Februar/März 1812, Ferrara, Teatro Comunale
Besetzung: Ciro (Mezzo), Baldassare (Tenor), Amira (Sopran), Zambri (Baß), Arbace (Tenor), Daniele (Tenor), Argene (Mezzo)

Handlung: König Baldassare von Babylonien verliebt sich in Amira, die Gemahlin des Königs Ciro von Persien, den er im Krieg besiegt hat. Amira befindet sich mit ihrem Söhnchen in Baldassares Gefangenschaft, und dieser versucht sich mit Liebesanträgen bei ihr einzuschmeicheln. Die Königin widersteht seinen Angeboten.

Ihr Gemahl Ciro versucht sie als Botschafter verkleidet zu befreien. Er wird jedoch erkannt und ebenfalls ins Gefängnis geworfen.

Baldassare ist entschlossen, Amira auch gegen deren Willen zu besitzen, und läßt das Hochzeitsmahl anrichten. Plötzlich bricht ein schreckliches Gewitter aus: Unter Blitz und Donner erscheint eine geheimnisvolle Hand und schreibt mit feurigen Lettern dunkle und drohende Worte an die Wand.

Der König von Babylonien ist zutiefst bestürzt. Er läßt seine Magier und den Propheten Daniele rufen. Dieser deutet das Ereignis als ein Zeichen göttlichen Zornes. Die Magier dagegen raten dem König, den Göttern die drei hohen persischen Gefangenen zu opfern.

Während Ciro, Amira und ihr Sohn zur Hinrichtung geführt werden, trifft im Palast Baldassares die Nachricht ein, daß die Mauern Babylons gefallen und die Perser im Anmarsch seien.

Ciro wird befreit und besteigt den Thron Baldassares. Das Volk huldigt ihm als dem neuen König.

Die seidene Leiter (La Scala di seta)

Farsa comica in einem Akt

Text: Giuseppe Foppa
Uraufführung: 9. Mai 1812, Venedig, Teatro San Moisè
Besetzung: Dormont (Tenor), Giulia (Sopran), Lucilla (Mezzo), Dorvil (Tenor), Germano (Baß), Blansac (Bariton)

Handlung: Dormont will sein Mündel Giulia, deren Vermögen er verwaltet, unbedingt mit Blansac verheiraten. Giulia aber hat bereits heimlich Dorvil geehelicht. Diese Ehe kann nur im Schutze der Dunkelheit vollzogen werden – mittels einer seidenen Leiter, über die Dorvil um Mitternacht ins Haus schleicht und frühmorgens wieder verschwinden muß.

Um Blansac loszuwerden, möchte Giulia ihre Cousine Lucilla mit ihm verheiraten. Ihr Diener Germano, seinerseits in Giulia verliebt, soll helfen.

Dorvil, von seinem ahnungslosen Freund Blansac als Zeuge der Verlobung ins Haus Dormonts gebracht, versucht ihm dies auszureden. Blansac aber wettet, daß er Giulia vor Dorvils Augen verführen werde. Um nichts zu verraten, muß Dorvil darauf eingehen und sich verstekken. Auch Germano hat seinen Beobachtungsposten bezogen. Im entscheidenden Moment aber stört er die Liebesszene zwischen Blansac und Giulia.

Wie erwartet, macht Blansac auch Lucilla den Hof.

Zum mitternächtlichen Rendezvous mit Giulia erscheinen über die seidene Leiter nacheinander der heimliche Ehemann und Blansac. Germano hält sich unter dem Tisch verborgen, die eifersüchtige Lucilla im Nebenzimmer. Aber auch Dormont entdeckt die seidene Leiter, und da alles enthüllt ist, gestehen Giulia und Dorvil ihre Eheschließung. Blansac nimmt erfreut Lucilla zur Frau.

Die Liebesprobe (La Pietra del Paragone)

Melodramma giocoso in zwei Akten

Text: Luigi Romanelli
Uraufführung: 26. September 1812, Mailand, Teatro alla Scala
Besetzung: Clarice (Mezzo), Asdrubale (Baß), Giocondo (Tenor), Macrobio (Bariton), Pacuvio (Bariton), Aspasia (Sopran), Fulvia (Mezzo), Fabrizio (Baß)

Handlung: Der reiche Graf Asdrubale lädt Freunde, darunter auch die verwitwete Marchesa Clarice, in die er verliebt ist, in sein Landhaus ein.

Zwei weitere Damen, Aspasia und Fulvia, haben es aber bereits auf Asdrubales Hand abgesehen.

Dieser will daher eine Probe machen. Als türkischer Kaufmann verkleidet, erscheint er in dem Landhaus und fordert vom Grafen einen hohen Schuldbetrag ein. Der Diener, der ihn empfängt, versichert, die Schuld könne nie zurückgezahlt werden.

Als der «Türke» mit der Beschlagnahmung aller Güter droht, erklären die guten Freunde des Grafen, nichts mit diesem zu tun zu haben.

Nur sein Freund Giocondo und die Witwe Clarice halten zu ihm. Der Graf deckt seine Täuschung auf und vergibt allen.

Clarice, die den Grafen nun ihrerseits auf die Probe stellen will, verkleidet sich als Soldat und erscheint als ihr eigener Zwillingsbruder Lucindo in Asdrubales Landhaus. Der falsche Lucindo behauptet, seine Zwillingsschwester aus des Grafen Haus und dessen schädlicher Umgebung fortführen zu wollen.

Daraufhin bittet ihn der Graf um Clarices Hand. Da gibt sich diese zu erkennen, und die beiden geben sich das Eheversprechen. Den enttäuschten Konkurrentinnen Aspasia und Fulvia bleibt nichts übrig, als sich unter den anderen Freunden des Grafen neue Anbeter zu suchen.

Die Gelegenheit macht den Dieb
(L'Occasione fa il ladro)

Burletta per musica in einem Akt

Text: Luigi Prividali
Uraufführung: 24. November 1812, Venedig, Teatro San Moisè
Besetzung: Parmenione (Bariton), Eusebio (Tenor), Berenice (Sopran), Alberto (Tenor), Martino (Bariton), Ernestina (Mezzo)

Handlung: In einer Gewitternacht finden Don Parmenione und der Graf Alberto im selben Landgasthaus Unterkunft. Der erstere ist auf der Spur der Schwester seines Freundes, die mit einem Verführer geflohen ist. Der zweite ist auf dem Weg nach Neapel, wo er das erste Mal seine Braut sehen wird.

Bei der Abreise nimmt der Kammerdiener Don Parmeniones, Martino, versehentlich einen Koffer Graf Albertos mit, und die beiden bemerken den Irrtum erst, als der Besitzer des Gepäckstücks schon fern ist. Martino öffnet den Koffer, da er überzeugt ist, aus einem solchen Zufall Nutzen ziehen zu können. Der Koffer enthält unter anderem Graf Albertos Paß und das Porträt einer jungen Frau, das Parmenione bezaubert. In der Annahme, es handle sich um Albertos Braut, beschließt Parmenione, sich als Alberto auszugeben, um sie an dessen Stelle zu heiraten.

Währenddessen sind die Hochzeitsvorbereitungen im Hause der Braut in vollem Gange, allerdings ist die Braut nicht sehr glücklich; sie kann sich nicht entschließen, Alberto zu heiraten, ohne sich vorher von ihren eigenen Gefühlen beziehungsweise von der Aufrichtigkeit Albertos überzeugt zu haben. Deshalb beschließt sie, mit ihrer engen Vertrauten Ernestina die Kleider zu tauschen.

Don Parmenione kommt unter dem Namen des Grafen Alberto und trifft auf Ernestina in der Rolle Berenices. Diese empfindet Sympathien für den scheinbaren Bräutigam; jener wiederum erwidert ihre Zuneigung, auch wenn sie keineswegs der Person auf dem Porträt im Koffer Graf Albertos gleicht. Inzwischen ist auch der echte Graf Alberto eingetroffen und begegnet Berenice in der Rolle einer Zofe. Auch sie verlieben sich auf den ersten Blick, und während Berenice im stillen über den ihr bestimmten Bräutigam frohlockt, ist dieser betrübt, daß es sich bei der vermeintlichen Zofe, die so viele Gefühle in ihm geweckt hat, nicht um seine zukünftige Braut handelt.

In Gegenwart Don Eusebios entsteht daraufhin eine Situation allgemeiner Verwirrung, da man nicht weiß, wer jetzt die Wahrheit sagt. Auf jeden Fall hat Parmenione den Paß Albertos.

Alberto erklärt Ernestina in der Rolle der Braut Berenice, bereit zu sein, alle vorherigen Verpflichtungen zu lösen, sofern die Zuneigung nicht gegenseitig sei. Parmenione behandelt indessen die vermeintliche Zofe Berenice sehr überheblich. Auch weiß er nicht, ob er ihr glauben soll, als diese erklärt, die wahre Braut zu sein, und bei genaueren Nachfragen über Graf Albertos Privatleben ergibt es sich, daß er zuwenig davon weiß. Der Kammerdiener Martino gerät durch Don Eusebios und Ernestinas bohrende Fragen über die wahre Identität seines Herrn in Verlegenheit und versucht, sich mit Allgemeinplätzen aus der Situation zu retten. In Gegenwart Berenices kommt es zur Konfrontation der beiden Kontrahenten, wodurch zwar nicht ihre Identität geklärt wird, aber doch ihre eigentlichen Gefühle; Parmenione hat sich Ernestina zur Frau gewählt, und Alberto will Berenice heiraten, so sie seine Liebe erwidert. Schließlich klärt jedoch Parmenione Don Eusebio und Ernestina über seine Identität auf; also gibt sich auch Ernestina als die Frau zu erkennen, wegen der Parmenione diese Reise überhaupt unternommen hat. Der Mann, mit dem sie geflohen war, hatte sie nämlich verlassen. Parmenione hält um ihre Hand an, und sie willigt ein.

Es findet alles ein gutes Ende: Alberto heiratet Berenice und verzeiht

Parmenione. Außerdem klärt sich ein weiteres Mißverständnis: Das Porträt in Graf Albertos Koffer stellte nicht Berenice, sondern dessen Schwester dar und war als Geschenk für die Braut gedacht.

Der Herr Bruschino (Il Signor Bruschino)

Farsa giocosa in einem Akt

Text: Giuseppe Foppa
Uraufführung: Januar/Februar 1813, Venedig, Teatro San Moisè
Besetzung: Bruschino, padre (Bariton), Bruschino, figlio (Tenor), Sofia (Sopran), Gaudenzio (Bariton), Florville (Tenor), Filiberto (Bariton), Marianna (Mezzo)

Handlung: Florville erscheint im Schloß des alten Gaudenzio, um Sofia, dessen Mündel, wiederzusehen und sie endlich zu seiner Frau zu machen. Er erfährt jedoch von dem Mädchen selbst, daß ihr Vormund sie dem Sohn eines gewissen Herrn Bruschino versprochen hat, der aber niemandem persönlich, sondern nur durch Briefe bekannt ist. Entschlossen, um jeden Preis diese Vereinbarung zu umgehen, trifft Florville durch einen glücklichen Zufall auf den Gastwirt Filiberto, der Gaudenzio sprechen möchte.

So erfährt Florville, daß man Bruschinos Sohn im Gasthof eingesperrt hat, da er mit über vierhundert Francs verschuldet ist. Florville gibt sich für Bruschinos Vetter aus und bietet sich an, einen Teil der Schuld zu begleichen, unter der Bedingung, daß Filiberto den jungen Mann noch für einige Zeit eingeschlossen hält.

Florville bezahlt den Gastwirt und hat sich dabei ein Empfehlungsschreiben Bruschinos aushändigen lassen. Da sein Aussehen Gaudenzio unbekannt ist, beschließt er, anstelle des jungen Bruschino Sofia zu heiraten. Um seinen Plan besser verwirklichen zu können, übergibt er Marianna, der Dienerin, einen falschen Brief an Gaudenzio, in welchem der alte Bruschino den Vormund bittet, den in den Tag hineinlebenden Sohn festnehmen und ihn in sein Haus führen zu lassen. Er beschreibt dabei den jungen Mann ausführlich.

So beginnt nun Florville die Rolle Bruschinos zu spielen. Unverhofft erscheint jedoch dessen Vater. Florville, der seine Komödie weiterspielt, bittet ihn um Verzeihung; der Vater erkennt ihn nicht, und in der Meinung, an der Nase herumgeführt worden zu sein, ruft er die Polizei.

Der Kommissar erscheint, und zum Beweis der Identität des neuen Bruschino wird ein Brief des echten Bruschino mit dem Schreiben, das Florville von Filiberto erhalten hat, verglichen. Die Schriftzüge der beiden Blätter sind vollkommen gleich; Gaudenzio glaubt nun, Bruschino wolle seinen Sohn nicht erkennen, um sich vor dem Heiratsvertrag drücken zu können, und geht erzürnt gegen ihn vor. In der allgemeinen Verwirrung erscheint erneut Filiberto, um die restliche Begleichung der Schulden zu fordern. So erfährt nun der alte Bruschino die von Florville gesponnene Verwicklung. Er ist entschlossen, alles aufzudecken; als er jedoch erfährt, daß Florville der Sohn des Senators und grimmigen Feindes Gaudenzios ist, sinnt er auf Rache für den erlittenen Streich, erkennt den jungen Mann als seinen Sohn und erlaubt ihm, Sofia zu heiraten. Nach der Eheschließung erscheint endlich der echte Bruschino. Gaudenzios Überraschung verwandelt sich in Zorn, als er erfährt, daß er Sofia soeben dem Sohn seines schlimmsten Feindes zur Frau gegeben hat.

Zu ändern ist nichts mehr, und dem Vormund verbleibt nur zu verzeihen.

Tancredi (Tancredi)

Melodramma eroico in zwei Akten

Text: Gaetano Rossi
Uraufführung: 6. Februar 1813, Venedig, Teatro La Fenice
Besetzung: Tancredi (Mezzo), Amenaide (Sopran), Argirio (Tenor), Orbazzano (Baß), Roggiero (Mezzo), Isaura (Mezzo)

Handlung: Syracus im 9. Jahrhundert: Argirio, Herrscher über Syracus, hat seine Tochter Amenaide dem Führer einer gegnerischen Partei, Orbazzano, versprochen, um alle Kräfte gegen den gemeinsamen Feind, die Syracus belagernden Sarazenen, zu vereinigen.

Amenaide aber ist verzweifelt; ihrer Freundin Isaura vertraut sie ihre Liebe zu Tancredi, dem Sohn des gestürzten Königs von Syracus, an. Sie schickt ihm eine Botschaft.

Im Garten von Argirios Palast teilt Amenaide Tancredi mit, er würde verdächtigt, mit den Sarazenen verbündet zu sein, und fordert ihn auf zu fliehen, ohne ihm jedoch von ihrer bevorstehenden Hochzeit zu erzählen. Als Tancredi davon erfährt, macht er ihr bittere Vorwürfe wegen ihrer Treulosigkeit.

Ihrem Vater gegenübergestellt, weigert sich das Mädchen stolz, Orbazzano zu heiraten. Aber dieser ist im Besitz der Botschaft, die Amenaide ihrem Geliebten geschickt hatte. Da der Brief, der zufällig in der Nähe des Sarazenenlagers abgefangen wurde, keinen Namen eines Empfängers trägt, entsteht der Verdacht, er sei an den Sarazenenführer Solamir gerichtet.

Amenaide wird unter der entwürdigenden Anklage, ihr Volk verraten zu haben, in den Kerker geworfen.

Im Gefängnis, wo Amenaide in Ketten liegt, beklagt Argirio das Los seiner Tochter, die zu verurteilen er gezwungen sein wird. Tancredi, der sich durch eine Verkleidung unkenntlich gemacht hat, fordert Orbazzano zum Zweikampf heraus: Geht er daraus als Sieger hervor, soll dies der Beweis für die Unschuld des Mädchens sein. In Wirklichkeit hält auch Tancredi Amenaide für schuldig.

Orbazzano verliert in dem Kampf das Leben, und Isaura gibt Amenaide die wahre Identität des jungen Mannes zu erkennen, der sie gerettet hat. Amenaide versucht vergeblich, ihn zurückzuhalten, er stürmt davon, um die von den Sarazenen heftig angegriffene Stadt zu verteidigen.

Auf der Flucht vor der Frau, von der er sich verraten glaubt, gelingt es ihm, im Kampf den Feind zu besiegen und die Stadt damit von den Belagerern zu befreien. Es stellt sich schließlich heraus, daß der Brief nicht an Solimar, sondern an ihn selbst gerichtet war. Im Siegestaumel des Volkes und mit dem Segen Argirios finden sich Tancredi und Amenaide schließlich.

Die Italienerin in Algier (L'Italiana in Algeri)

Dramma giocoso in zwei Akten

Text: Angelo Anelli
Uraufführung: 22. Mai 1813, Venedig, Teatro San Benedetto
Besetzung: Isabella (Mezzo), Mustafa (Baß), Lindoro (Tenor), Taddeo (Bariton), Elvira (Sopran), Ali (Tenor), Zulma (Mezzo)

Handlung: Bey Mustafa ist seiner ständig nörgelnden Gattin Elvira überdrüssig. Er beschließt, sie mit seinem italienischen Sklaven Lindoro zu vermählen, und befiehlt seinem Korsarenchef Haly, für ihn selbst eine Italienerin zu beschaffen.

Lindoro sehnt sich nach seiner Geliebten Isabella, doch Mustafa versucht ihn zur Ehe mit Elvira zu überreden. Gegen das Versprechen der freien Rückkehr nach Italien willigt Lindoro schließlich scheinbar in die Ehe mit Elvira ein.

Haly und seine Korsaren haben ein italienisches Schiff gekapert. Unter den Gefangenen sind auch die schon lange ihren Geliebten Lindoro suchende Isabella und ihr Begleiter Taddeo. Beide geben sich als Onkel und Nichte aus.

Als Haly merkt, daß Isabella eine Italienerin ist, bringt er beide zu Mustafa. Dieser bemüht sich eifrig um Isabella. Als diese Lindoro wiedersieht und die Situation begreift, spinnt sie eine Intrige zu seiner Befreiung: Sie macht Mustafa glauben, sie sei in ihn verliebt. Zum Beweis seiner bedingungslosen Neigung für sie müsse er sich aber in den Geheimorden der «Pappataci» aufnehmen lassen, den Isabella kurzerhand erfunden hat. Striktes Schweigen, absolutes Nichtreagieren auf alles, was sie sehen, soll Pflicht der Ordensmitglieder sein.

Während Mustafa seine «Pappataci»-Prüfung im Essen und Trinken ablegt, können Isabella, Lindoro, Taddeo und die anderen Gefangenen fliehen. Nach dieser Enttäuschung begreift Mustafa den Trick Isabellas und bittet seine Elvira um Verzeihung.

Aurelian in Palmira (Aureliano in Palmira)

Dramma serio in zwei Akten

Text: Francesco Romanelli
Uraufführung: 26. Dezember 1813, Mailand, Teatro alla Scala
Besetzung: Aureliano (Tenor), Zenobia (Sopran), Arsace (Sopran; Mezzo), Oraspe (Tenor), Licino (Baß), Publia (Mezzo), Gran Sacerdote (Baß)

Handlung: Im Tempel von Palmira prophezeit die Göttin Isis dem Volk eine dunkle Zukunft. Königin Zenobia und ihr Geliebter, Fürst Arsace, beschwichtigen die Menge, als General Oraspe den Anmarsch der römischen Truppen, von Aureliano angeführt, meldet.

Aureliano besiegt das Heer vor Palmira und nimmt Arsace gefangen. Er wirft ihm Untreue gegen den römischen Kaiser vor, wegen seiner Liebe zu Zenobia.

Aureliano will auch die unbesiegte Stadt Palmira einnehmen. Er vertraut diesen Plan seiner Schwester Publia an, die in Arsace verliebt ist.

Zenobia bittet um Audienz bei Aureliano, um Arsace freizukaufen. Aureliano ist von ihr fasziniert, lehnt aber ihr Angebot ab. Er will Arsace nur gegen die Übergabe der Stadt Palmira freilassen.

Zenobia verschafft sich Zutritt zu dem Verlies, in dem Arsace schmachtet. Die beiden geloben sich ewige Treue.

Da erscheint Aureliano mit dem Angebot, Arsace freizulassen, wenn er auf Zenobia verzichte. Arsace schlägt das Ansinnen aus. Der Kampf um Palmira beginnt – die Stadt fällt.

Der geflohene Arsace wird von Soldaten bedrängt, den Aufstand gegen Rom anzuführen – der erneut von Aureliano niedergeschlagen wird.

Arsace und Zenobia werden getrennt gefangengehalten, doch ihr Liebesschwur kettet sie aneinander. Aureliano bietet ihnen Leben und Freiheit gegen einen Treueschwur auf Rom. Arsace und die Königin erkennen den Großmut des römischen Kaisers und regieren ihr Land fortan im Schutz Roms.

Der Türke in Italien (Il Turco in Italia)

Dramma buffo in zwei Akten

Text: Felice Romani
Uraufführung: 14. August 1814, Mailand, Teatro alla Scala
Besetzung: Selim (Baß), Fiorilla (Sopran), Geronio (Bariton), Prosdocimo (Baß), Narciso (Tenor), Zaida (Mezzo), Albazar (Tenor)

Handlung: Ein Zigeunerlager. Der Dichter Prosdocimo sucht hier Inspiration für ein neues Werk. Er lernt den reichen Gutsbesitzer Geronio und die junge Zigeunerin Zaida, die einen türkischen Prinzen liebt, kennen.

Zaida liest Geronio aus der Hand, daß seine Gattin Fiorilla ihn betrüge. Bei seiner Rückkehr nach Hause überrascht Geronio Fiorilla tatsächlich mit Selim, der sich später als der von Zaida so sehr geliebte türkische Prinz herausstellen wird.

Der Dichter Prosdocimo ist hoch erfreut, Stoff für sein Drama gefunden zu haben, und überredet die junge Zigeunerin zu einer weiteren Komplikation: Sie selbst soll – anstelle von Fiorilla – mit Selim zusammentreffen. Bei dem Rendezvous tauchen aber unvermutet sowohl Fiorilla als auch Geronio auf, so daß es schließlich zu einem Streit kommt.

Bei einem Maskenball flieht der türkische Prinz mit der Gattin Geronios. Der allgegenwärtige Dichter berichtet jedoch dem betrogenen Ehemann und der Zigeunerin, die sich auf dem Ball als Türkenprinz und Fiorilla verkleidet haben, sogleich von der Flucht.

Nach vielen Verwechslungen und Mißverständnissen finden sich schließlich Zaida und Fiorilla sowie Selim und Narciso, Fiorillas Galan, den die Zigeunerin für ihren geliebten Prinzen gehalten hatte, am Strand vereint. Zwischen Zaida und dem türkischen Prinzen erwacht die alte Liebe neu, und Fiorilla kehrt zu ihrem Gatten Geronio zurück.

Auch der Dichter Prosdocimo ist mit dem Ausgang für sein neues Drama zufrieden.

Sigismund (Sigismondo)

Dramma in zwei Akten

Text: Giuseppe Foppa
Uraufführung: 26. Dezember 1814, Venedig, Teatro La Fenice
Besetzung: Sigismondo (Mezzo), Aldimira (Sopran), Ulderico (Baß), Ladislao (Tenor), Radoski (Tenor), Zenovito (Baß), Anagilda (Mezzo)

Handlung: Im Schloß von Sigismondo zu Gesna, der alten Hauptstadt Polens, herrscht eine Atmosphäre der Angst. Der König fühlt sich vom Gespenst eines unschuldigen Opfers verfolgt. Auch der Erste Minister, Ladislao, hat Gewissensbisse. Er gesteht Anagilda und dem Adligen Radoski, die Todesstrafe für Königin Aldimira veranlaßt zu haben. Sigismondo spricht von Aldimira, deren Tod ihn auch nach vielen Jahren keine Ruhe finden läßt. Außerdem sinnt ihr Vater nach Rache.

Aldimira lebt jedoch: Sie wurde von Zenovito verschont und lebt als dessen Tochter Egelinda in der Nähe des Schlosses.

Eine große Jagd wird veranstaltet. Sigismondo kommt am Haus Zenovitos vorbei, Aldimira muß sich verstecken. Der König, untröstlich ob des Todes seiner Gattin, soll sich mit Ladislao treffen.

Nachdem Sigismondo durch den ruchlosen Minister über die Ankunft des bewaffneten Ulderico benachrichtigt worden ist, bemerkt er Aldimira. Zenovito rät Ladislao listig, Egelindas starke Ähnlichkeit mit der verstorbenen Königin auszunutzen: Sie soll, als Königin verkleidet, Ulderico umarmen, um ihm zu zeigen, daß sie am Leben und glücklich sei. Nur so könne man das heranstürmende Heer zum Stehen bringen. Ladislao hat Bedenken. Überraschenderweise lehnt auch Aldimira zunächst ab: Ihr Leben sei am Hof gefährdet.

Schließlich jedoch stellt sie sich am Hof als Königin verkleidet vor. Radoski plagt das schlechte Gewissen. Der völlig verstörte Sigismondo bittet Egelinda, ihn zu heiraten.

Radoski besitzt den Brief, mit dem Ladislao der Königin Aldimira eine Falle stellte: Er ist der Beweis für Ladislaos Verbrechen und für die Unschuld der Königin.

Im Lager Uldericos erzählt Ladislao, daß man ihm eine Doppelgängerin seiner Tochter vorstellen wolle. Auf dem eigentlich friedenstiftenden Treffen wird Ulderico zornig und verleugnet seine Tochter, die sich als Sigismondos Braut erklärt. In der folgenden Schlacht bekommt Ladislao von Ulderico den Befehl, Aldimira zu bewachen. Dabei fällt er in eine Schlucht und enthüllt alle seine Untaten. Er wird zu lebenslänglicher Haft verurteilt. Sigismondo ist endlich wieder mit Aldimira vereint.

Elisabeth, Königin von England (Elisabetta, Regina d'Inghilterra)

Dramma in zwei Akten

Text: Giovanni Federico Schmidt
Uraufführung: 4. Oktober 1815, Neapel, Teatro San Carlo
Besetzung: Elisabetta (Sopran), Leicester (Tenor), Norfolk (Tenor), Matilde (Sopran), Guglielmo (Tenor), Enrico (Mezzo)

Handlung: Am Londoner Hof feiert man den Sieg, den Leicester in Schottland errungen hat. Nur Norfolk grämt sich. Guglielmo fragt ihn nach dem Grund, worauf er nur antwortet, daß ihm soviel militärischer Ruhm zuwider sei. Die Königin freut sich sehr auf die triumphale Rückkehr ihres Favoriten. Als Leicester ihr den Kommandostab zu Füßen legt, zeichnet sie ihn mit Orden aus. Vor Verachtung bebt nicht nur Norfolk, sondern auch Matilde, die heimliche Gefährtin Leicesters.

Allein mit Matilde, macht Leicester ihr Vorwürfe, daß sie ihm gefolgt sei. Ihr Bruder Enrico verspricht, sie zu beschützen, denn beide sind Kinder von Maria Stuart.

Leicester vertraut Norfolk, den er für einen Freund hält, seine geheime Ehe mit einer Stuart an. In einer Besprechung mit der Königin enthüllt der Verräter alles. Elisabeth schwört Rache. Sie ruft Leicester in Anwesenheit des gesamten Hofs zu sich und bietet ihm ihre Hand, den Thron und das Zepter Englands an. Auf seine zögernde Reaktion hin schleppt sie Matilde herbei und befiehlt, sie in getrennte Kerker zu werfen.

Matilde soll einen Verzicht auf die Heirat mit Leicester unterschreiben, wenn sie ihm das Leben retten will; dabei überrascht jener sie und entreißt ihr das Blatt. Der Zorn Elisabeths ist grenzenlos. Auch Norfolk ist eine königliche Audienz verwehrt, weil Elisabeth sich mit seinem Verrat nicht abfinden kann. Als die Soldaten ihre Treue gegenüber dem zum Tode verurteilten General bekunden, teilt Norfolk scheinbar ihre Gefühle und stachelt sie auf, Leicester gewaltsam zu befreien.

Als Norfolk in Leicesters Zelle kommt, beschuldigt ihn dieser des Verrats, aber Norfolk kann ihn von seiner Unschuld überzeugen und bittet ihn um Verzeihung. Leicester lehnt jedoch einen Aufstand gegen die Krone ab.

Auch Elisabeth steigt in den Kerker hinab. Sie beschwört Leicester zu fliehen; Matilde und Enrico seien nicht mehr zu retten. Norfolk zieht den Degen, um die Königin zu töten, aber Matilde, Enrico und Leicester entwaffnen ihn. Er wird zum Tode verurteilt. Elisabeth umarmt ihre Retter und vergibt ihnen ihre geheime Hochzeit. Das Volk singt Lobpreisungen auf die Großmut der Königin.

Torvaldo und Dorliska (Torvaldo e Dorliska)

Dramma semiserio in zwei Akten

Text: Cesare Sterbini
Uraufführung: 26. Dezember 1815, Rom, Teatro Valle
Besetzung: Torvaldo (Tenor), Dorliska (Sopran), Duca d'Ordow (Baß), Giorgio (Bariton), Ormondo (Baß), Carlotta (Mezzo)

Handlung: Giorgio, der Wächter von Schloß Ordow, beklagt sich über die schlechte Laune seines Herrn. Der Herzog bedauert den Verlust der geliebten Dorliska und ist nicht damit zufrieden, deren Mann tödlich verwundet zu haben. Ormondo wird beauftragt, die Wälder nach der Frau zu durchsuchen.

Die junge Dorliska klopft verstört an das Tor des Schlosses. Carlotta, die Schwester Giorgios, empfängt sie. Dorliska erzählt Giorgio von dem Überfall des Herzogs von Ordow. Als sie erfährt, daß sie ausgerechnet in dessen Schloß Zuflucht gesucht hat, will sie fliehen, wird aber von der Ankunft des Schloßherrn überrascht. Er erzählt ihr, daß ihr Mann Torvaldo getötet worden sei.

Torvaldo jedoch treibt sich verzweifelt ums Schloß herum. Als Giorgio erfährt, wer er ist, will er ihm helfen. Torvaldo soll so tun, als ob er zu Dorliska mit dem letzten Willen des sterbenden Gemahls geschickt worden sei. Der Herzog liest den Brief, in dem Dorliska empfohlen wird, sich in ihr Schicksal zu fügen.

Der Herzog sieht sich am Ziel seiner Wünsche: Dorliska wird nach dem Willen ihres verstorbenen Gemahls seinem Werben nachgeben müssen. Angesichts der Nachricht, Torvaldo sei tot, fällt Dorliska in Ohnmacht. Beim Erwachen erkennt sie Torvaldo. Wütend läßt ihn der Herzog ins Gefängnis werfen. Giorgio stachelt die Soldaten an, sich gegen den grausamen Herrn zu erheben.

Der Herzog befiehlt Dorliska, zwischen ihm und dem Tod des Gemahls zu wählen; sie will mit Torvaldo sterben. Voller Mitleid bittet Carlotta Giorgio um die Schlüssel zum Kerker, um Dorliska den Besuch des Gefangenen zu ermöglichen.

Auch Giorgio und der Herzog betreten die Zelle. Plötzlich ertönt eine schwere Glocke; Rettung naht durch die Soldaten. Ormondo rät seinem Herrn zur Flucht. Torvaldo verfolgt den Herzog und nimmt ihn gefangen. Alle sind froh über das Ende seiner Untaten.

Der Barbier von Sevilla (Il Barbiere di Siviglia)

Commedia in zwei Akten

Text: Cesare Sterbini
Uraufführung: 20. Februar 1816, Rom, Teatro Argentina
Besetzung: Almaviva (Tenor), Figaro (Bariton), Rosina (Mezzo), Bartolo (Bariton), Basilio (Baß), Fiorello (Tenor), Berta (Sopran)

Handlung: Dr. Bartolo will sein Mündel Rosina heiraten. Graf Almaviva bringt Rosina, die er anbetet, ein Ständchen und versichert sich bei dieser Gelegenheit der Hilfe des Barbiers Figaro.

In Bartolos Haus verspricht Figaro auch der bekümmerten Rosina, ihr zu helfen. Bartolo hört höchst ungern, daß Almaviva in Sevilla ist; doch der Musikmeister Basilio erklärt, er werde den Grafen durch Verleumdung bei Rosina unmöglich machen. Das hört Figaro und teilt es Rosina mit.

Plangemäß erscheint Almaviva als Soldat verkleidet und verlangt Quartier. Doch er übertreibt, die vorüberziehende Wache will den Lärmenden verhaften, er weist sich aus und bleibt ungeschoren.

Jetzt hat sich Almaviva als Musiklehrer «Don Alonso» verkleidet und will so Basilio «vertreten». Bartolo ist mißtrauisch und läßt sich daher während des Unterrichts im selben Raum von Figaro rasieren.

Unvermutet kommt der richtige Musiklehrer Basilio ins Haus. Eine Stange Gold bringt ihn zum Schweigen.

Bartolo aber ist unruhig, eilt zum Notar, um ihn zur Hochzeitszeremonie zu holen. Rosina wird schnell erklärt, ihr Geliebter heiße nicht, wie sie bisher glaubte, Lindoro und sei ein schlichter Student, sondern Graf Almaviva.

Da kommt auch schon der Notar; der Hochzeitsvertrag wird schnell aufgesetzt, von Rosina und Almaviva unterschrieben – Bartolo kommt in doppelter Hinsicht zu spät. Aber er kann sich dennoch trösten: Almaviva verzichtet auf Rosinas Vermögen, das sich Bartolo und Figaro zur Hälfte teilen sollen.

Die Zeitung (La Gazzetta)

Dramma in zwei Akten

Text: Giuseppe Palomba, Andrea Leone Tottola
Uraufführung: 26. September 1816, Neapel, Teatro dei Fiorentini
Besetzung: Don Pomponio (Bariton), Lisetta (Sopran), Doralice (Mezzo), Filippo (Baß), Alberto (Tenor), Madame La Rosa (Mezzo), Anselmo (Tenor), Monsù Traversen (Baß)

Handlung: Alberto, seit geraumer Zeit auf der Suche nach einer Frau, kommt in ein vielbesuchtes Pariser Gasthaus. Die anderen Gäste zeigen ihm eine lustige Zeitungsanzeige: Don Pomponio Storione sucht einen Mann für seine Tochter Lisetta, deren Vorzüge er rühmt.

Lisetta liebt jedoch den Wirt Filippo. Alberto kommt und erkennt in Lisetta die angepriesene Braut; aber Filippo und Lisetta erzählen ihm sofort, daß sie verheiratet seien.

Jedoch gleichen die Gesichtszüge der Abgebildeten im Inserat auch einem anderen Gast, nämlich Doralice, die zwar erstaunt ist, daß Alberto sie zur Frau nehmen will, sich aber nicht dagegen wehrt.

Alberto meint, Doralice sei Don Pomponios Tochter, und gibt sich als Nachkomme von Filippo il Macedone aus, da sein Name nicht erhaben genug klingt.

Pomponio teilt der Tochter mit, sie mit diesem «Filippo» zu verheiraten, worauf jene überglücklich ist – aber als Alberto sie sieht, informiert er Pomponio, daß Lisetta bereits mit dem Wirt Filippo verheiratet sei. Allgemeine Verwirrung. Nun will Pomponio seinerseits heiraten und einen Sohn bekommen, um Lisetta zu enterben. Dafür gibt er eine Heiratsanzeige auf, in der er nun seine Vorzüge anpreist.

Er bittet um die Hand Doralices, die ihn abweist. Filippo läßt ihn glauben, er sei mit Madame La Rosa verheiratet; die Verlobung mit Lisetta sei nur eine Lüge gewesen, um ihn für das «Verkaufen» der Tochter zu bestrafen.

Als Lisetta einen sehr reichen Quäker aus Holland als Bewerber ankündigt, berichtet ihr Vater, daß Filippo schon verheiratet sei. Lisetta wird fürchterlich wütend und will sich zuerst einmal an dem treulosen Filippo rächen. Der «Quäker» jedoch ist der verkleidete Filippo, den Lisetta plötzlich erkennt.

Doralices Vater Anselmo arrangiert in aller Eile die lang geplante Hochzeit zwischen seiner Tochter und Traversen. Sie lehnt ab, und Alberto wendet sich an Filippo, um diesen neuen Schwindel zu vereiteln. Dieser will sich mit Lisetta versöhnen.

Filippo rät Alberto, Don Pomponio zum Duell herauszufordern. Auch Filippo selbst will sich mit ihm schlagen, weil er den «Quäker» vertrieben hat. Pomponio hat so große Angst, daß die zwei Herausforderer sich damit zufriedengeben, ihn einen großen Dummkopf zu nennen.

Zwei falsche Türken hindern Pomponio am Verlassen des Gasthofs, in dem ein Maskenball stattfindet. Auch die Liebespaare sind als Türken verkleidet. Pomponio sucht seine Tochter, wird aber von verschiedenen Masken festgehalten, als Filippo und Lisetta, Doralice und Alberto wegrennen, um sich zu verheiraten. Zum Schluß bitten die beiden Paare die Väter der Bräute um Verzeihung, die ihnen gewährt wird.

Othello (Otello)

Dramma in drei Akten

Text: Francesco Berio di Salsa
Uraufführung: 4. Dezember 1816, Neapel, Teatro del Fondo
Besetzung: Otello (Tenor), Desdemona (Sopran), Jago (Tenor), Rodrigo (Tenor), Elmiro (Baß), Emilia (Mezzo), Doge (Tenor), Lucio (Tenor)

Handlung: Otello, der Bezwinger der Türken, wird vom Volk und vom Dogen gefeiert. Rodrigo spinnt zusammen mit Jago eine Intrige gegen ihn, Rodrigo befürchtet, daß Desdemona, seine Verlobte, den afrikanischen Feldherrn liebt.

Desdemona vertraut ihrer Dienerin Emilia ihre leidenschaftliche Liebe zu Otello an. Rodrigo und der Vater des Mädchens beschleunigen die Vorbereitungen zur Hochzeit der beiden.

Während der Hochzeitsfeierlichkeiten stürmt Otello herein. Das Mädchen kann ihre Liebe zu ihm nicht verbergen. Der wütende Vater sperrt seine Tochter in ihren Gemächern ein. Jago macht den Mohren glauben, Desdemona betrüge ihn mit Rodrigo.

Otello fordert diesen zum Duell und wird deswegen des Landes verwiesen. Er kehrt jedoch heimlich zurück, um Desdemona zu sehen. Rasend vor Eifersucht, tötet er sie. Jago, von Gewissensbissen geplagt, bekennt seine schändlichen Intrigen und gibt sich dann selbst den Tod.

Als der Doge und Elmiro, die nichts von der Tragödie wissen, Otello den Widerruf der Verbannung verkünden, bekennt dieser seine Untat und begeht, überwältigt von Schmerz und Verzweiflung, ebenfalls Selbstmord.

Aschenputtel (La Cenerentola)

Dramma giocoso in zwei Akten

Text: Giacomo Ferretti
Uraufführung: 25. Januar 1817, Rom, Teatro Valle
Besetzung: Angelina (Mezzo), Don Magnifico (Bariton), Don Ramiro (Tenor), Dandini (Baß), Clorinda (Sopran), Tisbe (Mezzo), Alidoro (Baß)

Handlung: Clorinda und Tisbe, die beiden ebenso eitlen wie selbstsüchtigen Töchter Don Magnificos, des Barons von Montefiascone, behandeln ihre Stiefschwester Angelina als Aschenputtel. Sie, die sich immer nur mit ihrem Aussehen beschäftigen, lassen sich von Angelina, dem Aschenputtel, wie von einer Magd bedienen.

Don Ramiro, der junge Fürst von Salerno, hat sich auf Brautschau begeben, und sein Lehrer, der Magier Alidoro, will ihm helfen, die Richtige zu finden. Als Bettler verkleidet, erlebt Alidoro im Hause des verarmten Barons die Hartherzigkeit der beiden Schwestern und erkennt das aufrichtige und gütige Wesen Angelinas.

Höflinge überbringen den Töchtern des Barons die Einladung zu einem Fest beim Fürsten. Sowohl Clorinda als auch Tisbe halten sich bereits für die Auserwählte Ramiros. Dieser erscheint – verkleidet als sein Kammerdiener Dandini – im Hause des Barons. Als er Aschenputtel begegnet, fühlen sich beide zueinander hingezogen. Da kommt Dandini, der verabredungsgemäß die Rolle des Fürsten übernommen hat. Zu Ramiros Belustigung wird Dandini vom Baron und seinen beiden einfältigen Töchtern hofiert. Als Angelina bittet, beim Fest wenigstens zuschauen zu dürfen, wird sie zurückgewiesen. Alidoro, der sich jetzt als Vertrauter des Prinzen zu erkennen gibt, fragt nach dem Verbleib der dritten Tochter des Barons. Magnifico behauptet, diese sei tot. Nachdem alle zum Schloß des Fürsten aufgebrochen sind, tröstet Alidoro Angelina, indem er ihr zwei Armreife schenkt, die sie zum Fest des Fürsten tragen soll.

Auf Ramiros Schloß verspotten die Höflinge den trinkfreudigen Don Magnifico, indem sie ihn mit Scheinehren überhäufen.

Beim Ball erscheint Angelina verschleiert als strahlend schöne Unbekannte. Alle sind erstaunt, wie sehr diese Angelina ähnlich sieht.

Don Magnifico ist wegen seiner Schulden auf die reiche Heirat einer seiner Töchter angewiesen.

Die unbekannte Schöne gesteht dem vermeintlichen Fürsten, der ihr den Hof macht, daß sie nicht ihn, sondern seinen angeblichen Kammerdiener liebe. Ramiro hört dies und bietet ihr spontan seine Hand. Der kluge Alidoro verhindert dies jedoch: Ramiro soll Angelina so sehen und lieben lernen, wie sie sich in ihrem unverstellten Wesen zu Hause gibt. Er erhält einen ihrer beiden Armreife als Erkennungszeichen, denn er soll sie suchen.

Der Rollentausch zwischen Fürst und Kammerdiener hat ein Ende: Wütend verlassen Magnifico und seine beiden Töchter das Schloß. Ramiro will seine Geliebte wiederfinden. Wieder ist Alidoro der «Drahtzieher» der Geschichte: Während er ein heftiges Gewitter herbeizaubert, sucht man Schutz im Hause des Barons. Dort erkennt Ramiro Angelina an ihrem Armreif und bittet sie um ihre Hand.

Auf dem Schloß feiert man die Hochzeit.

Die diebische Elster (La Gazza ladra)

Melodramma in zwei Akten

Text: Giovanni Gherardini
Uraufführung: 31. Mai 1817, Mailand, Teatro alla Scala
Besetzung: Ninetta (Sopran), Fernando Villabella (Baß), Giannetto (Tenor), Pippo (Mezzo), Lucia (Mezzo), Fabrizio (Baß), Isacco (Tenor), Giorgio (Baß)

Handlung: Im Hause eines wohlhabenden Bauern in einem Dorf bei Paris erwartet man die Rückkehr Giannettos vom Militärdienst. Außer seinen Eltern Fabrizio und Lucia harrt vor allem Ninetta, die in ihren jungen Herrn verliebt ist, seiner Ankunft.

Lucia, die Hausherrin, macht Ninetta für das Verschwinden eines Ringes verantwortlich. Das Mädchen hilft seinem Vater, der von den Behörden als Fahnenflüchtiger gesucht wird, zur Flucht, indem es den Bürgermeister, der gekommen ist, um den Deserteur zu verhaften, täuscht.

Dieser benutzt die Gelegenheit, um dem jungen Mädchen in schamloser Weise den Hof zu machen. Ehe Ninettas Vater flieht, übergibt er seiner Tochter einen Ring mit dem Auftrag, ihn zu Geld zu machen, das sie für den mittellosen Vater in einem hohlen Baumstamm verstecken soll. Sie verkauft den Ring an den reichen Kaufmann Isacco.

Gleichzeitig stellt Lucia fest, daß ein Löffel abhanden gekommen ist. Als sie von dem Geschäft des Mädchens mit dem Ring hört, ist für sie der Verdacht so groß, daß sie Ninetta ins Gefängnis werfen läßt.

Der Bürgermeister versucht wiederum, die Situation auszunutzen, wird aber erneut abgewiesen. Er rächt sich mit größter Strenge: Die Richter verurteilen das Mädchen zum Tode. Fernando, ihr Vater, eilt zu ihrer Rettung herbei, wird jedoch selbst verhaftet.

Schließlich stellt sich heraus, daß an allen Diebstählen nur eine Elster schuld war. Ninetta wird freigelassen, und Giannetto kann sie heiraten. Um das Glück vollkommen zu machen, trifft zum Schluß noch die Botschaft von der Begnadigung Fernandos durch den König ein.

Armida (Armida)

Dramma in drei Akten

Text: Giovanni Federico Schmidt
Uraufführung: 11. November 1817, Neapel, Teatro San Carlo
Besetzung: Armida (Sopran), Rinaldo (Tenor), Goffredo (Tenor), Idraote (Baß), Gernando (Tenor), Eustasio (Tenor), Ubaldo (Baß), Carlo (Tenor), Astarotte (Tenor)

Handlung: Im Kreuzzugslager nahe Jerusalem verkündet der Heerführer Goffredo einen Tag Ruhe zu Ehren des Helden Dudone. Eine verschleierte Dame erscheint, die um die Hilfe der Christen fleht: Es ist Armida, die Königin von Damaskus, deren Thron und Leben – so erzählt sie – von dem Barbar Idraote bedroht sind. In Wirklichkeit ist Idraote bei ihr und spioniert die Christen aus. Armida erbittet die zehn kräftigsten Paladine, um die Damaszener zu unterstützen. Goffredo weigert sich, aber Armidas Schönheit und ihr vorgetäuschtes Weinen bringen Eustasio und andere Paladine dazu, für sie zu kämpfen. Goffredo gibt nach unter der Bedingung, daß zuerst Dudones Nachfolger gewählt werde, der dann seinerseits die zehn Besten aussuchen soll.

Allein mit Armida, gibt Idraote seiner Freude Ausdruck, die christlichen Führer, besonders Rinaldo, in seiner Hand zu haben. Aber gerade in Rinaldo ist Armida verliebt. Sie wendet im Gespräch mit Rinaldo ihre ganzen Verführungskünste an und erinnert ihn daran, daß sie ihm mit ihrer Zauberei das Leben gerettet habe und dafür von ihm verlassen worden sei. Schnell ist Rinaldo erneut von der faszinierenden Zauberin gefangen. Gernando, der Nachfolger Dudones, wird im Duell von Rinaldo getötet. Goffredo läßt diesen daraufhin verhaften. Armida will mit ihm fliehen.

Wie von Idraote geplant, herrscht nun im Herzen des Paladins die Liebe und im christlichen Lager die Zwietracht.

Der Dämon Astarotte hat auf Befehl Armidas hin einen schrecklichen Wald in eine wunderbare Insel verwandelt, wo die Liebe Rinaldo gefangenhalten soll, um so die Niederlage der Christen zu beschleunigen. Armida gesteht ihm, Goffredo belogen zu haben, nur um ihn zu behalten. Der Paladin ist so geblendet von ihrem Zauber, daß er jedes Ehrgefühl verliert.

Ubaldo und Carlo, die auf die Zauberinsel kommen, führen einen goldenen Stab mit sich, der die bösen Kräfte bannt; umsonst versuchen Nymphen und Geister, sie zu verführen. Sie finden Rinaldo. Die

Christen brauchen seine Hilfe. Rinaldo schämt sich ob seiner Feigheit. Umsonst gebraucht Armida ihren Zauberstab, die Furien gehorchen ihr nicht mehr, und Rinaldo wird von den beiden Freunden gewaltsam fortgezogen.

Armida fällt in Ohnmacht; als sie wieder zu sich kommt, schwankt sie zwischen Liebe und Rache, entscheidet sich dann für das letztere. Die Furien geben ihr den von Drachen gezogenen Wagen zurück und verwandeln die Insel wieder.

Nachdem Armida den Wagen bestiegen hat, erhebt sie sich inmitten von Rauch und Flammen.

Adelaide von Burgund (Adelaide di Borgogna)

Dramma in zwei Akten

Text: Giovanni Federico Schmidt
Uraufführung: 27. Dezember 1817, Rom, Teatro Argentina
Besetzung: Adelaide (Sopran), Ottone (Mezzo), Berengario (Baß), Adelberto (Tenor), Eurice (Mezzo), Iroldo (Mezzo), Ernesto (Tenor)

Handlung: Das Schloß von Canosso in der Nähe des Gardasees ist vom alemannischen König Berengario und dessen Sohn Adelberto erobert worden und die zur Witwe gewordene Prinzessin Adelaide den Siegern ausgeliefert. Adelberto bittet sie um ihre Hand, aber sie lehnt ab.

Eurice, die Gemahlin Berengarios, kündigt das Nahen Ottones, der Adelaide liebt, mit einem starken Heer an.

Ottone empfängt Adelberto, der von Berengario mit falschem Friedensangebot geschickt worden ist, mit Argwohn. Schließlich nimmt er die gefährliche Gastfreundschaft von Canosso an. Das Volk begrüßt Ottone jubelnd, so daß Berengario seine Maske nicht fallen lassen kann. Adelaide bittet den Retter um Sühne für erlittenes Unrecht. Darauf erklärt Ottone vor dem versammelten Volk, daß er sie zu seiner Frau machen wolle.

Bei der Hochzeitsfeier wird Ottone plötzlich von einer großen Schar Bewaffneter in Diensten Berengarios umringt. Es kommt zu einem heftigen Handgemenge, Adelaide wird verhaftet und Ottone in die Flucht geschlagen.

Als Adelberto Adelaide noch einmal seine Hand anbietet, stößt er nur auf Verachtung. Plötzlich kommt die Nachricht, daß Ottone zurückgekehrt sei und Berengario gefangengenommen habe. Zornerfüllt erklärt Adelberto, daß er unter keinen Umständen auf Adelaide verzichten werde. Eurice jedoch will ihr zur Flucht verhelfen, um so das Leben ihres Mannes zu erkaufen.

Ottone schlägt Adelberto vor, seinen Vater gegen Adelaide auszutauschen.

Berengario besteht darauf, Adelaide in keinem Fall herauszugeben, und macht Ottone einen Gegenvorschlag: Adelaide im Tausch gegen das Reich von Insubria. Schon will Ottone den Vertrag unterschreiben, als die von Eurice befreite Prinzessin selbst ins Lager kommt. Eurice bittet um die Herausgabe ihres Mannes. Dieser lehnt zwar den Handel ab, akzeptiert ihn aber dann, um Gegenmaßnahmen vorzubereiten. Die Schlacht gewinnt Ottone und nimmt Berengario und Adelberto gefangen. Vor der Hochzeit gewährt der großmütige Sieger allen Verzeihung und Freundschaft.

Moses in Ägypten (Mosè in Egitto)

Azione tragico-sacra in drei Akten

Text: Andrea Leone Tottola
Uraufführung: 5. März 1818, Neapel, Teatro San Carlo
Besetzung: Mosè (Baß), Faraone (Baß), Amaltea (Sopran), Osiride (Tenor), Elcia (Sopran), Mambre (Tenor), Aronne (Tenor), Amenofi (Mezzo)

Handlung: Da der Faraone sein Versprechen, die Juden aus der Sklaverei zu entlassen, nicht gehalten hat, wird Ägypten vom Herrn mit tiefer Dunkelheit bestraft. Voller Schrecken verspricht er Mosè die Freiheit seines Volkes, sobald die Sonne wiederkehre. Obwohl sein Bruder Aronne daran erinnert, daß der Faraone schon oft sein Wort gebrochen hat, betet Mosè zu Gott und vertreibt mit seinem Stab die Finsternis.

Osiride, der Sohn des Faraone, der heimlich Elcia, eine junge Jüdin, liebt, bricht angesichts der bevorstehenden Freiheit der Israeliten in Verzweiflung aus, deshalb bittet er den Oberpriester Mambre, der Mosè haßt, um Hilfe. Der Auszug soll vereitelt werden, indem Mambre die Ägypter gegen den Beschluß des Faraone aufwiegelt.

Eine erregte Menschenmenge verlangt vor dem Königspalast die

Widerrufung der Befreiung; Osiride kann unterdessen den Vater davon überzeugen, daß er Opfer einer Machenschaft von Mosè geworden sei.

Der Faraone droht nun Mosè mit dem Gefängnis. Auf die wortbrüchigen Ägypter fallen Hagel und Feuer.

Der Faraone erteilt Aronne den Befehl zur Vertreibung aller Juden und verspricht, nicht mehr auf seinen Sohn und Mambre zu hören. Bevor ihm Osiride seine Liebe zu Elcia bekennen kann, verkündet sein Vater die geplante Heirat mit einer armenischen Prinzessin.

Amaltea, die Frau des Faraone, steht auf der Seite der Juden und bedrängt Mosè, das Zeichen zum Aufbruch zu geben. Der verzweifelte Osiride hat Elcia entführt und fleht sie an, ihr Volk zu verlassen und mit ihm unter armen Hirten zu leben. Amaltea und Aronne überraschen die beiden und machen ihnen bittere Vorwürfe. Jeder wird zu seinem Volk zurückgebracht.

Inzwischen widerruft der Faraone noch einmal seine Erlaubnis, aus Furcht, die Juden könnten sich mit feindlichen Völkern gegen ihn verbünden. Mosè ist außer sich und beschwört im Namen Gottes die schlimmste Geißel, den Tod der Erstgeborenen. Er wird ins Gefängnis geworfen.

Um die Drohung abzuwenden, wird Osiride feierlich zum Faraone geweiht. Elcia bittet ihn inständig um die Befreiung ihres Volkes und erklärt sich bereit, auf ihre Liebe zu ihm zu verzichten. Aber Osiride ordnet die Todesstrafe für Mosè an. Da trifft ihn der Blitz des Todesengels.

Auf der Flucht werden die Juden vor dem Roten Meer aufgehalten. Alle beten, daß Gott ihnen helfe. Bestürzt sehen sie, wie das Heer des Faraone immer näher kommt, aber Mosè befiehlt dem Meer, sich zu teilen. Das Wunder geschieht, und das jüdische Volk erreicht das andere Ufer. Die Ägypter ertrinken in den Wellen.

Adina (Adina)

Farsa in einem Akt

Text: Gherardo Bevilacqua-Aldobrandini
Komponiert: 1818
Uraufführung: 22. Juni 1826, Lissabon, Teatro São Carlo
Besetzung: Adina (Sopran), Califfo (Baß), Selimo (Tenor), Alì (Tenor), Mustafà (Bariton)

Handlung: Im Serail des Kalifen (Califfo) von Bagdad spricht der Sklave Selimo mit dem Gärtner Mustafà, seinem geheimen Diener. Er möchte sich mit der Lieblingsfrau des Kalifen treffen – ein gefährliches Unternehmen.

Der Kalif kündigt eine große Hochzeitsfeier an, bei der er Adina heiraten wird. Er verrät Alì, dem Bewacher des Serails, daß seine Liebe zu dem Mädchen unter anderem von der Ähnlichkeit mit einer jungen Araberin namens Zora herrühre, die er vor vielen Jahren geliebt habe und die auf geheimnisvolle Art verschwunden sei. Mit Geduld und Respekt erreichte der Kalif, daß Adina der Hochzeit nicht abgeneigt ist.

Mustafà führt Selimo zu Adina, und nach der ersten Verwirrung umarmen sich die beiden Liebenden. Obwohl Adina zwischen ihrer Liebe zu Selimo und Dankbarkeit gegenüber dem Kalifen hin- und hergerissen ist, läßt sie sich zur Flucht mit Selimo überreden: In der folgenden Nacht soll ein treuer Fischer am Flußufer auf sie warten.

Nach einigem Zögern bittet Adina den Kalifen, die Hochzeit um einen Tag zu verschieben. Alì verrät dem Kalifen, seine Verlobte mit einem Sklaven gesehen zu haben, worauf der Befehl zu scharfer Bewachung des Serails gegeben wird.

Bei Einbruch der Dunkelheit treffen sich Selimo und Mustafà mit Adina, aber das Boot ist von Soldaten abgefangen worden, und überall erscheinen Diener und Bewaffnete. Der Kalif zieht die wortbrüchige Verlobte beiseite und läßt Selimo und Mustafà verhaften.

Alì plant die Ausweisung von Adina, aber erst, wenn sie die Todesmartern Selimos mit angesehen hat. Das Mädchen wirft sich ihm zu Füßen und bekennt, schon seit ihrer Kindheit Selimo versprochen zu sein und keinen anderen als ihn lieben zu können, aber der Kalif bleibt ungerührt. Adina fällt in Ohnmacht. Ein Medaillon mit dem Bild des jungen Kalifen gleitet zu Boden, aus dessen Inschrift hervorgeht, daß es sich um den Vater Adinas handelt. Der Kalif begreift, daß er gegen die eigene Tochter gewütet hat, und beeilt sich, die Todesstrafe Selimos aufzuheben.

Als Adina wieder zu sich kommt, tröstet sie der begnadigte Selimo. Der Kalif verkündet ihr, daß sie seine Tochter sei, worauf sie bestätigt, daß ihre Mutter Zora hieß. Der Hochzeit mit Selimo steht nichts mehr im Wege.

Ricciardo und Zoraide (Ricciardo e Zoraide)

Dramma in zwei Akten

Text: Francesco Berio di Salsa
Uraufführung: 3. Dezember 1818, Neapel, Teatro San Carlo
Besetzung: Ricciardo (Tenor), Zoraide (Sopran), Agorante (Tenor), Ircano (Baß), Zomira (Mezzo), Ernesto (Tenor), Fatima (Mezzo), Elmira (Mezzo)

Handlung: Während der Truppenparade anläßlich des Sieges über den verwegenen Ircano läßt sich Agorante vom Volk feiern. In seiner Ansprache verkündet der König seinen Sieg und versichert stolz, auf die von ihm geliebte Zoraide anspielend, weder Ricciardos Rache noch neu aufgestellte Kreuzheere zu fürchten.

Zoraide vernimmt aus der Entfernung das Jubelgeschrei des Volkes und beklagt verzweifelt mit ihrer Vertrauten Fatima ihr trauriges Schicksal: Denn von Ricciardo getrennt und in Agorantes Gefangenschaft, hat die junge Frau nun nicht nur ihres Vaters Zorn, sondern auch die Rache der eifersüchtigen nubischen Königin Zomira zu fürchten. Zomira gibt sich als Zoraides Freundin aus, um ihre Gefühle auszukundschaften beziehungsweise um ihr das Bekenntnis ihrer Liebe zu Ricciardo zu entlocken. Um Agorantes Zorn nicht zu verstärken, verhehlt Zoraide ihre Gefühle für Ricciardo, woraufhin Zomira ihrer Eifersucht unter vielerlei Drohungen freien Lauf läßt. Schließlich erscheint Agorante und erklärt, er wolle seine Gattin verstoßen, um Zoraide zu heiraten, die allerdings das Anerbieten des Tyrannen ablehnt. Zomira schwört Rache.

Soldaten und Kundschafter Agorantes halten vor den Mauern Wache. Als sie sich entfernt haben, legen Ricciardo und der Botschafter des Kreuzfahrerheeres, Ernesto, am Ufer an; der Ritter Ricciardo will Zoraide befreien und hat sich, um in Duncala nicht erkannt zu werden, als afrikanischer, ortskundiger Führer verkleidet. Ernesto versucht vergeblich, den Freund von seinem Vorhaben abzuhalten, aber Ricciardo ist entschlossen, sich wenn notwendig für seine Liebe zu opfern.

Zomira beauftragt ihre Vertraute Elmira, die Rivalin Zoraide genauestens zu beobachten. Agorante erscheint, gefolgt von seinem Hofstaat, zum Empfang des christlichen Botschafters, der gekommen ist, um Erklärungen zu Zoraides Entführung und über den Verbleib einiger fränkischer Ritter zu erhalten.

Hochmütig verkündet der König, er fühle sich an geschlossene Verträge nicht gebunden, lasse aber aus Großmut die gefangenen Krieger frei, sei allerdings entschlossen, die geliebte Zoraide an seinem Hofe zu behalten. Der verkleidete Ricciardo kann nur mit Mühe seine Wut im Zaum halten, während Ernesto Agorante bedeutet, sein Verhalten könne einen neuen Krieg zwischen Nubien und dem Kreuzfahrerheer zur Folge haben. Daraufhin läßt Agorante Zoraide hereinführen und erklärt ihr vor dem ganzen Hofstaat seine Liebe, in der Absicht, auch Ernesto von der Ehrlichkeit seiner Gefühle zu überzeugen. Aber Zoraide bleibt standhaft. Trotz Ernestos Einschüchterungen und gegen Zomiras Widerstand läßt Agorante Truppen mobilisieren und erklärt, Zoraide nicht hergeben zu wollen.

Zamorre, ein höfischer Würdenträger, teilt Agorante mit, der Führer des fränkischen Botschafters sei in Duncala geblieben, um mit dem König zu sprechen. In der Unterredung gelingt es dem verkleideten Ricciardo, Agorante von folgendem Hergang zu überzeugen: Er, der afrikanische Führer, hasse den Kreuzfahrer Ricciardo und das ganze Kreuzfahrerheer, denn Ricciardo habe seine Gattin entführt und verlange Zoraides Rückkehr aus purer Rachsucht, da er glaube, sie sei Agorantes Geliebte. In der Hoffnung, Zoraide auf diesem Weg gewinnen zu können, fordert der König den verkleideten Ricciardo auf, Zoraide den Verrat ihres Geliebten zu enthüllen. Für einen Augenblick begegnet Ricciardo der unglücklichen Zoraide, die ihn erkennt und der er versichert, Ernesto komme bald mit seinen Truppen, um sie zu befreien. Das Zusammentreffen der Geliebten ist von Elmira aus einem Versteck beobachtet und belauscht worden: Sie hinterbringt die Nachricht sofort ihrer Herrin.

Agorante tritt auf und beschließt, Zoraide freizulassen. Der Gedanke, Zoraide seinem Erzfeind Ircano zurückzugeben, stimmt ihn allerdings sofort um, und er setzt fest: Ein Zweikampf zwischen einem Afrikaner und einem Kreuzritter müsse über Zoraides Schicksal entscheiden. In diesem Moment erscheint ein geheimnisvoller Ritter in schwarzer Rüstung und gibt sich als Verteidiger Zoraides aus: Es ist Ircano, den niemand erkennt. Agorante wählt daraufhin für den Zweikampf mit dem geheimnisvollen Ritter den als Afrikaner verkleideten Ricciardo und läßt Zoraide ins Gefängnis führen. Nachdem alle den Gartensaal verlassen haben, tritt Zomira ein, die von Elmira die wirkliche Identität des afrikanischen Führers erfährt und so eine großartige Möglichkeit für ihre Rache erkennt.

Zomira kommt in das Gefängnis, um der ängstlich auf den Ausgang des Duells wartenden Zoraide mitzuteilen, der als Afrikaner verkleidete Ricciardo habe gesiegt und sie, die Königin, wisse um seine wahre

Identität. Unter Vorspiegelung freundschaftlicher Verbundenheit zeigt die eifersüchtige Königin der Rivalin einen geheimen Gang für die Flucht mit dem Ritter. In dieser Falle läßt Zomira die Verliebten von ihren Wachen verhaften, enthüllt den ganzen Vorgang Agorante, der zu seiner Verwirrung unter der schwarzen Rüstung Ircano entdeckt hat. In Erregung erklärt der König, für ein schnelles Urteil zu sorgen, während sich Zomira über ihre gelungene Rache freut.

Zum Tode verurteilt und vom Volk betrauert, werden Ricciardo und Zoraide von Wachen hereingeführt. Auch auf Ircano, der im Duell nur leicht verwundet wurde, wartet jetzt der Tod. In Verzweiflung verstößt Ircano jetzt vor seiner Hinrichtung seine Tochter und beschuldigt sie, ihren Vater in blinder Exaltation der Gefühle verlassen zu haben und damit am Untergang aller schuldig zu sein.

Agorante tritt auf und wird von Zoraide gebeten, wenigstens ihren Vater Ircano zu schonen. Als Preis hierfür verlangt Agorante ein letztes Mal Zoraides Eheeinwilligung. Im Zwiespalt zwischen der Liebe zu Ricciardo und der Ergebenheit für ihren Vater entscheidet sich Zoraide, ihren Vater zu retten, und gibt Agorante nach. In diesem Moment marschiert Ernesto mit seinen Truppen in die Stadt ein und vertreibt die letzten Getreuen Agorantes. Ricciardo gewährt Agorante und Zomira großmütige Vergebung, während Ircano bewegt vom Opfermut seiner Tochter diese umarmt und unter allgemeinem Jubel Ricciardos und Zoraides Verbindung gutheißt.

Ermione (Ermione)

Azione tragica in zwei Akten

Text: Andrea Leone Tottola
Uraufführung: 27. März 1819, Neapel, Teatro San Carlo
Besetzung: Ermione (Sopran), Andromaca (Mezzo), Oreste (Tenor), Pirro (Tenor), Pilade (Tenor), Fenicio (Baß), Cleone (Mezzo), Attalo (Tenor)

Handlung: In Butrote, Hauptstadt von Epiro, sind die trojanischen Gefangenen in einem dunklen Kerker zusammengepfercht. Andromaca weint um den verlorenen Mann; das Söhnchen Astianatte ist im Gefängnis von vielen Wachen umgeben. Attalo will sie dazu überreden, die Liebe von König Pirro anzunehmen, aber Andromaca bleibt unbeirrt.

Die junge Ermione ist auf Andromaca eifersüchtig, weil sie den König liebt. Nachdem er auf ihre bitteren Vorwürfe nur mit stolzem Schweigen antwortet, flammen in ihr heftige Rachegefühle auf.

Sie freut sich, als Oreste, der Sohn Agamenones, als Botschafter der Griechen kommt. Der erregte Pirro befiehlt, daß Andromaca und Ermione bei seiner Ankunft anwesend sein müssen. Deshalb befürchtet Ermione, daß er seine Liebe zu Andromaca vor allen verkünden werde. Sie wiederum wird vergeblich von Oreste geliebt.

Er fordert den Tod Astianattes, aber Pirro antwortet kühn, daß das Kind vielleicht sogar neben ihm regieren werde, weil er Andromaca liebe. Oreste hofft, daß diese Entscheidung Pirros ihm die Liebe Ermiones zurückgeben werde.

Plötzlich erklärt sich Pirro bereit, Astianatte den Griechen auszuliefern. Dieser Sinneswandel versetzt Oreste, Andromaca und die trojanischen Gefangenen in große Angst, so daß Andromaca sich bereit zeigt, ihre Weigerung noch einmal zu überdenken.

Zur Freude Pirros willigt sie ein, möchte in Wirklichkeit aber nur seinen Schwur, das Leben Astianattes zu erhalten, um sich danach umzubringen.

Als Ermione den Hochzeitszug sieht, kennt ihr Haß keine Grenzen mehr, und sie verspricht Oreste ihre Liebe, wenn er Pirro töte. Gleich nach der Hochzeitsfeier bringt er ihr den blutigen Dolch. Ermione stößt ihn voller Schrecken zurück: Sie sei außer sich gewesen, als sie ihn um den Mord gebeten habe. Schließlich verliert sie das Bewußtsein. Oreste wird von seinem Diener Pilade auf das ablegende Schiff geschleppt.

Eduard und Christine (Eduardo e Cristina)

Dramma in zwei Akten

Text: Giovanni Federico Schmidt, überarbeitet von Andrea Leone Tottola, Gherardo Bevilacqua-Aldobrandini
Uraufführung: 24. April 1819, Venedig, Teatro San Benedetto
Besetzung: Eduardo (Mezzo), Cristina (Sopran), Carlo (Tenor), Giacomo (Baß), Atlei (Tenor)

Handlung: Am schwedischen Königshof warten alle auf die triumphale Rückkehr des Siegers. Cristina, die Tochter des Königs, teilt jedoch die allgemeine Freude nicht. Sie beweint immer noch die tote Mutter.

General Eduardo wird mit allen Ehren empfangen, Carlo verspricht, ihm jeden Wunsch zu erfüllen, und bietet dem schottischen Prinzen Giacomo sogar die Hand seiner Tochter an. Cristina und Eduardo wechseln verzweifelte Blicke.

Allein mit Atlei, bittet Eduardo diesen, Cristina, die er heimlich geheiratet und mit der er einen Sohn hat, in deren Gemächern besuchen zu dürfen.

Eduardo tröstet Cristina und läßt sein Söhnchen Gustav durch eine Geheimtür bringen. Sie planen ihre Flucht, werden aber von Carlo und den Höflingen gestört, die Cristina zu der Hochzeitsfeier einladen wollen.

Cristina weiß den beharrlichen Forderungen des Vaters nichts entgegenzusetzen, da rennt plötzlich das Kind aus der Geheimtür hervor und wirft sich ihr in den Arm. Die bestürzte Cristina kann nicht verschweigen, daß es ihr Sohn ist, verrät aber nicht den Namen des Vaters. Carlo läßt sie voller Entrüstung verhaften und übergibt das Kind den Wachen.

Prinz Giacomo will beim König um Gnade für die junge Mutter, über die die Todesstrafe verhängt ist, bitten. Eduardo möchte die Situation mit Gewalt lösen, wird aber von Atlei zurückgehalten: Das Gesetz ist auf seiten des Königs.

Der König ist wütend, daß Cristina den Namen des Vaters ihres Kindes nicht preisgibt. Da offenbart sich Eduardo als rechtmäßiger Ehemann Cristinas und bietet sich an Cristinas Stelle an. Der König befiehlt jedoch, daß der kleine Gustav zusammen mit der Mutter in den Tod gehen solle. Alle sind über diese Grausamkeit erschüttert.

Giacomo macht einen Heiratsantrag, weil er wenigstens die Frau retten will, indem er sie in den Augen des Vaters und der Welt rehabilitiert. Cristina, die keinen anderen heiraten will, erbittet furchtlos den Tod.

Nach einer Revolte haben Kriegsgefangene die Stadtmauern am Hafen eingenommen und bedrohen nun das Schloß selbst. König Carlo bittet Giacomo um Hilfe.

Atlei bringt Eduardo die Nachricht ins Gefängnis und übergibt ihm ein Schwert, auf daß er das Vaterland rette.

Cristina, von Alpträumen über den Tod ihres Kindes gepeinigt, hört plötzlich Kanonendonner. Eduardo, Atlei und viele Bewaffnete kommen, um sie zu befreien. Prinz Giacomo gibt König Carlo zu bedenken, daß er seine Rettung Eduardo verdanke. Carlo kann nicht anders, als die beiden Vermählten zu umarmen.

Das Fräulein vom See (La Donna del lago)

Melodramma in zwei Akten

Text: Andrea Leone Tottola
Uraufführung: 24. September 1819, Neapel, Teatro San Carlo
Besetzung: Elena (Sopran), Malcolm (Mezzo), Giacomo (Tenor), Rodrigo (Tenor), Douglas (Baß), Albina (Mezzo), Serano (Tenor), Bertram (Baß)

Handlung: König Giacomo ist mit seinen Begleitern in die Nähe des Katrianasees gekommen, eine Gegend, die von Aufständischen beherrscht wird. Um nicht erkannt zu werden, hat er sich als Ritter verkleidet und den Namen Hubert von Snowdon angenommen. Giacomo, der sich von seinem Gefolge entfernt hat, trifft die junge hübsche Elena, die am See auf ihren Geliebten Malcolm wartet. Giacomo hat von ihrer Schönheit gehört und verliebt sich sofort in sie. Er gibt vor, sich verirrt zu haben. Elena bietet Unterkunft in ihrem Haus. Als der König dort eintritt, erkennt er das Wappen der feindlichen Douglas und weiß, daß er in großer Gefahr ist. Elenas Freunde treten ein und erfahren, daß sie auf Wunsch ihres Vaters Rodrigo von Dhu heiraten soll.

Der König verabschiedet sich, als er hört, daß Elena schon vergeben ist. Er gibt ihr einen Ring, der ihr beim König in Notzeiten jeden Wunsch erfüllen wird. Kurz darauf erscheinen Rodrigo und Malcolm, die der Hausherr herzlich begrüßt. Douglas merkt sofort, daß Elena Rodrigo nicht liebt. Auch dieser erkennt, daß Malcolm sein Rivale ist. Die beginnende Auseinandersetzung wird aufgeschoben, weil feindliche Truppen gemeldet werden.

Der König hat seine Feinde vernichtet. Elena kommt nach Schloß Stirling, um für ihren gefangenen Vater Gnade zu erbitten. Sie trifft «Hubert» und möchte vor den König geführt werden. Hubert verläßt den Raum und befiehlt, die Aufrührer, darunter Douglas und Malcolm, vorzuführen. Dann betritt er den Thronsaal und gibt sich als Giacomo V. zu erkennen. Er begnadigt, als Elena den Ring vorzeigt, seine Feinde, schenkt Malcolm eine Goldkette und legt dessen Fesseln in Elenas Hände. Alle preisen den Herrscher.

Bianca und Falliero (Bianca e Falliero)

Melodramma in zwei Akten

Text: Felice Romani
Uraufführung: 26. Dezember 1819, Mailand, Teatro alla Scala
Besetzung: Bianca (Sopran), Falliero (Mezzo), Contareno (Tenor), Capellio (Baß), Costanza (Mezzo), Priuli (Baß), Cancelliere (Tenor)

Handlung: Ein von ausländischen Mächten angezettelter Versuch, die venezianische Regierung zu stürzen, wurde vereitelt. Im Eröffnungschor jubelt das Volk über den Sieg. Auf dem Platz begegnen sich die Senatoren Contareno und Capellio. Ein alter Haß trennt ihre Familien, aber nun taucht ein Hoffnungsstrahl für die Wiederversöhnung auf: Capellio, der in Bianca, die Tochter Contarenos, verliebt ist, bittet um deren Hand. Contareno willigt begeistert ein, weil er hofft, daß dies seiner Familie wieder zu altem Glanz verhelfe.

Ein Böllerschuß meldet die Ankunft des Dogen mit seinem Gefolge. Dieser gibt den Befehl, einen ihm von Contareno nahegelegten Erlaß überall in der Stadt anschlagen zu lassen. In diesem Dekret steht, daß jeder venezianische Edelmann, der zu Vertretern ausländischer Mächte Verbindungen habe, mit dem Tode bestraft werden solle. Der Dreierrat habe den sofortigen Strafvollzug beschlossen. Capellio hält ein solches Gesetz für zu streng und drückt seine Ablehnung aus. Der Doge wendet jedoch ein, daß Venedig immer noch Gefahren ausgesetzt sei. Dazu kommt noch eine Meldung, daß der General Falliero auf dem Schlachtfeld gefallen sei. Aber ein Offizier berichtigt diese Nachricht und meldet, daß Falliero gesiegt habe und lebe. Das Volk bricht in Jubel aus, der Doge drückt dem mit seinen Offizieren zurückgekehrten Falliero den Dank Venedigs aus und fordert ihn auf, ihm zu einer Dankesfeier im Gotteshaus zu folgen.

Die von ihren Mägden umgebene Bianca ist glücklich über die Heimkehr ihres Geliebten Falliero. Ihre Amme Costanza erzählt von den bevorstehenden Festen zu Ehren des Siegers und teilt Bianca mit, daß Falliero jetzt um ihre Hand bitten werde. Contareno werde sicher die Einwilligung zur Heirat mit einem Helden geben. Aber Bianca befürchtet, daß der Vater eine reiche Partie für sie vorzieht. Nachdem Costanza weggegangen ist, erscheint Contareno. Er erklärt seiner Tochter, daß sie die einzige Hoffnung der Familie sei und er einen angemessenen Mann für sie ausersehen habe. Bianca hofft auf Falliero und ist entsetzt, als ihr Vater den Namen Capellio ausspricht. Verärgert erinnert sie der Vater an ihre Pflicht als Tochter, und er droht ihr, sie zu verstoßen, wenn er von ihr noch einmal den Namen Falliero höre. Er würde auch seine eigene Macht spielen lassen, um die Karriere des jungen Helden zu zerstören. Schließlich läßt er sich noch zu einer gemeinen Erpressung hinreißen: Wenn Bianca ihm nicht gehorche, müsse er voller Verzweiflung sterben. Das arme Mädchen ist so gezwungen, sich dem Willen des Vaters zu unterwerfen.

Falliero glaubt, endlich seinen Antrittsbesuch im Hause Contarenos als würdiger Freier Biancas machen zu können.

Costanza bestätigt ihm die Treue seiner Geliebten. Besorgt erzählt Bianca Falliero, daß der Vater sich ihrer Heirat widersetze. Aus Angst, ihn zu verlieren, verheimlicht sie ihm jedoch die väterlichen Drohungen. Falliero drückt Costanza gegenüber seine Zweifel über die veränderte Situation aus, wobei er Bianca verdächtigt. Costanza fordert ihn zu seiner eigenen Sicherheit auf, das Haus zu verlassen. Durch die große Türe betritt der Hochzeitszug mit Contareno, Capellio und Bianca den Raum. Das Mädchen scheint niedergeschlagen, aber als sie den Ehevertrag unterschreiben soll, versucht sie sich zu widersetzen. Plötzlich tritt Falliero auf und bezichtigt sie des Eidbruches. Contareno fordert ihn auf zu verschwinden. Die Szene endet mit gegenseitigen Drohungen und Verwünschungen.

Es ist Nacht. Obwohl Bianca befürchtet, Falliero weiter zu schaden, gelingt es Costanza, sie zu einem letzten Treffen zu überreden. Bei dieser Gelegenheit bestätigt Bianca Falliero ihre Liebe, kann aber gleichzeitig ihrem Vater den Gehorsam nicht verweigern. Er fordert sie zur gemeinsamen Flucht auf. Die eilig herbeilaufende Costanza meldet ihnen die Ankunft des Vaters. Es bleibt Falliero kein anderer Ausweg, als über die an den Palast der spanischen Botschaft grenzende Mauer zu springen.

Um weitere Hindernisse zu vermeiden, besteht Contareno auf der sofortigen Hochzeit. Es gelang ihm, Capellio hinsichtlich Biancas Absichten zu beruhigen. Als Capellio mit seinem Gefolge erscheint, um den Ehevertrag zu unterschreiben, versucht Bianca sich zu weigern. Nach diesem Rückzieher tritt auch Capellio von dem Eheversprechen endgültig zurück. Contareno ist außer sich. Da erscheint ganz unerwartet der Kanzler Pisani mit einer überraschenden Nachricht: Falliero ist im Palast des spanischen Botschafters aufgegriffen worden. Sofort wird der Dreierrat einberufen. Contareno sieht nun die Möglichkeit, sich zu rächen und den im Wege stehenden General loszuwerden.

Der von Wachen begleitete Falliero erkundigt sich bei Pisani nach den Namen seiner Richter. Das Gericht besteht aus Loredano, Capellio und

Contareno. Als er den letzten Namen hört, weiß er, daß er verloren ist, aber Pisani fordert ihn auf, die Hoffnung nicht aufzugeben. Capellio sei ja großmütig, und wenn das Urteil nicht einstimmig ausfiele, ginge die ganze Sache an den Senat. Der Kanzler gibt ihm jedoch eine falsche Nachricht: Bianca sei schon die Ehe mit Capellio eingegangen. Als Falliero dies erfährt, verliert er den Mut. Als er vor dem Rat steht, verteidigt er sich nicht, sondern ist sogar bereit, die Anklageschrift zu unterzeichnen. Ein Amtsdiener, der mit einem angeblichen «Mittäter» erscheint, vermag dies zu verhindern. Es handelt sich um niemand anderen als Bianca, die Contareno aber sofort entfernen lassen will. Aber Capellio verlangt, daß man sie anhört. Sie erklärt den ganzen Vorgang und bekräftigt ihre Liebe zu Falliero.

Contareno versucht alles, daß es zu einer Verurteilung kommt, aber Capellio verweigert seine Unterschrift. Als grundsätzlicher Gegner dieses strengen Dekrets kann er sich jetzt auch von der aufrichtigen Liebe der beiden jungen Leute überzeugen.

Capellio überbringt Costanza die gute Nachricht, daß der Dreierrat aufgelöst wurde und daß er selbst vor dem Senat seine Aussagen machen werde.

Als Bianca erscheint, vertraut sie Costanza ihre Angst an. Aber da kommt Capellio mit den venezianischen Edelleuten und Falliero zurück, und dieser fällt Bianca in die Arme. Er wurde freigesprochen. Der ankommende Contareno ist nach wie vor gegen diese Eheschließung, aber seine Pläne sind vereitelt. Wenn er noch einmal eingreift, könnte er seine Tochter für immer verlieren. So erspart er allen weitere Qualen und willigt unter allgemeiner Erleichterung in die Eheschließung ein.

Mohammed II. (Maometto II)

Dramma in zwei Akten

Text: Cesare della Valle
Uraufführung: 3. Dezember 1820, Neapel, Teatro San Carlo
Besetzung: Maometto (Baß), Anna (Sopran), Calbo (Mezzo), Paolo Erisso (Tenor), Condulmiero (Tenor), Selimo (Tenor)

Handlung: Der Kriegsrat tagt im Palast des Statthalters Paolo Erisso. Negroponte wird von der türkischen Armee, die bereits Konstantinopel genommen hat, belagert. Der Sultan Maometto hat die Öffnung der

Stadttore am nächsten Tag gefordert. General Condulmiero empfiehlt die Übergabe, aber der junge General Calbo tritt für den Kampf bis zum Ende ein. Die übrigen stehen auf Calbos Seite und schwören ihm auf Erissos Schwert Gefolgschaft.

Währenddessen ist Erissos Tochter Anna allein und beklagt die Gefahr für ihren Vater. Dieser erscheint mit Calbo, und um ihr einen weiteren Beschützer zu verschaffen, schlägt er vor, sie solle Calbo in der Kirche, in der ihre Mutter begraben liegt, heiraten. Anna kann jedoch ihre geheime Zuneigung zu einem jungen Mann namens Uberto nicht verbergen; sie behauptet, ihm während ihres Vaters Abwesenheit begegnet zu sein. Erisso ist erstaunt, denn der wirkliche Uberto war mit ihm an Bord des Schiffs nach Venedig, und Anna ist bestürzt, sich von einem Hochstapler betrogen zu sehen.

Anna eilt in die Kirche, um zu beten. Auf dem Kirchplatz erfährt sie von den verängstigten Frauen Negropontes, daß ein Verräter den Türken die Tore geöffnet hat.

Mit Schwertern bewaffnet erscheinen Erisso und Calbo und berichten, Maometto habe die Mauern erstürmt, sich aber aus Furcht vor einem Hinterhalt entschlossen, nicht vor Tagesanbruch weiter vorzurücken.

Nach Sonnenaufgang erscheint eine Gruppe türkischer Reiter und Soldaten und droht mit Brand und Gemetzel. Dann tritt Maometto selbst an der Spitze seiner Truppen auf. Mit seinem Wesir Selimo plant er den Überfall auf die Zitadelle und schickt seine Männer aus. Seine Anweisungen beweisen genaue Kenntnis der Stadt, was Selimos Neugier erregt. Er erklärt, daß er als Spion im Dienst seines Vaters durch Griechenland gereist sei – nach Agro, Negroponte und nach Korinth. Krieger unterbrechen sie mit der Meldung, man habe venezianische Flüchtlinge außerhalb der Zitadelle aufgebracht und ihren Anführer gefangengenommen. Calbo und Erisso werden in Ketten hereingeführt. Als Erisso seine Identität offenbart, ist Maometto einen Augenblick lang verwirrt. Er erklärt sich bereit, das Leben der Gefangenen zu schonen, falls Erisso seine Männer dazu überrede, die Tore der Zitadelle zu öffnen. Erisso wendet sich in seiner Not an Calbo. Beide bleiben standhaft. Wütend und enttäuscht gibt Maometto den Befehl, sie zu foltern.

Anna sieht sie den Schauplatz verlassen und stürzt aus der Kirche. Maometto erkennt sie und sie ihn als den angeblichen Uberto. Sie tritt auf ihn zu, zieht den Dolch ihres Vaters und droht, sich zu töten, wenn er nicht ihren Vater und Calbo freilasse. Maometto gibt nach und schenkt beiden die Freiheit; dabei verspricht er Anna ein luxuriöses

Leben an seiner Seite, wenn sie ihm noch treu sei. Calbo ist von Annas Sorge um ihn bewegt, aber ihr Vater verstößt sie voller Verachtung.

Anna ist in Maomettos Zelt von Luxus umgeben, aber immer noch von Kummer überwältigt. Maometto tritt ein; er gesteht ihr seine Liebe und seinen Wunsch, sie zu seiner Königin zu machen. Anna weist sein Angebot zurück. Maometto läßt die Vorhänge im Hintergrund des Zelts aufziehen. Der Stadtplatz wird sichtbar, auf dem türkische Krieger willkürliche Rache üben. Der Sultan ruft sie zur Ordnung für einen neuerlichen Angriff auf die Zitadelle unter seiner persönlichen Führung. Anna, die um ihre Sicherheit während seiner Abwesenheit bangt, erbittet ein Zeichen des Schutzes und erhält von ihm das Reichssiegel – eine Geste, die Maometto als letztes Zeichen seiner Liebe bezeichnet.

Erisso und Calbo haben Zuflucht zur Gruft der Kirche genommen. Erisso beklagt die Treulosigkeit seiner Tochter, aber Calbo nimmt sie in Schutz. Plötzlich erscheint Anna und übergibt ihm Maomettos Siegel, das ihrer aller Schicksal wenden kann. Anna bittet ihren Vater, sie am Familiengrab mit Calbo zu vermählen.

Allein mit den Gräbern, hört Anna die Frauen in der Kirche beten. Plötzlich erscheinen einige von ihnen, um sie zu suchen; sie berichten ihr, daß die Venezianer, vom Auftauchen Erissos und Calbos bei der Zitadelle begeistert, den Sultan und seine Armee in die Flucht geschlagen haben. Sie warnen Anna, daß die Türken nach ihr suchten, um Rache wegen des Verrats zu nehmen. Überglücklich weigert sich Anna, mit ihnen zu fliehen, und macht sich bereit, ihrem Schicksal zu begegnen. Die Türken betreten die Kirche, finden sie in der Gruft und stürzen mit gezogenen Schwertern auf sie zu. Der rasende Maometto fordert sein Siegel. Indem Anna den Dolch zieht, gesteht sie, daß sie es an ihren Vater und Calbo, den sie nun offen ihren Gatten nennt, weitergegeben hat. Vor den Augen des Sultans ersticht sie sich und fällt sterbend auf das Grab ihrer Mutter.

Mathilde (von) Shabran (Matilde [di] Shabran)

Melodramma giocoso in zwei Akten

Text: Giacomo Ferretti

Uraufführung: 24. Februar 1821, Rom, Teatro Apollo

Besetzung: Matilde (Sopran), Corradino (Tenor), Raimondo (Baß), Edoardo (Mezzo), Aliprando (Bariton), Isidoro (Bariton), Contessa d'Arco (Mezzo), Ginardo (Baß), Egoldo (Tenor)

Handlung: Einige Landleute kommen zur Burg Corradinos, genannt «Eisenherz». Der bewaffnete Ginardo rät ihnen schleunigst zu verschwinden, weil sein Gebieter fürchterlich streitsüchtig sei und außerdem die Frauen verachte.

Auch taucht – halb verhungert – ein umherziehender Dichter auf, dessen Liebeslieder Corradino nicht ertragen kann und den er deshalb unbarmherzig in den Kerker werfen läßt. Umsonst verwendet sich der einflußreiche Doktor Aliprando für ihn: Der alte Isidoro bleibt ebenso wie der junge Edoardo, der aus politischen Gründen im Gefängnis sitzt, eingesperrt.

Corradino wird daran erinnert, daß die Ankunft Matildes, der Tochter des berühmten Condottiere Shabran, bevorsteht. Er will zwar keine Frauen sehen, läßt ihr aber eine schöne Unterkunft bereiten. Noch einmal rät er Edoardo, sich zu unterwerfen, wenn er seinen Vater wiedersehen wolle, aber dieser weigert sich. Corradino erlaubt ihm, sich innerhalb der Burg zu bewegen, aber nicht, sie zu verlassen.

Matilde di Shabran ist sehr hübsch und bekennt Aliprando, daß sie Corradino verliebt machen wolle. Auch der Doktor setzt seine Hoffnung auf diese List.

Aber da trifft die schrecklich eifersüchtige Contessa d'Arco ein, von der Corradino nie etwas wissen wollte. Als die beiden Frauen aneinandergeraten, tritt Corradino wütend dazwischen, aber Matilde gebietet ihm so unverschämt zu schweigen, daß er sie in Ketten legen läßt.

Dann denkt er noch einmal über das Geschehene nach und vertraut sich Aliprando an. Dieser diagnostiziert Liebe als Ursache. Nun glaubt Corradino, der Dichter Isidoro habe ihn verhext, und verspricht ihm große Schätze, wenn er seinen Zustand behebe.

Unter einem Vorwand tritt Matilde ein und zeigt dem verwirrten Corradino, wie man Frauen den Hof macht, bis er schließlich zu ihren Füßen kniet. Da wird die Ankunft des Heeres von Edoardos Vater gemeldet, und Corradino marschiert ab.

Corradino hat die Feinde in die Flucht geschlagen, verfolgt aber immer noch den Vater Edoardos. Der Sohn hat dank Matilde die Burg verlassen können. Durch die intrigante Contessa d'Arco wird Corradino ein Brief an Matilde zugespielt: Es ist eine leidenschaftliche Liebes- und Dankeserklärung Edoardos. Corradino befiehlt Isidoro, Matilde in einen Abgrund zu werfen. Isidoro verhilft ihr jedoch zur Flucht in die Wälder, wo sie Edoardo trifft.

Als Edoardo Corradino die Ruchlosigkeit der Contessa und die Unschuld Matildes enthüllt, will jener sich neben Matilde selbst töten. Diese kann ihn gerade noch davon abhalten und erklärt ihm ihre Liebe.

Zelmira (Zelmira)

Dramma in zwei Akten

Text: Andrea Leone Tottola
Uraufführung: 16. Februar 1822, Neapel, Teatro San Carlo
Besetzung: Zelmira (Sopran), Polidoro (Baß), Ilo (Tenor), Antenore (Tenor), Emma (Mezzo), Leucippo (Baß), Eacide (Tenor), Gran Sacerdote (Baß)

Handlung: Polidoro, König auf Lesbos, erfreut sich großer Beliebtheit beim Volk und der Zuneigung seiner Tochter Zelmira. Auch deren Gemahl, der tapfere Trojanerprinz Ilo, schätzt ihn hoch.

Als dieser sich gezwungen sieht, Zelmira allein zu lassen, versucht Azorre, der Herr von Mytilene, sogleich, seine Abwesenheit zu nutzen. Er hatte um Zelmira geworben, doch Polidoro hatte ihm die Hand der Tochter abgeschlagen. Azorre fällt in Lesbos ein, um den alten König zu töten.

Zelmira versteckt ihren Vater im Grabmal des Königsgeschlechts. Um jeden Verdacht von sich abzulenken, begibt sie sich sodann zu Azorre und gibt mit gespielter Leidenschaft vor, den Tod ihres Vaters zu wünschen, da er sie Azorre verweigert habe. Azorre geht der jungen Königin in die Falle. Er läßt den Cerestempel, in dem er König Polidoro versteckt glaubt, anzünden.

In der Zwischenzeit ist Antenore, der ebenfalls Anspruch auf den Thron von Mytilene erhebt, in Lesbos gelandet und läßt Azorre meuchlings ermorden.

Schließlich jedoch kehrt der tapfere Ilo zurück, er vertreibt den neuen Usurpator und verschafft dem weisen alten Polidoro wieder dessen angestammten Thron.

Semiramis (Semiramide)

Melodramma tragico in zwei Akten

Text: Gaetano Rossi
Uraufführung: 3. Februar 1823, Venedig, Teatro La Fenice
Besetzung: Semiramide (Sopran), Arsace (Mezzo), Assur (Baß), Idreno (Tenor), Oroe (Baß), Azema (Sopran)

Handlung: Der Oberpriester Oroe läßt die Tore des Belostempels öffnen: Prinz Assur mit seinen Satrapen und König Idreno mit seinem babylonischen und indischen Gefolge ziehen ein.

Königin Semiramide, in deren Gefolge sich die Prinzessin Azema und der Feldherr Mitrane befinden, soll nach der Ermordung ihres Gemahls, des Königs Nino, einen Nachfolger auf dem Thron auswählen. Ein herniederfahrender Blitz jedoch bringt das Altarfeuer zum Erlöschen, verbreitet allgemeinen Schrecken und hindert die Königin somit daran, ihre Wahl zu treffen.

Die Götter verlangen nach Sühne für den Königsmord. Der Feldherr Arsace vertraut Assur, der nach dem Thron strebt und Azema begehrt, seine Liebe zu ebendieser an und erregt damit den Zorn des Prinzen. Auch Idreno liebt Azema, diese jedoch liebt nur Arsace.

Hauptmann Mitrane berichtet der Königin den Spruch des Orakels von Memphis: Friede im Lande und eine neue Vermählung. Da Semiramide ihrerseits Arsace liebt, legt sie das Orakel in ihrem Sinne aus und verkündet vor dem Grabmal Ninos, Arsace zu ihrem Gemahl und damit zum neuen König machen zu wollen.

Azema soll Idreno ehelichen. Aber der göttliche Blitz fährt neuerdings dazwischen. Ninos Grab öffnet sich, und sein Schatten tritt furchterregend auf: Arsace soll König werden, aber zuvor muß er König Nino rächen.

Assur, Semiramides Helfer beim Mord an König Nino, ruft ihr den Augenblick des Verbrechens ins Gedächtnis zurück.

Der Oberpriester Oroe enthüllt Arsace die Namen der beiden Königsmörder sowie dessen eigene wahre Identität: Er, Arsace, ist in Wirklichkeit der totgeglaubte Sohn König Ninos.

Azema ist verzweifelt, weil sie den Mann, den sie liebt, nicht zum Gemahl nehmen kann. Semiramide muß dem hinzukommenden Arsace den schrecklichen Mord gestehen. Arsace ist jedoch außerstande, an der Frau, die er nunmehr als seine Mutter erkennen muß, Rache zu nehmen.

Assur, Arsace und Semiramide befinden sich – ohne voneinander zu wissen – im Innern des Grabes; in der Finsternis der Gruft tötet Arsace Semiramide im Glauben, es sei Assur. Als er seinen Irrtum bemerkt, will er sich das Leben nehmen. Aber das Volk ruft nach ihm als seinem neuen König. Assur wird festgenommen und soll für sein Verbrechen büßen, Arsace aber herrscht mit dem Wohlwollen der Götter in Weisheit über sein Land.

Die Reise nach Reims (Il Viaggio a Reims)

Dramma giocoso in einem Akt

Text: Luigi Balocchi
Uraufführung: 19. Juni 1825, Paris, Théâtre Italien
Besetzung: Contessa di Folleville (Sopran), Corinna (Sopran), Lord Sidney (Baß), Madama Cortese (Sopran), Don Profondo (Baß), Cavalier Belfiore (Tenor), Melibea (Mezzo), Conte di Libenskof (Tenor), Barone di Trombonok (Baß), Don Alvaro (Baß), Don Prudenzio (Baß), Don Luigino (Tenor), Maddalena (Sopran), Delia (Mezzo), Modestina (Mezzo), Antonio (Baß), Zefirino (Tenor), Gelsomino (Tenor)

Handlung: Madama Cortese, Inhaberin des Kurhauses «Die Goldene Lilie» in Plombières, fordert die Dienerschaft auf, sich eifrig den Vorbereitungen für die Fahrt nach Reims zu widmen, welche die Gäste noch am selben Abend antreten werden, um der Krönung des neuen Königs Karl X. beizuwohnen, die traditionsgemäß in jener Stadt stattfinden wird.

Nachdem Don Prudenzio, der Hausarzt, sorgfältig die für die Gäste vorbereiteten Mahlzeiten überprüft hat, um festzustellen, ob sie auch wirklich seinen Verschreibungen gemäß zubereitet wurden, und nachdem Madama Cortese noch einmal die Dienerschaft gebeten hat, dem guten Ruf des Hauses gerecht zu werden, kommt die Contessa di Folleville hinzu, eine hübsche Pariserin, «modeverrückt», Geliebte des ritterlichen Belfiore, eines französischen Offiziers. Die Contessa ist beunruhigt, weil ihre Kleider für die große Festlichkeit noch nicht angekommen sind.

Don Luigino, Vetter der Contessa, der den Auftrag hatte, die Kleider abzuholen, verkündet, daß die Karosse der Edeldame umgekippt sei, wobei der kostbare Inhalt der Schachteln und Kisten beschädigt wurde. Auf diese Nachricht hin fällt die Contessa in Ohnmacht und zieht sofort die Aufmerksamkeit der übrigen Hotelgäste auf sich, die sich um sie bemühen.

Die Ankunft Modestinas, des Kammermädchens der Contessa, mit einer Schachtel, die den Unfall unbeschadet überstanden hat, bringt die Edeldame wieder zu sich, die sich schließlich damit zufriedengibt, für die Feier wenigstens ein kostbares Hütchen gerettet zu haben.

Trombonok, ein deutscher Offizier und Musikliebhaber, ist von den Hotelgästen zum Kassier der Reise bestimmt worden und trifft die letzten Vereinbarungen mit dem «Hausmeister» der «Goldenen Lilie», Antonio, damit dieser das Gepäck ordne und das Notwendige für die Reisenden bereitstelle.

Hinzu kommen Don Profondo, literarisches Mitglied verschiedener Akademien, fanatischer Antiquitätensammler, und Don Alvaro, ein spanischer Edelmann, der Trombonok Melibea vorstellt, eine schöne polnische Witwe eines italienischen Generals, in die er verliebt ist und welche die Fahrt nach Reims zusammen mit den übrigen illustren Teilnehmern der Gruppe antreten möchte.

Die Ankunft des Conte di Libenskof, eines russischen Edelmanns, der ebenfalls in Melibea verliebt ist, erweckt die Eifersucht Don Alvaros, und die beiden Rivalen erklären sich offen in Gegenwart Melibeas und Madama Corteses, bis der Gesang Corinnas, einer römischen Ad-hoc-Dichterin und Musikerin und ebenfalls Gast der «Goldenen Lilie», aus den Kulissen ertönt und die erhitzten Gemüter einstweilen wieder etwas besänftigt.

Madama Cortese ist beunruhigt über die Verspätung Zefirinos, der den Auftrag hatte, die Pferde für die Fahrt zu besorgen, und macht sich Gedanken über die erwiderte, aber nicht erklärte Liebe Lord Sidneys, des englischen Gastes, für Corinna.

Lord Sidney kommt hinzu, beklagt seine Liebesnot, und Corinna, die aus den Händen Don Profondos einen Brief erhalten hat, liest dessen Inhalt, beruhigt Delia, eine ihr nahestehende griechische Waise, hinsichtlich des Schicksals ihrer Heimat und fordert sie auf, sich der Gruppe für die Fahrt nach Reims anzuschließen. Schließlich wird sie auf die in ihrem Zimmer verteilten Blumen aufmerksam, den täglichen Liebesbeweis Lord Sidneys.

Belfiore trifft die Dichterin allein und versucht, sie zu erobern. Überzeugt von seiner Verführungskunst, unterbricht Don Profondo die Szene und belacht Belfiore. Darauf macht er sich daran, die Liste der Wertgegenstände im Besitz der Gäste zu erstellen, wie dies Trombonok verlangt hatte.

Nach einem kurzen Wortgeplänkel zwischen Don Profondo und der Contessa di Folleville, welche die Verehrung Belfiores für Corinna entdeckt hat, werden die verschiedenen Gäste, die die Fahrt antreten möchten, ungeduldig; jedoch die Ankunft Trombonoks und Zefirinos bringt eine tiefe Enttäuschung: Die Fahrt kann nicht stattfinden, da in ganz Plombières Pferde weder zu mieten noch zu kaufen sind: wegen der zahlreichen Reisenden, die sich ebenfalls nach Reims zur großen Feier begeben.

Madama Cortese heitert die Gruppe etwas auf, indem sie ihren

Gästen einen von ihrem Mann aus Paris angekommenen Brief zeigt, in dem von den großen Festlichkeiten berichtet wird, die in der Hauptstadt zu Ehren des Königs in Vorbereitung sind und bei seiner Rückkehr stattfinden sollen. Eine ausgezeichnete Gelegenheit also, sich über die verpaßte Fahrt nach Reims hinwegzutrösten. Die Contessa di Folleville lädt die ganze Gruppe zu sich in ihr Pariser Haus ein. Der Vorschlag wird mit Begeisterung angenommen, und man beschließt, am folgenden Tag mit der Postkutsche in die Hauptstadt zu fahren. Mit einem Teil des für die Fahrt nach Reims zusammengelegten Geldes soll am selben Abend eine Gesellschaft für alle gegeben werden, um trotzdem die Krönung des Königs zu feiern; der Rest soll für wohltätige Zwecke verwendet werden.

Alles hat sich schließlich doch zum Guten gewendet, und Trombonok versucht nun, den wegen Don Alvaro entstandenen Zwist zwischen Libenskof und Melibea beizulegen.

Die beiden Liebenden versöhnen sich, und die Szene öffnet sich auf den beleuchteten Garten des Hotels, in dem man einen reich gedeckten Tisch erblickt. Der «Hausmeister» erfährt von Maddalena, der Gouvernante, daß Trombonok eine Gruppe zufällig anwesender fahrender Musiker und Tänzer eingeladen hat, zur Erheiterung der Gesellschaft, die nun kurz darauf auftreten und mit ihren Gesängen und Tänzen das Fest eröffnen.

Wie die Regel es will und wie bereits vereinbart wurde, bringt Trombonok eine Reihe Trinksprüche aus im musikalischen Stil der Herkunftsländer der verschiedenen Tafelgäste, zu Ehren des Königs und der königlichen Familie. Schließlich wird von allen Anwesenden, als würdiger Abschluß des Festes, ein dichterischer Beitrag Corinnas gewünscht.

Die Tafelgäste schlagen also der Improvisationsgabe der Dichterin verschiedene Themen vor, zum größten Teil aus der französischen Geschichte, aus denen von Melibea dasjenige über «Karl X., König von Frankreich» ausgelost wird.

Nach der musikalischen Huldigung Corinnas und unter dem allgemeinen Applaus für den König Frankreichs schließt das Fest mit einer allgemeinen Ehrbezeugung an die königliche Familie.

Die Belagerung von Korinth (La Siège de Corinthe)

Tragedia lirica in drei Akten

Text: Luigi Balocchi und Alexandre Soumet
Uraufführung: 9. Oktober 1826, Paris, Théâtre de l'Académie
Besetzung: Pamyre (Sopran), Cléomène (Tenor), Mahomet II (Baß), Néoclès (Tenor), Omar (Baß), Hiéros (Baß)

Handlung: Unter dem Vorsitz des Gouverneurs der Stadt beschließt der Kriegsrat von Korinth, den muselmanischen Invasoren bis zum letzten Widerstand zu leisen.

Der junge Offizier Néoclès bittet den Gouverneur Cléomène um die Hand seiner Tochter Pamyre. Diese aber erklärt, einen feindlichen Krieger namens Almanzor zu lieben.

Unter der Führung ihres Feldherrn Mahomet II. schlagen die Muselmanen die Griechen in die Flucht. Cléomène wird gefangengenommen und von Omar, dem Vertrauten des Siegers, vor ihn geführt.

Die hinzukommende Pamyre erkennt in Mahomet ihren geliebten Almanzor. Aus Liebe zu dem Mädchen bietet der Sultan der Stadt den Frieden an. Aber Cléomène, in seinem Stolz verletzt, verflucht seine Tochter.

Pamyre vertraut sich in Mahomets Zelt ihrer Gefährtin Ismene an. Bald soll das junge Mädchen Mahomets Gemahlin werden, aber sie ist hin- und hergerissen zwischen Pflicht und Liebe.

Die Stadt Korinth hat sich mittlerweile neuerdings gegen ihre Invasoren erhoben, wie Néoclès, der von Mahomet gefangengenommen wurde, zu berichten weiß. Vom Zelt aus sieht man die von Kriegern wimmelnde Festung, vom Stadtturm ertönt die Stimme Cléomènes, der seine Tochter ruft. Pamyre beschließt, endgültig zu den Ihren zurückzukehren. Voll des Zornes gibt Mahomet Befehl, die Stadt dem Erdboden gleichzumachen.

Néoclès und Pamyre, denen die Flucht gelang, irren zwischen den Gräbern Korinths umher. Nach der Niederlage der Griechen bleibt ihnen nur der Freitod. Néoclès aber erwirkt bei Cléomène Vergebung für Pamyre. Diese bereut ihre schuldhafte Leidenschaft für den Feind und schwört dem jungen Griechen ewige Treue.

Der siegreiche Mahomet versucht jedoch mit seinen Kriegern, Pamyre als Gefangene wiederzugewinnen. Entschlossen, sich nicht mehr dem Feind zu ergeben, erdolcht sich Pamyre. Im Hintergrund lodern die Stadt verschlingende Flammen am Himmel empor.

Moses und Pharao (Moïse et Pharaon)

Opéra in vier Akten

Text: Étienne de Jouy und Luigi Balocchi
Uraufführung: 26. März 1827, Paris, Théâtre de l'Académie
Besetzung: Moïse (Baß), Pharaon (Bariton), Aménophis (Tenor), Eliézer (Tenor), Osiride (Baß), Sinaïde (Sopran), Anaï (Sopran), Marie (Mezzo)

Handlung: Das unter der Sklaverei Pharaons leidende jüdische Volk betet um Befreiung. Während Moïse dem Volk Mut zuspricht, kommen seine Geschwister Eliézer und Marie mit deren Tochter Anaï hinzu. Eliézer bringt die Botschaft, der König von Ägypten habe dem jüdischen Volk die Freiheit zurückgegeben. Marie erzählt, wie Pharaons Sohn Aménophis in Leidenschaft für Anaï entflammt ist. Das Mädchen ist zwischen ihrer Liebe und der Pflicht, ihrem Volk zu folgen, hin- und hergerissen.

Eine geheimnisvolle Stimme spricht zu Moïse und sagt voraus, die Juden würden endlich das Gelobte Land wiedersehen. Aménophis, der Anaï nicht verlieren will, droht, die Juden nicht ziehen zu lassen. Auch Anaï liebt Aménophis, aber sie beugt sich dem strengen Gesetz ihres Volkes. Mitten in die Aufbruchstimmung der Juden hinein verkündet Aménophis den neuen Befehl Pharaons: Die Freilassung des Volkes Israel ist vorläufig widerrufen.

Moïse beweist Pharaon die Macht seines Gottes: Die Sonne verfinstert sich.

Verstört durch die fürchterliche Finsternis, ruft der König Moïse und Eliézer zu sich, um vor ihnen sein Versprechen zu erneuern. Die Sonne erstrahlt wieder in hellem Glanze.

Der mit seinem Sohn allein gebliebene Pharaon schlägt diesem die Tochter des Königs von Assyrien als Gemahlin vor. Die Verwirrung des Sohnes versteht er nicht. Seiner Mutter jedoch vertraut Aménophis seine Angst um seine Liebe zu Anaï an. Sie rät ihm, sich mit seinem Schicksal abzufinden, und führt ihn zum Tempel der Isis.

Das ägyptische Volk singt den Lobpreis der Göttin. Moïse tritt auf, um die versprochene Freilassung seines Volkes zu fordern. Der Oberpriester Osiride versucht, das israelitische Volk vor seinem Abzug zu einem Opfer zu Ehren der Göttin Isis zu zwingen. Moïse weigert sich. Da trifft aus dem Mund des ägyptischen Offiziers Amphis die Kunde von den schrecklichen Verwüstungen der dem Land von Gott geschickten Plagen ein: Die Wasser des Nils sind über die Ufer getreten und erfüllen die Luft mit tödlichem Pesthauch.

Die Ägypter wollen sich auf die Juden stürzen, aber Moïse bringt mit einer Geste die Flamme auf dem Altar der Isis zum Erlöschen. Pharaon befiehlt, die mit Ketten gefesselten Juden aus Memphis wegzuführen.

Die flüchtigen Juden sind auf ihrem Marsch durch die Wüste zum Roten Meer vorgestoßen. Aménophis, der Anaï geraubt hatte, bringt sie – als äußerstes Zeichen seiner Liebe – zu ihrem Volk zurück, versucht sie jedoch noch einmal für sich zu gewinnen. Das junge Mädchen aber unterwirft sich dem Schicksal seines Volkes.

Das ägyptische Heer rückt den an der Küste des Roten Meeres lagernden Juden näher. Moïse spricht ein feierliches Gebet, und wie durch ein Wunder teilen sich die Wasser des Roten Meeres. Das jüdische Volk zieht zwischen den Wasserwänden hindurch. Über Aménophis und seinen Truppen, die gefolgt sind, aber schließen sich donnernd die Wogen und begraben sie in der Tiefe.

Der Graf Ory (Le Comte Ory)

Opéra in zwei Akten

Text: Augustin-Eugène Scribe und Charles-Gaspard Delestre-Poirson
Uraufführung: 20. August 1828, Paris, Théâtre de L'Académie
Besetzung: Comte Ory (Tenor), Comtesse de Fourmoutiers (Sopran), Isolier (Mezzo), Ragonde (Mezzo), Le Gouverneur (Baß), Raimbaud (Bariton)

Handlung: Die Männer des Comte de Fourmoutiers sind auf Kreuzzug im Heiligen Land. Der junge Comte Ory sucht das für seine amourösen Zwecke auszunutzen. Mit seinem Freund Robert verkleidet er sich als Eremit, um sich so Eingang in die Burg zu verschaffen und der Comtesse de Fourmoutiers den Hof machen zu können.

Zuerst aber wenden sich Alice und Ragonde um Rat an den vermeintlichen weisen Mann. Auch Isolier, Orys Page, der seinen Herrn nicht erkennt, stößt dazu und vertraut dem Comte seine Liebe zur Comtesse de Fourmoutiers an. Als schließlich jene selbst den frommen Mann konsultiert, rät er ihr zur Vorsicht gegenüber dem verliebten Isolier. Die Comtesse ist verwirrt, da sie dem Pagen selbst zugetan ist.

Ory wird aufs Schloß geladen, und alles scheint sich nach seinen

Wünschen zu entwickeln, bis sein Erzieher auftaucht und ihn entlarvt. Die Frauen ziehen sich zurück.

Während die Damen noch ihrer Empörung über die schändliche Täuschung Orys Ausdruck verleihen, ertönen Hilferufe: Es sind Pilgerinnen, die sich von Ory in ihrer Tugendhaftigkeit angegriffen fühlen. Sie werden unverzüglich ins Schloß geholt. Wiederum haben sich Ory und seine Freunde kostümiert.

Isolier, der den Betrug bemerkt, beschließt zusammen mit der Comtesse, dem dreisten Rivalen einen Streich zu spielen. Getäuscht durch die Stimme der hinter Isolier versteckten Comtesse, versucht Ory im dunklen Gemach seine Verführungskünste an dem Pagen, den er für die Comtesse hält.

Trompetenklänge verkünden die Rückkehr der Kreuzritter, Comte de Fourmoutiers, Bruder der Comtesse, und Orys Vater. Ory und seinen Gesellen bleibt nur, sich aus dem Staub zu machen. Isolier zeigt ihnen den geheimen Ausgang. Die Comtesse aber empfängt ihren heimkehrenden Bruder und bittet ihn, sie dem treuen Isolier zur Gemahlin zu geben.

Wilhelm Tell (Guillaume Tell)

Opéra in vier Akten

Text: Étienne de Jouy, Hippolyte-Louis-Florent Bis, Armand Marrast und Adolphe Crémieux
Uraufführung: 3. August 1829, Paris, Théâtre de l'Académie
Besetzung: Guillaume Tell (Bariton), Arnold (Tenor), Mathilde (Sopran), Walther Fürst (Baß), Melchthal (Baß), Geßler (Baß), Rodolphe (Tenor), Jemmy (Sopran), Pescatore (Tenor), Leuthold (Baß)

Handlung: Eine Bauernhochzeit am Vierwaldstätter See. Guillaume Tell bedrückt das Schicksal der von den Habsburgern geknechteten Schweiz. Der greise Melchthal erteilt drei Paaren seinen Segen. Sein Sohn Arnold liebt die habsburgische Prinzessin Mathilde und gerät dadurch in Konflikt mit seiner Vaterlandsliebe. Tell sucht ihn für die Sache der Schweiz zu gewinnen.

Arnold verläßt das Fest in der Hoffnung, Mathilde bei einer vorbeiziehenden Jagdgesellschaft zu finden. Leuthold stürzt herein und bittet, ihn zu retten; er habe einen Knecht Geßlers erschlagen, der seine

Tochter vergewaltigen wollte. Trotz eines heraufgezogenen Sturms rudert Tell Leuthold ans andere Seeufer. Die Verfolger nehmen statt seiner den alten Melchthal gefangen.

Mathilde und Arnold gestehen sich ihre Liebe. Arnold verschreibt sich der Sache Österreichs. Später berichten ihm Tell und Walther Fürst, daß Geßler seinen Vater töten ließ. Jetzt bekennt sich Arnold zu seinem Vaterland.

Führer der Kantone Schwyz, Uri und Unterwalden leisten den Rütlischwur.

Auf dem Marktplatz von Altdorf wird jeder gezwungen, Geßlers Hut auf einer Stange als Reverenz vor den Habsburgern zu grüßen. Tell weigert sich, dies zu tun. Vor Geßler gebracht, verspricht ihm dieser, ihn straffrei zu lassen, wenn er von dem Kopf seines Sohnes Jemmy einen Apfel schießen könne. Tell gelingt der Schuß. Geßler fragt Tell, warum er einen zweiten Pfeil eingelegt habe. Tell antwortet, ihn damit getötet zu haben, wenn er sein Kind getroffen hätte. Tell wird abgeführt.

Die Schweizer ziehen vor Geßlers Zwingburg, wo Tell eingekerkert werden soll. Mathilde bringt Tells Sohn zu seiner Mutter. Geßler gerät mit einem Schiff, auf dem Tell als Gefangener ist, in einen Sturm. Tell wird das Ruder übergeben, aber er steuert das Schiff zu einer Felsspalte, springt von Bord und stößt das Schiff in den Sturm zurück. Als Geßler später landet, wird er von Tell erschossen. Inzwischen wurde die Zwingburg gestürmt. Mathilde, die den Unterdrückten beistand, fällt Arnold in die Arme.

II. Schauspielmusik

Edipo Coloneo, Musik zu *Ödipus in Colonos* von Sophokles, übersetzt von Giovanni Battista Giusti, für Baß, Chor und Orchester. Komponiert vor 1817.

III. Geistliche Musik

Kompositionen aus den Jahren 1802 bis 1809:

Kyrie für drei Stimmen, zwei Tenöre, Baß und Orchester; *Gloria,* für Alt, Tenor, Baß, Männerchor und Orchester; *Laudamus,* für Alt und Orchester; *Gratias,* für Tenor, Männerchor und Orchester; *Domine Deus,* für zwei Bässe und Orchester; *Qui tollis,* für Tenor und Orchester; *Laudamus* und *Qui tollis,* für Tenor und Orchester; *Quoniam,* für Tenor und Orchester; *Crucifixus,* für Sopran, Alt und Orchester; *Dixit,* für zwei Tenöre, Baß und Orchester; *De torrente,* für Baß und Orchester; *Gloria Patri, Sicut erat,* für zwei Tenöre, Baß und Orchester; *Magnificat,* für zwei Tenöre, Baß und Orchester. *Messa* (Bologna): criste eleison, für zwei Tenöre, Baß und Orchester; Benedicta et venerabilis, für zwei Tenöre, Baß und Orchester; Qui tollis; Qui sedes, für Sopran, Horn und Orchester. *Messa* (Ravenna): Kyrie, Gloria, Credo, Soli für Männerstimmen, Männerchor und Orchester. *Messa:* Kyrie, Gloria, Credo, für Männerstimmensoli, Männerchor und Orchester. *Messa* (Rimini), für Sopran, Alt, Tenor, Baß und Orchester.

Quoniam, für Baß und Orchester. September 1813.

Messa di Gloria, für Sopran, Alt, zwei Tenöre, Baß, Chor und Orchester. 1820.

Preghiera: «De tu pietoso cielo», für Sopran und Klavier. Um 1820.

Tantum ergo, für Sopran, Tenor, Baß und Orchester. 1824.

Stabat Mater, für zwei Soprane, Tenor, Baß, Chor und Orchester. Erste Fassung 1832; zweite Fassung 1841.

Trois chœurs religieux für Frauenstimmen und Klavier. Paris 1844.

Tantum ergo für zwei Tenöre, Baß und Orchester. Bologna 1847.

O salutaris hostia für Sopran, Alt, Tenor, Baß. Paris 1857.

Laus Deo für Mezzo-Sopran und Klavier. Paris 1861.

Petite Messe Solennelle, für Sopran, Alt, Tenor, Baß, achtstimmigen Chor, zwei Klaviere und Harmonium. Paris 1864; zweite Fassung mit Orchesterbegleitung. Paris 1867.

IV. Kantaten

Il Pianto d'Armonia sulla morte di Orfeo, Kantate für Tenor, Chor und Orchester. Bologna. 1808.

La Morte di Didone, Kantate für Sopran, Chor und Orchester. 1811/12.

Dalle quete e pallid'ombre, Kantate für Sopran, Baß und Klavier. Venedig 1812.

Egle ed Irene, Kantate fürSopran, Alt und Klavier. Mailand 1814.

L'Aurora, Kantate für Alt, Tenor, Baß und Klavier. Rom 1815.

Le Nozze di Teti e di Peleo, azione coreodrammatica für drei Soprane, zwei Tenöre, Chor und Orchester. Neapel 1816.

Omaggio umiliato, Kantate für Sopran, Chor und Orchester. Neapel 1819.

Cantata zum Besuch Franz' I., für Sopran, zwei Tenöre, Chor und Orchester. Neapel 1819.

La riconoscenza, Kantate für Sopran, Alt, Tenor, Baß, Chor und Orchester. Neapel 1821.

Giunone, Kantate für Sopran, Chor und Orchester. Neapel, vor 1822.

La Santa Alleanza, Kantate für zwei Bässe, Chor und Orchester. Verona 1822.

Il vero omaggio, Kantate für Sopran, zwei Tenöre, Baß, Chor und Orchester. Verona 1822.

Omaggio pastorale, Kantate für drei Frauenstimmen und Orchester. Treviso 1823.

Il Pianto delle muse in morte di Lord Byron, Canzone für Tenor, Chor und Orchester. London 1824.

Cantata per il battesimo del figlio del banchiere Aguado, für sechs Solostimmen und Klavier. Paris 1827.

L'armonica cetra del nume, für Solostimmen, Chor und Klavier. Bologna 1830.

Giovanna d'Arco, Kantate für Sopran und Klavier. Paris 1832, revidiert 1852.

Cantatina, für Sopran, Alt, Tenor, dreistimmigen Männerchor und Klavier. Juli 1832.

Cantata in onore del sommo pontefice Pio IX, für vier Solostimmen, Chor und Orchester. Rom 1847.

V. Chöre und Hymnen

Inno dell'Indipendenza, Hymne. Bologna 1815.
De l'Italie et de la France, Hymne für Sopran, Baß, Chor und Orchester. Paris 1825.
Coro in onore del Marchese Sampieri. 1830.
Coro per il terzo centenario della nascita del Tasso, zum 300. Jahrestag von Tassos Geburt, für Chor und Orchester.
Grido di esultazione riconoscente al sommo pontefice Pio IX, für Papst Pius IX., für Chor und Banda. Bologna 1846.
Coro della guardia civica di Bologna, Chor mit Instrumenten, arrangiert von D. Liverani. Bologna 1848.
Inno alla Pace, Hymne für Bariton, Männerstimmen und Klavier. Florenz 1850.
Hymne à Napoléon III et à son Vaillant Peuple, Bariton, Chor, Orchester, Militärkapelle. Paris 1867.

VI. Vokalmusik

Se il vuol la molinara, für Sopran und Klavier, 1801.
Dolce aurette che spirate, für Tenor und Orchester, 1810.
La mia pace io già perdei, für Tenor und Orchester, 1812.
Qual voce, quai note, für Contralto und Klavier, 1813.
Alla voce della gloria, für Baß und Orchester, 1813.
Amore mi assisti, für Sopran, Tenor und Klavier, etwa 1814.
Drei Stücke für Giuseppe Nicolinis *Quinto Fabio,* 1817.
Il trovatore, für Tenor und Klavier. Neapel 1818.
Il carnevale di Venezia, für zwei Tenöre, zwei Bässe und Klavier. Rom 1821.
Beltà crudele, für Sopran und Klavier. Neapel, etwa 1821.
La pastorella, für Sopran und Klavier. Neapel, etwa 1821.
Canzonetta spagnuola, für Sopran und Klavier. Neapel 1821.
Infelice ch'io son, für Sopran und Klavier. Neapel 1821.
Addio ai Viennesi, für Tenor und Klavier. Wien 1822.
Dall'oriente l'astro del giorno, für Sopran, zwei Tenöre, Baß und Klavier. London 1824.

Ridiamo, cantiamo, che tutto sen va, für Sopran, zwei Tenöre, Baß und Klavier. London 1824.
In giorno sì bello, für zwei Soprane, Tenor und Klavier. London 1824.
Tre quartetti da camera, Paris 1827.
Les adieux à Rome, für Tenor und Klavier oder Harfe. Paris 1827.
Orage et beau temps, für Tenor, Baß und Klavier. Paris, etwa 1829/30.
La passeggiata, für Sopran und Klavier, Madrid 1831.
La dichiarazione, für Sopran und Klavier. Paris, etwa 1834.
Les soirées musicales. Paris, etwa 1830 bis 1835.

1. La promessa für Sopran und Klavier.
2. Il rimprovero für Sopran und Klavier.
3. La partenza für Sopran und Klavier.
4. L'orgia für Sopran und Klavier.
5. L'invito für Sopran und Klavier.
6. La pastorella dell'alpi für Sopran und Klavier.
7. La gita in gondola für Sopran und Klavier.
8. La danza für Tenor und Klavier.
9. La regata veneziana für zwei Soprane und Klavier.
10. La pesca für zwei Soprane und Klavier.
11. La serenata für Sopran, Tenor und Klavier.
12. Li marinari für Tenor, Baß und Klavier.

Deux nocturnus, für Sopran, Tenor und Klavier. Paris 1836.
Nizza, für Sopran und Klavier. Paris 1836.
L'âme délaissée, für Sopran und Klavier. 1844.
Francesca da Rimini, für Sopran und Klavier. Florenz 1848.
La seperazione, für Sopran und Klavier. Paris 1858.
Mi lagnerò tacendo. Paris, etwa 1858.

VII. Instrumentalwerke

Sei Sonate a quattro, für zwei Violinen, Cello, Kontrabaß, Ravenna 1804.
Sinfonia «al conventello», für Orchester. Etwa 1806.
Fünf Duette, für zwei Hörner. Etwa 1806.
Sinfonia, für Orchester. 1808.
Sinfonia, Es-Dur, für Orchester. 1809.
Sinfonia «obbligata a contrabasso», für Orchester. Etwa 1807 bis 1810.
Variazione a più istrumenti obbligati, für zwei Violinen, Viola, Cello, B-Klarinette. 1809.

Variazioni per clarinetto, für Klarinette und Orchester. 1809.
Andante e Tema con variazioni, für Flöte, Klarinette, Horn, Fagott. 1812.
Andante e Tema con Variazioni per arpa e violino, für Harfe und Violine. Neapel etwa 1820.
Passo doppio, für Militärkapelle. 1822.
Walzer für Klavier. Venedig 1823.
Serenata, für zwei Violinen, Viola, Cello, Flöte, Oboe und Englischhorn. Paris 1823.
Duetto, für Cello und Kontrabaß. London 1824.
Rendez-vous de chasse, für vier Jagdhörner und Orchester. Paris 1828.
Fantasie, für Klarinette und Klavier. Paris 1829.
Drei Militärmärsche. Fontainebleau 1837.
Scherzo, für Klavier. 1843, revidiert 1850.
Tema originale di Rossini variato per violino da Giovacchino Giovacchini, für Violine und Klavier. 1845
Marcia, für Militärkapelle. 1852.
Thème de Rossini suivi de deux variations et coda par Moscheles Père, für Englischhorn und Klavier. Paris 1860.
La corona d'Italia, für Militärkapelle. Paris 1868.

VIII. Péchés de vieillesse

Band 1 – *Album italiano:* Zwölf Gesänge für eine oder mehrere Stimmen mit Klavier.
Band 2 – *Album français:* Elf Gesänge für eine oder mehrere Stimmen mit Klavier. (Nr. 6 mit Klavier und Harmonium), Nr. 12: *Chœur de chasseurs démocrates* für Männerchor, Tamtam und zwei Trommeln.
Band 3 – *Morceaux réservés:* Zwölf Gesänge für eine oder mehrere Stimmen mit Klavier: darunter Stücke auch mit Klavier und Harmonium, reine Chorsätze und ein Trauergesang für Männerchor mit Trommeln.
Band 4–8 (alle für Klavier solo) – wurden zusammengestellt unter dem Titel *Un peu de tout. Receuil de 56 morceaux sémicomiques pour le piano.*
Band 4 – A) *Les Hors d'œuvres:* 1. *Les Radis,* 2. *Les Anchois,* 3. *Les Cornichons,* 4. *Le Beurre* – B) *Les Quatres Mendiants:* 1. *Les Figues sèches,* 2. *Les Amandes,* 3. *Les Noisettes,* 4. *Les Raisins.*
Band 5 – 1. *Gymnastique d'écartement,* 2. *Prélude fugassé,* 3. *Petite Polka chinoise,* 4. *Petite Valse de boudoir,* 5. *Prélude inoffensif,* 6. *Petite Valse:*

L'Huile de ricin. 7. *Un Profond Sommeil – Un Réveil en sursaut,* 8. *Plein-chant chinois (scherzo),* 9. *Un Cauchemar,* 10. *Valse boîteuse,* 11. *Une Pensée à Florence,* 12. *Marche.*

Band 6 – *Album pour les enfants adolescents:* 1. *Première communion (andantino religioso),* 2. *Thème naïf et variations,* 3. *Saltarello à l'italienne,* 4. *Prélude moresque,* 5. *Valse lugubre,* 6. *Impromptu anodin,* 7. *L'innocence italienne, suite de la candeur française,* 8. *Prélude convulsif,* 9. *La Lagune de Venise à l'expiration de l'année 1861!!!!,* 10. *Ouf! Les Petits Pois,* 11. *Un Sauté,* 12. *Hachis romantique.*

Band 7 – *Album des enfants dégourdis:* 1. *Mon Prélude hygiénique du matin,* 2. *Prélude baroque,* 3. *Memento Homo,* 4. *Assez de memento; dansons,* 5. *La Pésarèse,* 6. *Valse torturée,* 7. *Une Caresse à ma femme,* 8. *Barcarole,* 9. *Un Petit Train de plaisir (comico-imitatif),* 10. *Fausse Couche de polka-mazurka,* 11. *Étude asthmatique,* 12. *Un Enterrement en carnaval.*

Band 8 – *Album de château:* 1. *Spécimen de l'ancien régime,* 2. *Prélude pétulant-rococo,* 3. *Un Regret, un espoir,* 4. *Boléro tartare,* 5. *Prélude prétentieux,* 6. *Spécimen de mon temps,* 7. *Valse anti-dansante,* 8. *Prélude semi-pastoral,* 9. *Tarantelle pur sang,* 10. *Un Rêve,* 11. *Prélude soi-disant dramatique,* 12. *Spécimen de l'avenir.*

Band 9 – *Album pour piano, violon, violoncelle, harmonium et cor:* 1. *Mélodie candide* (Klavier), 2. *La Savoie amante* (Klavier), 3. *Chansonette* (Klavier), 4. *Un mot à Paganini (élégie pour violon),* 5. *Impromptu tarantellisé* (Klavier), 6. *Échantillon du Chant de Noël à l'italienne* (Klavier), 7. *Marche et réminiscences pour mon dernier voyage* (Klavier), 8. *Prélude, thème et variations pour cor,* 9. *Prélude italien* (Klavier), 10. *Une Larme (thème et variations pour violoncelle),* 11. *Échantillon de blague mélodique* (Klavier), 12. *Petite Fanfare* (Klavier zu vier Händen).

Band 10 – *Miscellanée, pour piano:* 1. *Prélude blagueur de bon train-train,* 2. *Des Tritons, s'il vous plaît (montée-descente),* 3. *Une petite pensée,* 4. *Une Bagatelle,* 5. *Une Bagatelle (in Nomine Patris – mélodie italienne),* 6. *Petite Caprice (style Offenbach), allegretto grotesco.*

Band 11 – *Miscellanée de musique vocale:* 1. *Ariette villageoise,* 2. *Chanson du bébé.* 3. *Amour sans espoir (tirana à l'espagnole rossinizée),* 4. *Requiem (à ma belle mère),* 5. *O salutaris ... de champagne,* 6. *Aragnonese,* 7. *Arietta all'antica,* 8. *Il Candore in fuga,* 9. *Motetto dedicato a Maria Santissima Annunziata,* 10. *Grande Scena: Giovanni d'arco* (Bearbeitung der Solokantate von 1832 mit Streicherbegleitung).

Band 12 – *Quelques Riens pour album:* 24 kurze Stücke für Klavier.

Band 13 – *Musique anodine: Prélude* und sechs Vertonungen von *Mi lagnerò tacendo* (Text von Pietro Metastasio) für verschiedene Stimmen und Klavier.

IX. Übrige späte Werke

Canone perpetuo per quattro soprani, für vier Soprane und Klavier; auch bekannt als *Canone scherzosa a quattro soprani democratici.*
Canone antisavant, für drei Stimmen, Worte von Rossini.
La vénitienne, Canzonetta für Klavier.
Petite promenade de Passy à Courbevoie, für Klavier.
Deux nouvelles compositions, für Sopran und Klavier.
Une réjouissance, für Klavier.
Encore un peu de blague, für Klavier.
Tourniquet sur la gamme chromatique, ascendante et déscendante, für Klavier.
Ritournelle gothique, für Klavier.
Un rien, für Sopran und Klavier.
Sogna il guerrier, für Bariton und Klavier.
Brindisi, für Chor.
Solo, für Violoncello.
Questo palpito soave, für Sopran und Klavier.
L'ultimo pensiero, für Bariton und Klavier.
Thème, für Klavier.

X. Stimmübungen und Kadenzen

Gorgheggi e solfeggi, für eine Stimme und Klavier. Paris 1822 bis 1827.
15 petits exercises pour égaliser les sons, prolonger la respiration et donner de l'élasticité aux poumons, für eine Stimme. 1858.
Petit gargouillement, für eine Stimme, Klavier. 1867.

Komponisten

JOHANN SEBASTIAN BACH (1685–1750)

Deutscher Komponist des Hochbarock. Organist und Kapellmeister. Ab 1723 Thomaskantor in Leipzig. Sein umfangreiches Schaffen reicht von der Kirchenmusik (Kantaten, Motetten, Hohe Messe h-Moll, Johannes- und Matthäuspassion, Orgelwerke) über die konzertante Orchestermusik (Suiten, Brandenburgische Konzerte, Klavier- und Violinkonzerte), Kammermusik («Das Wohltemperierte Klavier», Partiten, Präludien, Fugen, Inventionen) bis hin zur weltlichen Kantate. Mit der «Kunst der Fuge» markiert er den Gipfel in der für die abendländische Musik bedeutsamen Kunst des Kontrapunkts. Formenstrenge, Symbolkraft und höchste Geistigkeit vereinen sich in Bachs protestantischer Glaubenshaltung und spiegeln in vollendeter Polyphonie eine handwerklich-wissenschaftliche Auffassung der Musik wider.

LUDWIG VAN BEETHOVEN (1770–1827)

Deutscher Komponist der Klassik. Jugendjahre in Bonn, wo er als Generalbaßspieler bei der kurfürstlichen Kapelle wirkt. Ab 1792 lebt und komponiert er bis zur völligen Ertaubung in Wien. Sein Werk umfaßt neun Symphonien, die Oper «Fidelio», die «Missa Solemnis», fünf Klavierkonzerte, ein Violinkonzert, Ouvertüren, Streichquartette und andere Kammermusik, 32 Klaviersonaten, Lieder. Formal noch an die klassischen Strukturen gebunden, steht Beethoven mit seiner von leidenschaftlichem Pathos und kämpferischem Elan erfüllten Musik an der Schwelle zur Romantik und vertritt in programmatischer Tendenz die Idee eines neuen Menschentums.

VINCENZO BELLINI (1801–1835)

Italienischer Opernkomponist. Vertreter der romantischen italienischen Oper. Für seine Werke, darunter «Il Pirata», «La Straniera», «Zaira», «La Sonnambula», «Norma», ist ein ausgeprägter Belcanto-Stil bezeichnend; lyrische und dramatische Züge durchdringen sich gegenseitig.

LOUIS HECTOR BERLIOZ (1803–1869)

Französischer Dirigent und Komponist von Opern, u. a. «Benvenuto Cellini», geistlicher und weltlicher Chormusik, Orchesterwerken, Liedern mit Klavier- und Orchesterbegleitung. Als Schöpfer der Programm-Musik schreibt er die «Symphonie fantastique» als symphonische Dichtung. Er erweitert den Klangbereich des romantischen Orchesters und gibt ihm jene Farbigkeit und Differenziertheit der Instrumentation, die für Wagner, Liszt, Richard Strauss und Mahler wegweisend wird.

Luigi Cherubini (1760–1842)

Italienischer Komponist von Opern, Orchesterwerken, Kirchen- und Kammermusik. Sein hauptsächlicher Wirkungsort war Paris, wo er die Reformoper Glucks auf der Basis inhaltlicher Dramatik zur bürgerlichen Befreiungs- und «Schreckensoper» weiterentwickelte («Lodviska»). Sein «Wasserträger» («Les deux Journées») ist nach Inhalt und musikalischer Gestaltung ein Vorläufer von Beethovens «Fidelio».

Domenico Cimarosa (1749–1801)

Italienischer Komponist von Opern (u. a. «Die heimliche Ehe»), Oratorien, Kantaten, Sinfonien und Cembalosonaten. Nach Neapel und Rom verpflichteten ihn zahlreiche andere Städte Italiens, bis er 1789 in der Nachfolge Piccinis nach Sankt Petersburg berufen wurde. In Wien wurde er später Hofkapellmeister. Bei aller Leichtigkeit und dem Humor seiner Sujets zeichnen sich seine Opernfiguren auch in den Ensembles durch musikalisch differenzierte Charakteristik aus.

Gaetano Domenico Maria Donizetti (1797–1848)

Italienischer Opernkomponist. In seiner musikdramatischen Sprache steht er als Romantiker und zugleich letzter Neapolitaner zwischen Rossini und Verdi. Seine komischen Opern («Don Pasquale», «Der Liebestrank» u. a.) lassen trotz ihrer Einfachheit auch gefühlvolle Klänge zu, die ebenso in seiner ernsten Oper «Lucia di Lammermoor» das Dramatische dominieren.

Baldassare Galuppi (1706–1785)

Italienischer Komponist von Opern (u. a. «Il Filosofo di campagna»), Oratorien, Kantaten und Klaviersonaten. Während seine geistlichen Vokalwerke in der Palestrina-Nachfolge stehen, weisen seine Klavierkonzerte stilistisch und formal in die Zukunft. In Venedig, London und Sankt Petersburg, wo er als Hofkomponist und -kapellmeister angestellt war, räumte er der Opera buffa in Zusammenarbeit mit Carlo Goldoni einen zentralen Stellenwert ein.

Georg Friedrich Händel (1685–1759)

Deutscher Komponist von Opern, Oratorien, Concerti grossi, Orgelkonzerten, Ouvertüren, Kammer- und Klaviermusik, Kantaten, Arien und Duetten. In Halle geboren, wo er auch Organist war, führt ihn sein Weg als Kapellmeister und Komponist über Hamburg, Italien, Hannover nach London, wo er die Royal Academy übernimmt. Als Vertreter des Hochbarock verbindet er italienische Kantabilität mit deutscher Kontrapunkt-Tradition und führt die Barockoper neapolitanischer Prägung zu ihrer höchsten Blüte.

Franz Joseph Haydn (1732–1809)

Österreichischer Komponist von Sinfonien, Konzerten, Divertimenti, Streichquartetten, Klavierwerken, Opern, Oratorien, Messen, Chören und Liedern. Bevor er nach Wien übersiedelte, wo er Beethovens Lehrer und Mozarts väterlicher Freund wurde, war er Kapellmeister der Grafen Morzin und Esterházy. Erwachsen aus dem Spätbarock, entwickelte er mittels motivischer Arbeit und der Durchführung des thematischen Materials den eigentlichen klassischen Stil der Musik um 1750, von dem vor allem seine Streichquartette zeugen. Haydns Sinfonien sind Vorbilder für die klassischen Kompositionen Mozarts und Beethovens, bieten aber auch den Romantikern Schubert, Schumann, Brahms und Bruckner die Grundlage ihrer musikalischen Strukturen.

Louis-Joseph-Ferdinand Hérold (1791–1833)

Französischer Komponist von Opern, vor allem Balletten, Orchester- und Kammermusikwerken. Erfolgreich waren vor allem seine ersten Opern, die er für die Opéra Comique schrieb («Les Rosières», «Zampa» u. a.). Als Begleiter und Korrepetitor am Théâtre Italien und an der Grand Opéra, wo er sich in weiteren Kompositionen dem Stil Rossinis anzupassen versuchte, war ihm nur noch mit der komischen Oper «Marie» Erfolg beschieden.

Ferdinand Hiller (1811–1885)

Deutscher Dirigent und Komponist von Opern, Oratorien, Orchester-, Chor- und Klavierwerken. Als Leiter des Konservatoriums und der Gürzenich-Konzerte in Köln war er auch Lehrer von Bruch und Humperdinck. Seine pädagogischen Bemühungen waren begleitet von zahlreichen Schriften und Essays zu Fragen der Musik seiner Zeit und ihrer Rezeption.

Franz Liszt (1811–1886)

Deutsch-ungarischer Pianist und Komponist. Er erlangte als Klaviervirtuose in der ganzen Welt höchstes Ansehen. Neben Chorwerken, Kammermusik, Liedern und Bearbeitungen zeitgenössischer Werke nimmt sein Klavierwerk, zu dem auch zwei Klavierkonzerte gehören, den größten Raum seines Schaffens ein.

Inspiriert von heimatlicher Folklore, kennzeichnen zuweilen ekstatisch-malerische Färbungen seine romantischen Klangbilder, die er im Orchester mit großem Aufwand erzeugt.

Felix Mendelssohn-Bartholdy (1809–1847)

Deutscher Komponist, Dirigent und Pianist; Schöpfer bedeutender Werke aller Gattungen. Er komponierte fünf Sinfonien (u. a. die «Italienische»), Musik zum «Sommernachtstraum» nach Shakespeare, Opern, Oratorien, Ouvertüren, Instrumentalkonzerte, Kammermusik, «Lieder ohne Worte» und andere Werke für Klavier. Nicht nur als Komponist der deutschen Romantik, als der er Naturstimmungen mit sicherer Formgestaltung überzeugende musikalische Ausdruckskraft verlieh, sondern auch als Interpret und Leiter der Gewandhauskonzerte in Leipzig erwarb sich Mendelssohn internationales Ansehen.

Giacomo Meyerbeer (1791–1864)

Deutscher Opernkomponist, schrieb auch vereinzelt Ballette, einige Chorwerke und Lieder. Durchschlagskraft errangen seine großen französischen Opern «Robert der Teufel», «Die Hugenotten», «Der Prophet» und «Die Afrikanerin». Seine Werke sind durch große melodiöse Arien gekennzeichnet, verlieren sich aber häufig in äußerem Aufwand und in Effekthascherei. Dennoch war Meyerbeer für den Brückenschlag von der italienisch-klassischen Tradition zur deutsch-französischen Romantik und als Impuls für Wagners Musikdrama maßgebend.

Claudio Monteverdi (1567–1643)

Italienischer Komponist von Opern, Balletten, Madrigalen und Kirchenmusik. Er bereitete der Oper den Weg mit Bühnenwerken wie «La Favola d'Orfeo» und beweist sich zum Beispiel mit «L'Incoronazione di Poppea» als einer der größten Musikdramatiker, dem Klangmalereien, dramatische Effekte und spannungsgeladene Deklamation (Rezitativ, Arioso) zu Gebote stehen. Seine Instrumentation wirkt durch den Einsatz von Posaunen, tiefen Saiteninstrumenten und Streichertremoli überraschend neuartig.

Wolfgang Amadeus Mozart (1756–1791)

Österreichischer Komponist von Opern, Sinfonien, Serenaden, Divertimenti, Kirchenmusik, Liedern, Instrumentalkonzerten, Kammer- und Klaviermusik. Eine zehnjährige Konzertreise führte das Wunderkind in Begleitung seines Vaters durch ganz Europa. Seine wichtigsten Kompositionen, zu denen auch die ersten italienischen Opern gehören, entstanden in Italien und später in Wien, wo er die letzten zwölf Jahre seines Lebens unter mißlichen Umständen verbrachte. Im Genie Mozart vollendete sich in einmaliger und ganz persönlicher Weise die musikalische Entwicklung des 18. Jahrhunderts. Einflüsse der neuneapolitanischen Opernschule vereinigen sich mit den stilistischen Eigentümlichkeiten der galanten Zeit, der Musik der Bach-Söhne, den Errungenschaften des Mannheimer Stils, der Wiener Vorklassik und schließlich Joseph Haydns. Mozart faßt alle Strömungen seiner Zeit zusammen und verwandelt sie zu einem eigenen, unverwechselbaren Ausdruck, der in seinen Sinfonien, den Klavierkonzerten, vor allem aber seinen Opern in der Dramatik menschlicher Widersprüchlichkeit gipfelt.

Ferdinando Paër (1771–1839)

Italienischer Opernkomponist. Seine Werke stehen stilistisch zwischen Mozart und der französischen Revolutionsoper. Unmittelbar vor Beethovens «Fidelio» schrieb er 1804 auf den gleichen Stoff die Oper «Leonora ossia l'amore conjugale».

Giovanni Paisiello (1740–1816)

Italienischer Komponist von Opern, Oratorien, Kammermusik, Sinfonien und Klavierkonzerten. Bedeutend sind vor allem seine Buffoopern, deren volkstümliche Haltung, treffende Situationsschilderung und Charakterzeichnung die Werke Mozarts beeinflußt haben. Seinen «Barbier von Sevilla» schrieb er 34 Jahre vor Rossinis gleichnamigem Werk.

Giovanni Pierluigi da Palestrina (1525–1594)

Italienischer Komponist, Sänger an der Capella Sixtina, Kapellmeister an Sankt Peter in Rom. Großmeister der musikalischen Renaissance. Seine Messen, Motetten, Madrigale, Hymnen und Offertorien stellen in ihrem reinen A-capella-Satz, ihrer abgewogenen klanglich-harmonischen wie kontrapunktischen Struktur Gipfelleistungen geistlicher Vokalkunst dar. Das Trienter Konzil erklärte seine Werke als richtungweisend für alle mehrstimmige Kirchenmusik. Die sechsstimmige «Missa

Papae Marcelli» hat bis in unser Jahrhundert das Schaffen vieler italienischer Komponisten beeinflußt.

GIOVANNI BATTISTA PERGOLESI (1710–1736)

Italienischer Komponist von Opern, Oratorien, Messen, Orchester- und Kammermusikwerken (Triosonaten). Als einer der angesehensten Komponisten prägte er nicht zuletzt mit «La Serva padrona» eine neue Musikästhetik auf dem Gipfel der neapolitanischen Spiel- und Sängeroper. Im Genre der Opera buffa sind es vor allem die melodischen Situationsschilderungen, mit denen er dem italienischen Musiktheater zu weltweitem Ruhm verhalf, und in seinem «Stabat Mater» vollzieht er den Stilwandel vom hochbarocken Ausdruck zur einfachen Empfindsamkeit.

NICOLA PICCINI (1728–1800)

Italienischer Opernkomponist. Als Domkapellmeister und Leiter der königlichen Kapelle in Neapel schrieb er auch geistliche Vokalwerke, Oratorien, zwei Sinfonien und Sonaten. Bekannt wurde er aber durch seine Buffoopern, die er mit freizügiger Orchesterbehandlung und stark lyrischer Ausprägung stilistisch der Opera seria annäherte. Auf dem Gebiet der ernsten Oper konnte er sich im Streit der Gluckisten mit den Piccinisten allerdings nicht gegen Gluck behaupten, dessen Reformoper mit dem barocken Virtuosentum der Sänger aufräumte und statt dessen die Musik in den Dienst einfacher dramatischer Zusammenhänge stellte.

IGOR FJODOROWITSCH STRAWINSKI (1882–1971)

Russischer Komponist von Opern, Oratorien, Balletten, Chor- und Orchesterwerken, Solokonzerten, Kammermusik, Liedern und Klavierstücken. Als Schüler von Rimski-Korsakow in Sankt Petersburg beweist der in Amerika großgewordene Strawinski eine hohe Kultur in der Instrumentation und Orchesterbehandlung. Anfänglich noch ganz dem russischen Erbe verhaftet, wendet er sich später der Atonalität sowie rhythmischer Motorik und Differenzierung zu und besinnt sich in einer dritten, der neoklassizistischen Periode, auf die reine Musik der italienischen Klassik. Pergolesi steht Pate bei «Pulcinella», und die Buffooper ist Vorbild für «Rake's Progress». Auch in «Oedipus Rex» greift Strawinski auf Formen und Stilmittel vergangener Musikepochen zurück und verschmelzt sie mit einer modernen Tonsprache, die Klarheit des Ausdrucks, Durchsichtigkeit des Satzes und tonale Bindungen anstrebt.

Giuseppe Verdi (1813–1901)

Bedeutendster italienischer Komponist der dramatischen Oper im 19. Jahrhundert. Nach seinem ersten großen Erfolg mit «Rigoletto» wurde er in die Freiheitsbewegungen des Risorgimento verwickelt und 1860 in das erste italienische Parlament gewählt. In Zusammenarbeit mit dem Librettisten Boito schrieb er unter anderen die Opern «Otello» und «Falstaff», in denen sein Gespür für dramatische Konflikte und Bühnenwirksamkeit ebenso deutlich wird wie seine expressive Musiksprache, die, auf der Tradition der italienischen Kunstmusik fußend, sich stets auch volkstümlicher Motive bedient. Bis ins hohe Alter erweitert er seine musikalische Ausdrucksskala, die nicht nur in «Der Troubadour», «La Traviata», «Die Macht des Schicksals» und «Aida», sondern auch in seinem Requiem zur Anwendung kommt.

Richard Wilhelm Wagner (1813–1883)

Deutscher Opernkomponist. Nach seiner Ausbildung in Leipzig und Kapellmeistertätigkeit in Magdeburg und Riga kommt er 1839 nach Paris, wo er schnell in den Mittelpunkt des Theater- und Musikbetriebs rückt. Wieder in Deutschland, wird er sächsischer Hofkapellmeister. Als Beteiligter an der bürgerlichen Revolution muß er sich in die Schweiz absetzen. Nach langem Umherirren beruft ihn endlich König Ludwig II. nach München und ermöglicht ihm den Bau eines eigenen Festspielhauses in Bayreuth, wo er auch seine zweite Frau Cosima, die Tochter von Franz Liszt, kennenlernt. Seine Idee vom neuen Musikdrama als «Gesamtkunstwerk» verwirklicht er nicht nur durch die Dichtung eigener Libretti, sondern er bedient sich auch symbolträchtiger Leitmotive als musikdramaturgisches Prinzip seiner sinfonisch durchgestalteten Opern («Der fliegende Holländer», «Tannhäuser», «Lohengrin», «Tristan und Isolde», «Parsival» u. a.).

Carl Maria von Weber (1786–1826)

Deutscher Komponist. Aufgewachsen in einer wandernden Schauspielerfamilie, begann er seine musikalische Laufbahn als Klaviervirtuose, leitete die Deutsche Oper in Prag und wurde schließlich Königlich-Sächsischer Musikdirektor in Dresden. Mit der Oper «Der Freischütz» schuf er die Grundlage für die deutsche romantische Musik. Während seine Chorwerke, Sinfonien, Messen, Kammer- und Klaviermusik den klassischen Formen verpflichtet bleiben, werden seine Opern durch neuartige Intrumentation und fortschrittliche Harmonik wegweisend für das romantische Musikschaffen des 19. Jahrhunderts, insbesondere für die Art der musikalischen Naturschilderung.

Stichwortverzeichnis

Literaturverzeichnis

AZEVEDO, ALEXIS-JACOB: «Rossini: Sa vie et ses œvres». Paris 1864.

BALZAC, HONORÉ DE: «Das unbekannte Meisterwerk», Zürich 1977.

BECKER, HEINZ: «Der Fall Heine/Meyerbeer». Berlin 1958.

BECKER, HEINZ (Hrsg.): «G. Meyerbeer: Briefwechsel und Tagebücher». Berlin 1960.

BIANCONI, LORENZO, UND PASTELLI, GIORGIO (Hrsg.): «Geschichte der italienischen Oper». Laaben 1990.

BÖRNE, LUDWIG: «Briefe aus Paris». Frankfurt/Main 1986.

BUSCH, HANS (Hrsg.): «Verdi Briefe». Frankfurt 1979.

DOLLÉANS, EDUARD: «Histoire du mouvement ouvrier». Paris 1936.

DELÉCLUZE, ÉTIENNE-JEAN: «Journal de Delécluze». Paris 1948.

GIER, ALBERT (Hrsg.): «Oper als Text». Heidelberg 1986.

GLASMAPP, C. FR. (Hrsg.): «Wagner-Enzyklopädie». Leipzig 1891.

GOETHE, JOHANN WOLFGANG VON: «Gesammelte Werke». Weimar 1907.

GONCOURT, EDMOND und GIL DE: «Journal. Memoire de la vie si tener 1851–1863».

GRANDÈVE, ARTHUR, COMTE DE: «Paris sous Napoleon III». Paris 1879.

HALL, KURT: «Musikkritik». Berlin – Zürich 1934.

HAUSSMANN, GEORGES-EUGÈNE: «Memoires». Paris 1893.

HANSLICK, EDUARD: «Aus meinem Leben». Kassel 1987.

HEGEL, G. W. FRIEDRICH: «Sämtliche Werke», Bd. II, «Ästhetik». Stuttgart 1927.

HEINE, HEINRICH: «Sämtliche Werke», hrsg. v. E. Elster. Leipzig – Wien.

HILLER, FERDINAND: «Plaudereien mit Rossini» (1856), in: «Aus dem Tonleben unserer Zeit», 2. Band. Leipzig 1868.

KRAUSE, JOSEF/WERNER, MICHAEL (Hrsg.): «Heinrich Heine in Paris». Düsseldorf 1981.

LAGET, AUGUSTE: «Le chant et les chantes». Paris – Toulouse 1874.

LALANDE, AUGUSTE: «Romanische Welt». 1765.

LECKE, BODO (Hrsg.): «Friedrich Schiller, Dichter über Dichtungen». München 1970.

MANN, MICHAEL: «Heinrich Heines Musikkritiken». Hamburg 1971.

MICHOTTE, EDMOND: «Souvenirs: Une Soirée chez Rossini à Beau-Séjour». Paris 1858.

MILA, MASSIMO (Hrsg.): «Rossini Lettere». Florenz.

MORDANI, FILIPPO: «Della Vita privata di Giovacchino Rossini». Imola 1871.

PFISTER, KURT: «Das Leben Rossinis». Wien, Berlin 1948.

RADICIOTTI, GIUSEPPE: «Gioacchino Rossini». Tivoli 1927–1929.

RAMANN, LINA: «Franz Liszt als Künstler und Mensch». Leipzig 1880.

Rognoni, Luigi: «Gioacchino Rossini». Turin 1977.
Rossini, Gioacchino: «Ausgewählte Briefe». Wien 1947.
Scherliess, Volker: «Gioacchino Rossini». Reinbek 1991.
Stapf, Paul (Hrsg.): «Briefwechsel zwischen Schiller und Goethe». Berlin – Darmstadt.
Stendhal: «Rom, Neapel und Florenz». Frankfurt/Main 1988.
Stendhal: «Rossini». Frankfurt/Main 1988.
Vincent, Antoine: «Souvenir de sexagénaire», Bd. 4. Paris 1833.
Wagner, Richard: «Gesammelte Schriften und Dichtungen». Leipzig 1871/1911.
Weinstock, Herbert: «Rossini». Adliswil 1981.
Wendt, Amadeus: «Rossini's Leben und Treiben». Leipzig 1824.
Windfuhr, Manfred (Hrsg.): «Heine Studien». Hamburg 1971.
Zanolini, Antonio: «Biografia di Gioacchino Rossini». Paris 1836.